理想之城

博物馆历史类陈列展览策划的理论与实践

舒丽丽 著

THE IDEAL CITY

Theory and Practice of Historical Exhibitions in Museums

湖南人民出版社 · 长沙

本作品中文简体版权由湖南人民出版社所有。
未经许可,不得翻印。

图书在版编目(CIP)数据

理想之城:博物馆历史类陈列展览策划的理论与实践/舒丽丽著. -- 长沙:湖南人民出版社,2025.4. -- ISBN 978-7-5561-3860-9

Ⅰ.G265

中国国家版本馆CIP数据核字第2025XF3785号

LIXIANG ZHI CHENG BOWUGUAN LISHILEI CHENLIE ZHANLAN CEHUA DE LILUN YU SHIJIAN

理想之城:博物馆历史类陈列展览策划的理论与实践

著　　者　舒丽丽
责任编辑　刘　烨
装帧设计　谢俊平　刘阁辉
责任印制　肖　晖

出版发行　湖南人民出版社[http://www.hnppp.com]
地　　址　长沙市营盘东路3号
邮　　编　410005
邮　　编　湖南省新华书店

印　　刷　长沙艺铖印刷包装有限公司
版　　次　2025年4月第1版
印　　次　2025年4月第1次印刷
开　　本　880 mm × 1230 mm　1/32
印　　张　11.75
字　　数　295千字
书　　号　ISBN 978-7-5561-3860-9
定　　价　98.00元

营销电话:0731-82221529　　(如发现印装质量问题请与出版社调换)

作者简介

舒丽丽，女，博士。第十三届湖南省政协委员。湖南博物院三级研究馆员、古器物研究展示中心副主任。主要从事文物博物馆学、民族民俗文化研究及陈列展览策划实践工作。出版专著 2 部，发表各类文章 40 余篇，主持及参与各类科研课题项目 20 余项；主持及参与数十家博物馆展示馆的展陈策划，其中多项获省部级、国家级奖项。兼职湖南大学硕士研究生校外导师，湖南省博物馆学会陈列展览专业委员会主任委员。担任人力资源和社会保障部教育培训中心"展陈设计专业人才"授课专家、国家科技专家库在库专家、中宣部宣传思想文化领域重点人才工程评审库专家等。入选 2019 年国家级人才工程"宣传思想文化青年英才"、湖南省 121 创新人才培养工程。

本著作受国家级人才工程"宣传思想文化青年英才"项目资助。

他序一

我国已进入小康社会，公众对精神文化的需要不断增多，博物馆成为满足公众精神文化需求的首选之地。这极大地刺激了博物馆展览提档升级，博物馆展览的展品要高等级文物或知名艺术品，展览内容要别出心裁，展览的艺术表达要赏心悦目，展览的信息传达设施要高科技和数字化，文创纪念品要精美。与此同时，博物馆人也在不断地思考和尝试，如何在新的表现形式下，激发观众的自主学习意愿，让观众在满足文化消费的同时实现自身综合素质的提升。可以说，中国博物馆展览活动正处在新旧观念、思维、技术、方法、制度和评价标准交织、交替的节点上，这会造成思想和实践的困扰，也会在困扰中生成新的变革实验，推动中国博物馆展览站上新的台阶。面临发展和变革的挑战，我国博物馆人勇做弄潮儿，热情拥抱博物馆展览的新技术和新装备，积极实验博物馆展览工作新模式，了解博物馆观众的新需求，进而在博物馆展览中策划出新的内容主题，采取新的阐释视角，为观众提供高质量的博物馆展览。

本书作者舒丽丽是一位热情且理性的博物馆展览实践者和思考者。这本书是她在博物馆展览创新实践中的理性反思。舒丽丽把当前博物馆展览发展中的一些问题放在博物馆整体背景中，放在博物馆展览行业的多元化和数字化变化中，放在当前社会发展的进程中，深入思考影响博物馆展览变革的社会、文化、技术、政策等外部条件，思考博物馆展览行业的观念、价值、目标和活动模式等内部因素。她提出，要注意历史类博物馆的学科知识背景，要注意历史类博物馆展览传播历史学、人类学、民族学等社会人文学科知识的运用，要注意历史类博物馆增强文化自信、民族认同和国家认同的历史任务，要支持观众和公众树立正确的历史观，避免人类历史悲剧的重现。舒丽丽以开放包容的态度积极回应近年来博物馆展览出现的一些争论，如博物馆展览关于物与信息、叙事关系的讨论，又如博物馆展览"以物为中心"还是"以人为中心"的讨论。她认为博物馆物是客观存在的本体，是有特殊的性质、属性、内涵的，它的价值可能会随着时空和价值主体的不同而发生变化，它的内涵表达可能会随着利用、阐释的语境不同而有所偏重，但博物馆物自身的物质特性和信息真实性是保持稳定的，这是博物馆物发挥传达信息的媒介作用的基础。作者的这一认识与她长期与博物馆物打交道，且在博物馆展览实践中切实处理与博物馆物相关事务的经验是分不开的。

在明确了对博物馆展览本质和价值的基本认识之后，重要的就是实践。舒丽丽提出博物馆展览策划、设计、实施、评估的全流程方案，这看起来很容易，但在当下博物馆展览项目执行专业化要求高、片段化工作较多的状况下，要执行起来是有一定难度的。在博物馆展览理论中，有目的说和过程说两个趋向。目的说视博物馆展览是一个独立的本体性存在，关注的是博物馆展览的完成状态、博物馆展览功能的实现、实现目的的手段和方法；关注博物馆展览目的的多数是博物馆管理部门、利益相关方和公众，因为他们所接触的多为完成状态的博物馆展览。过程说将博物馆展览视为博物馆专业人员的专业活动过程，是在专业人员设定的专业性目标指引下的渐进的过程，博物馆展览是专业活动的结果；过程说关注专业的人做专业的事情，关注过程顺畅发展的各种条件，关注对过程节点及相应质量的控制，关注协调过程中不同领域专业人员的活动；关注博物馆展览过程的多数是参与展览设计、制作的专业人员。舒丽丽在湖南博物院展览工作流程的基础上，对海内外博物馆展览工作流程进行爬梳整理，整理出系统的博物馆展览工作流程，并根据工作的对象、目的、方法和阶段性成果形式，区分展览流程的不同阶段，或者说是对展览工作的进一步分工。她对展览顶层设计、内容策划、形式设计和展览评估等阶段的主要任务、重点工作、业务规则和成果形式进行了全面讨论，为博物馆展览工作提供了可参照的方案。

博物馆展览的灵魂是创新，是以博物馆展览的形式与观众交流知识，激发观众探究、学习、共创知识的创造性活动。舒丽丽注意到当前博物馆展览存在的"千展一面"的现象，她认为这既有学科雷同、藏品门类雷同、展览空间样式雷同、展览设计时间紧迫等外部条件的制约，也有博物馆展览策划、设计创新能力不足等内部条件的限制。舒丽丽根据湖南博物院和国内一些博物馆优秀展览项目实践，讨论了破解"千展一面"难题的路径和方法，主要有工作机制创新、定位与视角创新、叙事与阐释创新、风格与视觉图式创新等方法。工作机制创新是要开放性办展，对同题材展览的目的、定位、视角、视觉图式、展出条件等进行调研，另辟蹊径，推陈出新。此外要了解展览目标观众的构成、基本情况和行为偏好，制定有针对性的阐释方案和鼓励观众参与互动的措施。定位与视角创新强调对展览内容的多学科深入研究，基于相关学科的知识体系和表达形式，错位策展。如长沙市博物馆基于历史学知识体系的"湘江北去·中流击水——长沙历史文化陈列",湖南博物院基于人类学知识体系的"湖南人——三湘历史文化陈列",两个展览从不同视角对湖南地域历史文化进行解读。叙事与阐释创新是展览的叙事形式、述说语言和展品解读的创新。如秦始皇帝陵博物院"平天下——秦的统一"展览以秦兵士"黑夫"和"惊"的对话为叙事线索,湖南博物院"根·魂——中华文明物语"以"深描"方式对单一展品进行全方位多层次的信息呈现。风格与视觉图式创新是设计师基于展览的社会文化条件、时空条件和观众条件,通过艺术形式和视觉图式对展览意图和展览内容的原创性表达。

博物馆展览在多年发展历程中,在工作体制、业务流程、主旨设定、内容编写、艺术表达、解说阐释等方面形成了鲜明特色,有力支撑了博物馆事业的发展,为观众提供了高质量的文化服务。我国博物馆展览事业的发展,离不开博物馆人的倾心尽力,他们秉持科学家精神和为人民服务的初心,探究博物馆展览规律,根据形势发展创新展览样式,运用有助于传达展览多层次内容的传播设施。博物馆展览是在经典与新潮、传统与创新不断碰撞的过程中前行的,不同时代的博物馆展览专业人员也会面临新的条件、新的审美偏好、新的展览设备和新的观众群体,他们从经验中汲取营养,从挑战中获得灵感,从而创造出属于这个时代的展览精品。

感谢舒丽丽惠赐书稿,潜心拜读中感受到青年学者对博物馆展览事业的倾心投入,感受到她期冀博物馆展览事业发展更积极、更专业的拳拳之意,更感受到她善于实践、勇于反思的精神。舒丽丽嘱我写几句读后感(注:指导意见),于是有了上面这些话。是为序。

宋向光
2024 年 9 月 4 日

他序二

前段时间收到舒丽丽女士发来的《理想之城——博物馆历史类陈列展览策划的理论与实践》电子版书稿，嘱我写个小序。此前朋友找我为序，多委婉推之，因为我觉得给专著为序者，应为学术造诣高深之大家，我实不配。此次却未推却，书中所举的许多案例，我也算亲历者。

陈列展览，近年发展速度之快，让人瞠目结舌。目前主要呈现多样化趋势，展品数量上，一件国宝级文物可办一个专题展，也可多达上千件，2019年北京故宫博物院举办的"天下龙泉：龙泉青瓷与全球化"，展品共计833件，来自国内外42家文博机构，正在热展中的上海博物馆举办的"金字塔之巅：古埃及文明大展"，展品汇集492组788件古埃及文明不同时期的珍贵文物，这都是以前从未有过的超级大展。展览数量上，每年全国博物馆举办的展览，由原来的3万余个，至2023年突破了4万个。观展已成为现代城市大众生活的常态，据国家文物局统计，2023年全国博物馆共接待观众12.9亿人次，许多博物馆一票难求，乃至今又出现了博物馆门票炒作现象。如何在"博物馆热"下冷静、理性地分析问题，思考当前博物馆陈列展览的进步及存在问题，是一个学者应有的态度。《理想之城——博物馆历史类陈列展览策划的理论与实践》便是在这一背景下完成的一部专著，从理论与实践两个维度对陈列展览进行深入浅出的探讨，理论上有高度，操作上有规程，富有启迪，是一部值得一读的好书。

陈列展览是博物馆连接社会、服务社会的桥梁和纽带，陈列展览的好坏在很大程度上决定了公众对该馆的认可度。特别是新馆首次开馆时的陈列展览，将极大影响该馆今后很长一段时间的运营和观众数量。展览虽千变万化，但万变不离其宗，即策展人对展示内容的研究与熟稔。术业有专攻，没有深厚的专业背景，没有对展览内容的深入研究，不可能写出一个好的内容方案。国际博协对博物馆的新定义中提出，将展品内涵及价值阐释出来，才能与观众分享和增进体验。艺术设计是将展示内容进一步阐释的过程，将内容文本通过可视的、美化的展示语言表达出来，让观众易于接受，激起观众兴趣，并能给观众带来美的享受。所以好的艺术设计，是在内容文本上锦上添花。展览过度商业化、行政替代专业化，应是当今提升展览品质需要警觉的。

每个展览都有特定的观众对象，是为特定的观众量身定制的，这就是"以观众为中心"理念的具体实践。通过策展人对展示内容的研究与特殊解读，加上每个设计师特殊的转化和设计，展览才会成为好的文化产品。因此展览是特定人群集体智慧的结晶，展览筹备的过程也是一个创造的过程，是博物馆人从心理上与观众对话的过程。就此而言，每个展览都是独一无二的创造。

这是我与舒博士在日常合作讨论中形成的共鸣。是为序。

李建毛

2024 年 9 月 12 日

前言

这是一个最好的时代,也是一个最坏的时代;这是一个智慧的年代,这是一个愚蠢的年代;这是一个信任的时期,这是一个怀疑的时期;这是一个光明的季节,这是一个黑暗的季节;这是希望之春,这是失望之冬;人们面前应有尽有,人们面前一无所有;人们正踏上天堂之路,人们正走向地狱之门。

——[英国]查尔斯·狄更斯

当前博物馆正处于一个飞速发展的黄金时期,我们可以找到无数的数据和景象来支撑这一论断,但是清醒的理智者总善于居安思危,善于在一片锦绣繁华中对那些微小、不寻常之处保持警觉,只因量变积累到一定程度,那些当下不足道之处可能会随着时间的推移形成质变。对于博物馆这样一类公益性的文化事业而言,我们更加需要审慎对待,需要肩负起当之无愧的时代责任,在总结、评估当下中,预判未来。从"千馆一面"到"千展一面",从门可罗雀到门庭若市,从传统体制机制到策展人制度的探索,从物的中心到公众中心,从神庙到论坛,从传播到阐释转型的新知识生产等,无不彰显着挑战与机遇并存,所以说这是博物馆事业发展历程中最好的时代,也是最为纷繁复杂的时代。

理想之城
博物馆历史类陈列展览策划的理论与实践

一、繁荣发展下的问题意识

习近平总书记指出,"要有强烈的问题意识,以重大问题为导向,抓住重大问题、关键问题进一步研究思考,找出答案,着力推动解决我国发展面临的一系列突出矛盾和问题"。因此,在充分认识我国乃至全球博物馆事业发展的新变化基础上,找准核心问题和主要矛盾,是推动文博事业高质量发展的关键所在。

(一)这是一个最好的时代

"十三五"期间,全国备案博物馆由4692家增长至5788家,增幅23.4%。其中国家一、二、三级博物馆1224家,非国有博物馆1860家,免费开放博物馆5214家,类型丰富、主体多元的现代博物馆体系基本形成。2020年全国博物馆共举办2.9万多个展览;博物馆陈列展览数量,由21154个增长至29596个,增长39.9%;参观总人数由7亿人次(2019年的峰值数据)增长到12.3亿人次,增长率75.7%;未成年人参观博物馆的人次,由2.2亿人次增长到2.9亿人次,增长率31.8%。从这组数据可以看出,参观博物馆已然成为中国社会的新风尚。[1] 同时,人均占有博物馆数量也得到显著提升。2019年,平均每26万人拥有一座博物馆,部分地区,如北京、甘肃、陕西等省(区、市)平均每十几万人就拥有一座博物馆;2020年,平均每24.39万人拥有一座博物馆,这说明越来越多的民众可以享受到博物馆的资源和服务。[2] 另据国家文物局统计,2021年新增备案博物馆395家,备案博物馆总数达6183家,排名全球前列,免费开放率达91%。据统计,

---

[1] http://www.ncha.gov.cn/vipchat/home/site/1/69/article.html.
[2] 钱益汇.中国博物馆发展报告(2019~2020)[M].北京:社会科学文献出版社,2021:5.

前　言

2018年卢浮宫年参观人数超过1000万人次，我们的国家博物馆达到860万人次，我国博物馆年观众总数更是超过10亿人次，说明越来越多的观众关注博物馆，也意味着博物馆的文化枢纽作用日益凸显。[①] 截至2022年，我国登记备案的博物馆总数为6565家，90%以上博物馆实现免费开放，仅2022年全年接待人数达5.78亿人次。2024年5月18日，国家文物局公布我国最新的备案博物馆数量为6833家，新增博物馆268家，第五批新增国家一级博物馆123家，总计参观人数12.9亿人次，举办展览4万多个，举办教育活动38万多个。

综上，博物馆在充当文化客厅和窗口、塑造城市形象、提高人民精神文化生活品质方面的作用日益凸显。博物馆能较为现实地贴近每个人的生活，在传承国家文化基因、增强民族凝聚力、充当文化使者方面的价值更是无可估量。更加重要的是，这些价值意义日益得到国家层面的认可和重视，甚至被写进国家发展战略之中。党的十八大以来，在每年的政府工作报告里，关于文物和文化遗产方面的表述不断增加，以博物馆为代表的文博事业已然成为实现中国式现代化的重要路径之一，"在中国式现代化进程中，文博事业肩负着守护中华文明根脉、传承红色基因、丰富人民精神生活、展示中国形象的重要职责"[②]。

（二）领导高度重视，助推文博事业大发展

中国公共博物馆已经走过了百余年的历史，党的十八大以来，以习近平同志为核心的党中央高度重视文物、博物馆事业发展。

---

① 中国博物馆发展研究课题组. 中国博物馆发展研究报告（2021）[M]. 北京：朝华出版社，2022：代序7.
② 杜贺、易娜. 勇担中国式现代化的文博使命[J]. 记者观察，2023（11）.

总书记多次视察文博场所，并作出了一系列重要论述和重要指示批示，对博物馆事业发展提出明确要求。部分重要论述摘录如下：

2014年2月，习近平总书记在首都博物馆参观北京历史文化展览时强调，"要在展览的同时高度重视修史修志，让文物说话、把历史智慧告诉人们，激发我们的民族自豪感和自信心，坚定全体人民振兴中华、实现中国梦的信心和决心"。

2014年3月，习近平主席在巴黎联合国教科文组织总部的演讲中提及，"让收藏在博物馆里的文物、陈列在广阔大地上的遗产、书写在古籍里的文字都活起来，让中华文明同世界各国人民创造的丰富多彩的文明一道，为人类提供正确的精神指引和强大的精神动力"。

2015年2月，习近平总书记在参观西安博物院时强调，"一个博物院就是一所大学校。要把凝结着中华民族传统文化的文物保护好、管理好，同时加强研究和利用，让历史说话，让文物说话，在传承祖先的成就和光荣、增强民族自尊和自信的同时，谨记历史的挫折和教训，以少走弯路、更好前进"。

2016年4月，习近平总书记对文物工作作出重要指示时强调，"文物承载灿烂文明，传承历史文化，维系民族精神，是老祖宗留给我们的宝贵遗产，是加强社会主义精神文明建设的深厚滋养。保护文物功在当代、利在千秋"。"各级党委和政府要增强对历史文物的敬畏之心，树立保护文物也是政绩的科学理念，统筹好文物保护与经济社会发展，全面贯彻'保护为主、抢救第一、合理利用、加强管理'的工作方针，切实加大文物保护力度，推进文物合理适度利用，使文物保护成果更多惠及人民群众。各级文物部门要不辱使命，守土尽责，提高素质能力和依法管理水平，广泛动员社会力量参与，努力走出一条符合国情的文物保护利用之路,为实现'两个一百年'奋斗目标、实现中华民族伟大复兴的中国梦作出更大贡献"。

2016年11月,习近平主席向国际博物馆高级别论坛致贺信时指出,"博物馆是保护和传承人类文明的重要殿堂,是连接过去、现在、未来的桥梁,在促进世界文明交流互鉴方面具有特殊作用。中国博物馆事业已有100多年历史。近年来,中国各类博物馆在场馆设施建设、藏品保护研究、陈列展示和免费开放、满足民众需求、推动中外文化交流等方面不断取得进展。中国各类博物馆不仅是中国历史的保存者和记录者,也是当代中国人民为实现中华民族伟大复兴的中国梦而奋斗的见证者和参与者"。

2017年4月,习近平总书记在参观广西合浦县博物馆(合浦汉代文化博物馆)时指出,"博物馆建设要注重特色……要让文物说话,让历史说话,让文化说话。要加强文物保护和利用,加强历史研究和传承,使中华优秀传统文化不断发扬光大"。

2017年10月18日,党的十九大报告将"加强文物保护利用和文化遗产保护传承"列为推动社会主义文化繁荣兴盛的重要组成部分。

2020年9月28日,习近平总书记主持十九届中央政治局第二十三次集体学习时指出:"我们要加强考古工作和历史研究,让收藏在博物馆里的文物、陈列在广阔大地上的遗产、书写在古籍里的文字都活起来,丰富全社会历史文化滋养。"

2022年5月27日,习近平总书记主持十九届中央政治局第三十九次集体学习时强调,要让更多文物和文化遗产活起来,要积极推进文物保护利用和文化遗产保护传承。

2022年7月8日,习近平总书记在给中国国家博物馆老专家的回信中指出:"博物馆是保护和传承人类文明的重要场所,文博工作者使命光荣、责任重大。希望同志们坚持正确政治方向，坚定文化自信，深化学术研究，创新展览展示，推动文物活化利用，推进文明交流互鉴，守护好、传承好、展示好中华文明优秀成果，为发展文博事业、为建设社会主义文化强国不断作出新贡献。"

2022年10月16日，习近平总书记在党的二十大报告中指出，要"推进文化自信自强，铸就社会主义文化新辉煌"，要增强中华文明传播力影响力，坚守中华文化立场，讲好中国故事、传播好中国声音，展现可信、可爱、可敬的中国形象，推动中华文化更好走向世界。

2024年3月5日，中共中央总书记、国家主席、中央军委主席习近平参加他所在的十四届全国人大二次会议江苏代表团审议时指出："要把博物馆事业搞好。博物馆建设要更完善、更成体系，同时发挥好博物馆的教育功能。"

总而言之，习近平总书记对文博事业提出了新的更高的要求，归纳起来主要有以下几个方面：一是要系统梳理传统文化资源，让收藏在博物馆里的文物、陈列在广阔大地上的遗产、书写在古籍里的文字都活起来。二是要把凝结着中华民族传统文化的文物保护好、管理好，同时加强研究和利用，让历史说话，让文物说话，在传承祖先的成就和光荣、增强民族自尊和自信的同时，谨记历史的挫折和教训，以少走弯路、更好前进。三是突出强调博物馆是保护和传承人类文明的重要殿堂，是连接过去、现在、未来的桥梁，在促进世界文明交流互鉴方面具有特殊作用。要促进不同文明之间的交流和互鉴，不能只满足于欣赏它们产生的精美物件，更应该去领略其中包含的人文精神；不能只满足于领略它们对以往人们生活的艺术表现，更应该让其中蕴藏的精神鲜活起来。四是中国人民在实现中国梦的进程中，将按照时代的新进步，推动中华文明创造性转化和创新性发展，激活其生命力，弘扬跨越时空、超越国度、富有永恒魅力、具有当代价值的文化精神。五是中华民族历史悠久，中华文明源远流长，中华文化博大精深，一个博物馆就是一所大学校。博物馆建设要注重特色。习近平总书记关于做好文博工作的重要指示精神内涵丰富、指向明确、要求具体，具有重大战略意义和深远历史意义，是做好新时代新形势下博物馆工作的重要指南。[①]

（三）政策法规制度日趋体系化

据不完全统计，2015年到2020年，国家在文博领域出台、修订相关政策法规50余条，发文部门涉及国务院、中央宣传部、文化和旅游部、国家文物局、教育部、民政部、科技部、国家发展改革委、财政部、人力资源和社会保障部等多个部门，体现出党和国家对文物与博物馆事业的高度重视，彰显出新时代文物与博物馆工作的重要性和发展态势。其中，比较重要的政策法规文件有《中华人民共和国文物保护法》[②]《中华人民共和国公共文化服务保障法》《关于进一步加强文物工作的指导意见》《关于加强文物保护利用改革的若干意见》《关于加强革命文物工作的通知》《关于实施中华优秀传统文化传承发展工程的意见》《关于进一步加强文物安全工作的实施意见》《关于实施革命文物保护利用工程（2018—2022年）的意见》《关于促进文物合理利用的若干意见》等综合性文件，《博物馆条例》《博物馆管理办法》《关

[①] 中国博物馆发展研究课题组.中国博物馆发展研究报告（2021）[M].北京：朝华出版社，2022：代序2.
[②] 2024年11月8日，十四届全国人大常委会第十二次会议表决通过新修订的文物保护法，自2025年3月1日起施行。

于推进博物馆改革发展的指导意见》《博物馆定级评估办法》《关于进一步推动非国有博物馆发展的意见》《国有博物馆章程》《国家文物保护专项资金管理办法》《关于深化文物博物专业人员职称制度改革的指导意见》《国际博物馆协会博物馆职业道德》《中国文物、博物馆工作者职业道德准则》等管理类文件。而根据博物馆业务类别，还分别有藏品管理类的《博物馆藏品管理办法》《文物藏品定级标准》《考古发掘品移交管理办法（试行）》《依法没收、追缴文物的移交办法》《国有公益性收藏单位进口藏品免税暂行规定》《文物复制拓印管理办法》《可移动文物修复管理办法》《国有馆藏文物退出管理暂行办法》《国有博物馆藏品征集规程》《关于进一步规范国有文物收藏单位馆藏一级文物借展备案工作的通知》《非国有文物收藏单位和其他单位借用国有馆藏一级文物许可指南》《馆藏一级文物的修复、复制、拓印许可指南》《博物馆一级藏品取样分析许可指南》等文件，陈列展览类的《文物出境展览管理规定》《关于规范文物出入境展览审批工作的通知》《首批禁止出国（境）展览文物目录》《第二批禁止出国（境）展览文物目录（书画类）》《第三批禁止出境展览文物目录》《出国（境）文物展品包装工作规范》《出国（境）文物展览展品运输规定》《文物出境展览许可指南》《关于进一步加强博物馆宣传展示和社会服务工作的通知》《关于加强博物馆陈列展览工作的意见》《关于提升博物馆陈列展览质量的指导意见》等文件，社会教育类的《中小学德育工作指南》《关于加强文教结合、完善博物馆青少年教育功能的指导意见》《关于利用博物馆资源开展中小学教育教学的意见》《关于全面加强和改进新时代学校美育工作的意见》《新时代公民道德建设实施纲要》《新时代爱国主义教育实施纲要》《中小学综合实践活动课程指导纲要》等文件，开放服务类的《关于全国博物馆、纪念馆免费开放的通知》《关于进一步做好公共博物馆纪念馆免费开放工作的意见》《关于推动文化文物单位文化创意产品开发的若干意见》《博物馆馆藏资源著作权、商标权和品牌授权操作指引（试行）》等文件，安全保卫类的《博物馆安全保卫工作规定》《突发事件应急工作管理办法》《关于请及时上报文物案件和火灾事故的通知》《关于加强馆藏文物展陈安全工作的通知》等文件，文物、博物馆领域的相关国家、行业标准等。

截至 2021 年，国家文物局博物馆与社会文物司（科技司）统计了我国文物、博物馆领域相关国家标准 43 项，重点有《文物保护单位开放服务规范》《文物运输包装规范》《博物馆照明设计规范》《文物出境审核规范（17 个部分）》等；行业标准 88 项，重点有《馆藏文物登录规范》《馆藏文物出入库规范》《馆藏文物展览点交规范》《文物藏品档案规范》《博物馆展览内容设计规范》《博物馆陈列展览形式设计与施工规范》等。

（四）做理智的清醒者

一枚硬币总有两面。在博物馆事业发展繁荣的时代，我们仍然存在一些不够理性的方面。甚至"博物馆"被当成一个时髦词，什么场所都可以冠以这样的名称和头衔。在不断兴起的博物馆新馆建设中，在偌大的建筑群里，不见内容，唯见形式，三无场馆——无藏品、无经费、无人员多有所见，也不乏建设方直接在招标书中写上需要应标者考虑这样的三无场馆怎么策划和运营。还有之前被学者大力抨击的将博物馆建筑建造与展览项目捆绑采用 EPC 总承包模式（设计、采购、施工）的操作。众所周知，"博物馆展览项目与普通建筑工程有着本质的不同。博物馆展览是一项基于传播学和教育学的，集学术文化、思想知识与审美于一体的，面向大众的传播载体。展览项目包括展示内容点线面布局、辅助展品设计与制作、图文版面设计与制作、多媒体规划和研发、互动展示装置规划和研发、展示家具和道具设计与制作、展示灯光设计与选用、文物保护设计与布展等，占博物馆展览工程量的80%都不是建筑装饰工程"[1]。

在已建成的博物馆中，存在部分形式大于内容、低水平、同质化、千馆一面的场馆。还有部分场馆虽然立起来了，但是发展不可持续，面向公众开放的展厅几十年如一日，既无人力维护，又无经费来源，更无新的包括陈列展览在内的大文创产品持续不断输出和增强活力。博物馆整体呈现出地域发展不平衡、不同层级差距明显、不同归属活力差异较大等状况。从地域差异来看，各省份博物馆数量差异较大，2018年最多的是山东省，拥有567座博物馆，最少的是西藏自治区，仅有11座。相对而言，地区经济越发达，博物馆建设水平越高、数量越多，整体东部多于中部，尤多于西部。经济发达地区的民办博物馆、中小型博物馆活力也更足。省级大馆综合实力普遍高于中小型博物馆，其中人力资源、研究水平、服务质量、公众关注度等软实力方面明显高于中小型博物馆。国有博物馆因有固定的财政支持，相较于民办博物馆，更能持续不断推出各种展览及服务活动，因此活力更足，运行更为良性。

当前制约博物馆发展的一个重要瓶颈在于从业人员数量严重不足，与博物馆事业发展的现实情况不匹配。据统计，2018

---

[1] 陆建松. 建筑企业总包博物馆展览项目危害巨大 [EB/OL]. 博物馆中国. [2023-03-02]. https://mp.weixin.qq.com/s/G52Xlpu2AM_oCh8LX7ZdpA.

年全国博物馆行业从业人员 107506 人，增幅为 2.31%；2019 年全国博物馆行业从业人员 107993 人，增幅为 0.45%。[①] 从业人员队伍虽然逐渐壮大，但馆均工作人员的数量并不高，与呈几何级增长的博物馆输出服务和活动的总体体量完全不匹配，仅仅是持续爆棚的观众接待量就给博物馆带来巨大的服务压力，更不用说纷至沓来的各类行业标准建设与各项评估考核等。从上至下的重视与关注是好事，但也会在一定程度上打乱博物馆原有的专业发展规划，从当下越来越多的博物馆顶不住压力举办一些与自身定位和性质不相符合的展览可窥一斑。要探索博物馆科学化、专业化、制度化运营模式，要让博物馆不仅具有独立的法人地位，还要在与其他机构的协作和接受上级的行政管理中，能够具有专业决策的排他性，能够充分发挥博物馆的主体性。从目前来看，对博物馆的独立性引起重视和对其专业性给予足够的尊重还任重道远。

体制内博物馆从业人员一般分为三类：编制内人员、聘用人员、购买第三方服务人员。对于编制内人员，博物馆常常没有自主用人权，而在当前大量压缩事业单位工作人员的背景下，首当其冲被裁员的是聘用人员，这对于博物馆人员队伍的稳定极其不利。一名合格的博物馆人是需要多年浸润在博物馆业务实践中才能培养出来的，这根源于我国现有教育模式下学科设置的局限。事实上虽然有相关的本科、硕士甚至博士、博士后的培养平台，但受限于前期师资尤其是实操型师资力量的底蕴不足，文博专业学生所学与博物馆需要招来即用的人才素质要求之间存在一定差

---

① 中华人民共和国文化和旅游部. 中国文化和旅游统计年鉴（2019）[M]. 北京：国家图书馆出版社，2019：286.

距。同时，受以往学科设置和学生培养惯例的影响，我国博物馆人力资源来源主要集中在考古学、历史学，缺少受过博物馆学、教育学、文化人类学和艺术史等学科专业训练的高端人才。此外，一些教职人员"学而优则入职"，他们以"学院派"的身份，从事博物馆学研究，但并不参与也不懂博物馆的真实管理和运行，更别说在实操上具有丰富的经历，所以无从传授给学生真实的博物馆经验。学术研究做得好的部分专家并不一定能够策划出好的博物馆展览，纯学院派的专家学者在辨识鉴定文物真伪、了解观众需求、提高社会化程度上有时候会力不从心，对于文物库房的管理、文物的修复保养保护乃至提取文物的最佳操作手法等经验不够，这些都说明博物馆是有着自身独特运行规律和实践性要求高的专业门类。

　　以上是来自博物馆内部系统的瓶颈，还有更多新时代新形势带给博物馆的挑战，比如新时代博物馆如何坚定政治站位、更充分留存民族集体记忆、更好传承国家文化基因、更紧密促进文明交流互鉴等，如何更妥当处理好文化遗产保护传承与开发利用之间的关系，如何应对"娱乐、参与、互动至上"的技术驱动，如何走向媒体融合的新时代等问题。

　　具体到展览而言，展览（此处为概称，如无特别分类指代的情况下，以下皆同）是博物馆的核心产品、拳头产品，也是连接公众、社会的基本纽带。对于大多数普通观众而言，到博物馆去，最主要的就是去看展览。当前博物馆举办展览"千帆竞发""百舸争流"，近年来各级博物馆每年申报全国博物馆十大陈列展览精品就不下 100 项，这还是在各省（区、市）有申报数量限制的情况下所统计出来的结果。相关统计数据显示，自 2015 年以来

前　言

全国博物馆举办展览数量逐年增加[①]（见图1），部分原因是同期不断有新馆建成对公众开放，主要的原因还是博物馆日益意识到增强自身活力的核心产品是展览。同样以2019年的公开数据为例，当年度举办展览数量排名全国第一的是南京市博物馆总馆99场，第二名是天津博物馆89场，第三名是重庆中国三峡博物馆75场。全国有92家博物馆全年举办展览数量超过25场。笔者任职的湖南博物院2023年度举办各类展览26个，其中本馆临时展览12个、专题展览5个，其余为馆外主导或参与的展览。如果出借一件文物就算是举办了一场展览，那么这个数量达到几十场之多尚可理解，只是我们在统计口径时一味追求数量，并不能从根本上客观反映整个博物馆行业事业发展的真实水平。笔者作为策展人员，所任职的博物馆是一个有150名编内职工、105名编外员工（数据截至2024年5月）这样体量的博物馆，一年下来深刻的体会

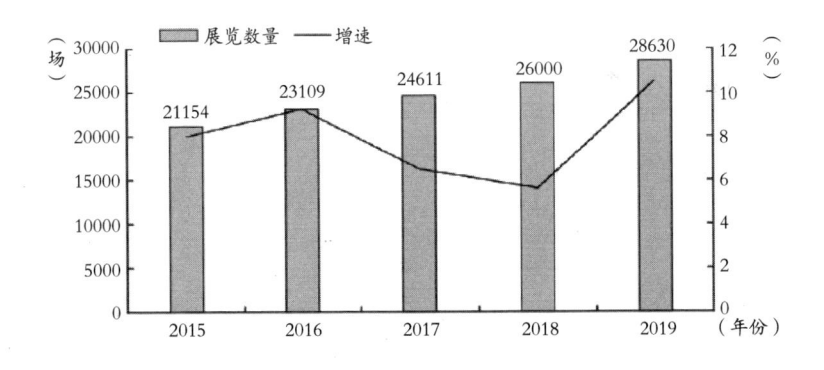

图1　2015—2019年博物馆展览情况

---

① 钱益汇.中国博物馆发展报告（2019～2020）[M].北京：社会科学文献出版社，2021：14.

理想之城
博物馆历史类陈列展览策划的理论与实践

就是全年在两个临时展厅能够累计举办10余个展览已属不易，而且这10余个展览也是分为不同衡量标准的引进展和原创展，有器物展和主题展等多种类型，策划推进的过程中也并非平均使力，而是普遍性的前者易于后者。因此，我们应该十分清醒地意识到做大数据基本盘的同时，什么才是最终衡量一项事物综合发展水平与最高发展质量的核心指标。只是看数目，还远远不够，就曾有同事戏称如果让他做艺术展，他三天可以做一个，就是挂挂作品，摆摆装置，名称就直接来一个"无题"，作者"佚名"，当然这完全是调侃之言，却恰恰说明博物馆人也在反思展览不仅仅是一项输出工作，还需要观众对展览信息的接收和认知程度的反馈。

讨论到信息的输出和接收方，就无法回避展览的受众问题。20世纪80、90年代兴起的关于博物馆"以物为中心"和"以人为中心"的大讨论，可以延伸理解到展览信息传播受众的维度。只是非常遗憾的是，直到30年后的今天，我们针对观众的专业调查和专门研究，仍然未普及，更别说深度了。试问一年2万多项展览举办下来，有多少进行过专业的观众调查？显而易见的是，即便有观众调查，当前相对普遍采用的也是展中调查，专项前置调查和结项反馈比较少见。这与西方发达国家博物馆推行前置性、形成性、总结性评估调查还存在较大差距。欣喜的是少数博物馆已经开始正视这方面的重要性。山西博物院于2022年11月18日至2023年2月19日推出"且听凤鸣——晋侯鸟尊的前世今生"展览，在确定目标观众群之后，开始了两轮前置调查，以了解观众对该展览的期待，并在展后开展一轮观众调查，以了解观众的反馈（见图2）。而笔者所负责的2023年12月19日开展的"神话国度　璀璨爱琴海——古希腊文明史诗"展览，也尝试开展展

前言

图 2　晋侯鸟尊特展问卷调查

览的前置性、形成性、总结性评估调查。总之，国际博物馆界对观众的研究由来已久，但我们才刚刚起步，尤其是将博物馆展览作为信息传播系统和媒介看待的理念还需不断持续培植。

　　从以上角度出发，要围绕观众的认知度开展选题研究。当前一个突出的矛盾是"展陈选题与社会发展、公众需求的结合不够紧密，体现中华优秀传统文化当代价值的选题策划有待进一步完善。传统历史文化类展陈仍然是我国博物馆展陈尤其是历史博物馆展陈的绝对主体，主题相对单一，而且由于展示内容相近，展示形式也趋于雷同。作为沟通过去、当下和未来的'桥梁'的博物馆，仅仅将展陈局限在展示'过去'上会在一定程度上割裂历史与现实、未来发展的联系，降低博物馆自身的当世价值。与此同时，对于观众而言，观众对传统的历史文化类展陈或多或少会留下'千篇一律'的印象，更期待博物馆在展陈主题方面更加多元化、生活化"[1]。

　　进一步具体到展览策划本身，我们需要精准区分和深入研究的内容则涉及更多层面，如选题、主题、逻辑思维、叙事体例、展品及展品组合、艺术设计、可视化转化、空间表达、公众服务与教育活动、文创产品等。举办一个展览，留给研究策划的时间常常并不是那么充足，时间大量消耗在各种流程上。国内展览策划普遍存在对内容策划的重视度不够，反映在现实操作上就是形式设计都已形成一定的取费标准，比如按照展陈面积或者总投资量的百分比计费，而对于内容策划产出的知识成果却一直未形成一个相对公认的价值尤其是价格衡量标准。10年前湖南省曾试图

---

[1] 钱益汇.中国博物馆发展报告（2019～2020）[M].北京：社会科学文献出版社，2021：49.

前　言

出台一个类似文件，但因受到各方面的质疑最终只能搁浅。毋庸置疑，内容策划一定是慢工出细活，一项优秀的展览前期没有一定的学术积累和知识消化，是很难被"创造"（无中生有）出来的。

此外，展陈内容的知识性、趣味性有待进一步提升。人民群众的文化需求日益增长，博物馆展陈水平也应与时俱进，尤其在当前文旅融合的大背景下，观众期待博物馆呈现的是既有趣又有文化内涵的展览。2018年国务院办公厅发布的《关于促进全域旅游发展的指导意见》中明确要求推动文旅融合发展，推动科学利用博物馆等文化场所开展文化、文物旅游。提供有文化、有深度、形式新、有趣的展览成为博物馆参与文化旅游最主要的方式。[①]

我们需要审慎思考和对待的问题，远不止上述蜻蜓点水般提到的星星点点。以上提示旨在警示我们，在面对博物馆及其展陈繁荣发展的美好景象时，应该更加理性，而且需要保持高度的责任感和使命感。1865年7月27日，时任《纽约晚间邮报》副主编的埃德温·戈德金在题为《博物馆之我见》的评论中写道，"我们请求这座城市修建一座建筑，提供能与博物馆这个被滥用的名称相称的藏品……这座建筑的正门处应该重新书写上这个名称，要让这个建筑配得上这个名称，配得上里面的藏品，配得上使用该名称时应该承担的责任"[②]。面对最好的时代、博物馆繁荣发展的历史机遇，我们只要秉持理性思考，把握好博物馆事业发展的全球态势，总结博物馆发展的本质规律、特点，坚持专业办馆方向，创新管理模式，保持与国际博物馆界的交

---

① 钱益汇.中国博物馆发展报告（2019～2020）[M].北京：社会科学文献出版社，2021：50.
② 休·吉诺韦斯，玛丽·安妮·安德列.博物馆起源：早期博物馆史和博物馆理念读本[M].路旦俊，译.南京：译林出版社，2014：25—26.

流与合作，相信必然能更好地应对时代带来的挑战，推动博物馆事业高质量发展。

二、呼吁建立博物馆及展览研究的系统化方法

当前博物馆建设过程中，日益重视结合博物馆的定位，策划推出反映具体博物馆宗旨的陈列展览。两分博物馆的展示实践，就陈列而言，以历史类博物馆为例，20世纪50年代以来，打造综合反映历史文化发展进程的基本陈列已成为必然，而相关类型的基本陈列可分为地志展览、以社会发展史为主线的展览、地域文明（文化）展览、以王朝更迭为背景的器物展、主打"吸睛"的国宝展、考古学"以物说话"的展览、价值观主导的"证物"展等类型，并且大致呈现出演变递进的轨迹，可见其受社会经济发展、意识形态影响颇多。相对短期的展览而言，历史性主题展也多呈现出以上演变趋势，且具有叙事对象反映时间段更短（非通史，而以断代史为主，如秦汉展、大唐展等）、地域更灵活多变、主题更突出等特点。

当前学术界对以上类型陈列展览的实践甚多，却缺乏理论梳理、理念与经验总结，多"述"而不做，或做而不"述"，博物馆建设及展陈"千馆一面""千展一面"的同质化现象较为突出。同时还存在学院派重理论分析，实践操刀落地的展陈相对较少，而文博策展人重实践和呈现，轻经验总结、理论分析与学术升华，尤其对建构一般性的操作法则乃至理论体系兼顾不够，从而导致原本最具有发言权的策展人在陈列展览的专业领域，为"器用之学"局限和束缚，反而滋长了陈列展览成为没有边界的专业领域的风气。几代博物馆人试图筹谋的展评也流于形式，溢美之词连

篇，却对其间显而易见的问题避而不谈。时至今日，博物馆展评远没有像艺术评论、影评等那样广开言路和直戳要害。

当前策展研究已经成为一门显学，以中央美院为代表呼吁成立的"中国策展学"闹得轰轰烈烈，但是该领域的理论范式和研究方法一直没有体系化，就像源流运动所倡导的理念那样——要建立博物馆展览研究的系统化方法[①]，这里的"要"恰恰说明目前还没有。对此，笔者尝试从自身学科背景出发，立足实践和经典案例，运用民族学、人类学等学科所擅长的资料收集和参与式观察法，希冀在展陈理论与方法分析、评价模式等的建构上有所突破。具体将在充分参与式调查省级综合性博物馆，以及同城同类型博物馆的对比分析基础上，开展以下内容研究：

上篇主要从学理层面，开展关于博物馆定义、类型、展陈方法、物与人之间关系、跨学科研究方法、知识生产等方面的探索，讨论博物馆的关键词、经典理论、流行观念，梳理公共博物馆的发展历程，聚焦历史类博物馆与博物馆历史类展陈两者的区别与联系，确立全书研究旨趣和时下讨论比较热烈的几个知识点。下篇主要从技术和实操层面，梳理博物馆的顶层设计、内容策划与设计、文字系统编撰、展览评价与评估等内容，总结一般性原则和提示实操全流程中需要避免的"雷"。本书稿全篇尤其是下篇主要汇集一些具有针对性的案例，通过复盘案例的实施操作和具体内容，记录新时代博物馆展陈发展的缩影。

作为一名独立的思考者，笔者对博物馆的研究全凭一腔热情，希望能够利用在博物馆工作10多年的经验，以文字的形式固化日常工作与学习过程中的所思所想，才有了如今这样一本

---

① 王思渝、杭侃.观看之外：博物馆展览中的历史与人[M].北京：文物出版社，2022：5—6.

企图通俗却似流水账，希冀偶有深度讨论却想到哪写到哪的片段式笔记。当然作为一名学人，"法乎其上""发愿其上"，虽现实不易得，但始终想要有一点自我成就，本书倘若能够在下列四点迈进一步，可谓必然遗憾中的少许确幸：一是如何结合博物馆的定位，规划一馆之陈列展览体系；二是针对历史类博物馆的定位，如何策划反映区域历史文化发展进程的展陈；三是历史类展陈的经典案例启示我们什么，策展的一般性规则和特殊性关系如何处理；四是如何评价历史类展陈的内容方案和艺术设计，它们之间的关系如何。

目 录

上 篇·博物馆陈列展览研究的理论与方法

一、关键概念与术语厘定 / 004

二、跨学科研究方法在博物馆陈列展览中的应用 / 027

三、历史类博物馆与博物馆历史类陈列展览 / 047

四、历史类陈列展览的信息重构与知识生产 / 052

五、展品组合与情景展示的设计策略 / 077

六、藏品中心与公众中心：物与人的关系 / 084

下 篇·博物馆陈列展览的实践流程与操作

一、博物馆陈列展览的全流程管理 / 106

二、顶层设计与陈展体系的构建 / 116

三、内容策划流程与文本编撰 / 133

四、历史类主题陈列展览的三种模式与实践案例 / 184

五、形式设计的基本原则与要求 / 203

六、陈列展览的评价与评估 / 212

结　语	/ 220
附　录	/ 223
参考文献	/ 336
后　记	/ 343

上 篇

博物馆陈列展览研究的理论与方法

上 篇
博物馆陈列展览研究的理论与方法

告诉我,缪斯,你们居家奥林波斯山峰,女神,你们总是在场,知晓每一件事由,而我们却不解其情,只能满足于道听途说的传闻。

——[古希腊]荷马

尽管如今的策展研究蓬勃发展,但真正的方法论和明晰的理论遗产却还未建立。①

——[瑞士]汉斯·乌尔里希·奥布里斯特

自17世纪中后期公共博物馆诞生②以来,随着社会的不断进步,公共博物馆从小范围地被关注,被认为是贵族阶层"乐善好施""慷慨分享"的私人成就,成长为受全球关注的文化事业,这其中经历了数代先哲不断挑战传统、反思总结,才逐渐就某些问题达成初步共识。中国博物馆界从迷茫中探索出具有自身特色的发展之路,开启了博物馆事业繁荣发展的美好时

---

① 汉斯·乌尔里希·奥布里斯特. 策展简史[M]. 任西娜, 尹晟, 译. 北京: 金城出版社, 2013: 序 2.
② 17世纪英国牛津阿什莫林博物馆建立,Museum 才成为博物馆的通用名词。

003

代。中国博物馆人在不断积累经验的基础上，参照西方博物馆发展脉络和其他博物馆人在实践探索中总结出的理论与方法，在博物馆一些关键词汇定义的更迭、适用性理论和方法的多元性抉择中，发出了自己的声音，并逐步实现由"藏品中心"向"公众中心"转化。

一、关键概念与术语厘定

（一）博物馆定义

什么是博物馆？这是博物馆自诞生以来，一直不停探讨的话题，突出表现在博物馆定义的变迁和多国不同的认定等方面，比如美国庞大的博物馆体系中就包含了水族馆、动物园等，而中国早期博物馆常与图书馆、档案馆并置，这也并没有脱离西方博物馆对自身最初定位的影响。博物馆定义非常重要，它"详细描述了博物馆的目的、责任和功能——博物馆'为什么'和博物馆'是什么'的问题——《国际博协博物馆职业道德准则》又对此进行了补充，据此，这些责任应该得到落实——博物馆'该如何'的问题"。[①] 博物馆行业最大的国际性非政府组织——国际博物馆协会（International Council of Museums，简称ICOM），由美国博物馆协会会长C·J·哈姆林于1946年11月倡议创立，在给出第一个博物馆定义——博物馆是指为公众开放的美术、工艺、科学、历史以及考古学藏品的机构，也包括动物园和植物园，但图书馆如无常设陈列室者除外——之后的数十年间，历经十余

[①] 杰特·桑达尔.博物馆定义——国际博物馆协会的支柱[J].国际博物馆（全球中文版），2021（1-2）.

次的修订，经历了从最初的收藏保管机构，到增加娱乐功能，再到强调公共属性和基本职能；以及将工作内容和对象进一步扩展到"非物质性证据"，再到强调教育和阐释功能，将博物馆视为可进行知识生产的特殊媒介等节点性变化，显示了博物馆对不同时代背景下社会和文化变迁甚至政治意识形态变化的回应。

以下选取几个国际博物馆协会出台的比较有代表性的关于博物馆的定义：

1951年，国际博物馆协会修订后的博物馆定义为"博物馆是运用各种方法保管和研究艺术、历史、科学和技术方面的藏品，以及动物园、植物园、水族馆的具有文化价值的资料和标本，供观众欣赏、教育而公开开放为目的的，为公共利益而进行管理的一切常设机构"。

1956年，国际博物馆协会认为博物馆是特指任何永久性（固定性）机构，从普遍意义上讲，以各种形式的保存、研究、提高为目的，特别是以接待和展示向公众展出具有文化价值的、艺术的、历史的、科学和技术的藏品和标本的机构、植物园、动物园和水族馆。隶属公共图书馆和公共档案馆的常设性展馆可被认为是博物馆。

1962年国际博物馆协会章程对博物馆又规定："以研究、教育和欣赏为目的，收藏、保管具有文化或科学价值的藏品并进行展出的一切常设机构，均应视为博物馆。"

1974年6月，国际博物馆协会于哥本哈根召开第11届会议，其章程第三条规定："博物馆是一个不追求营利、为社会和社会发展服务的公开的永久性机构。它把收集、保存、研究有关人类及其环境见证物当作自己的基本职责，以便展出，公之于众，提供学习、教育、欣赏的机会。"这个定义使博物馆的公益性成为它的首要职责。

1989年9月在荷兰海牙举行国际博物馆协会第16届全体大会，大会修改了《国际博物馆协会章程》第二条，指出"博物馆是为社会及其发展服务的非营利的永久机构，并向大众开放。它是为了研究、教育、欣赏之目的征集、保护、研究、传播并展示人类及人类环境的见证物"。这一定义成为当前国际上通行的博物馆"经典"定义，它不仅在有形之"物"领域实现了最大的多元化，更强调博物馆与社会的关系。

1995年国际博物馆协会约定："博物馆是为社会及其发展服务的非营利的永久性机构，并向大众开放。它是为了研究、教育、欣赏之目的征集、保护、研究、传播并展示人类环境的见证物。"

2001年国际博物馆协会约定："博物馆是一个为社会及其发展服务的、向公众开放的非营利性常设机构，它是为了研究、教育、欣赏之目的征集、保护、研究、传播并展出人类及人类环境的物证。"

2007年国际博物馆协会维也纳会议修订并通过了博物馆定义："博物馆是一个为社会及其发展服务的、向公众开放的非营利性常设机构，它是为了教育、研究、欣赏的目的征集、保护、研究、传播并展出人类及人类环境的物质及非物质遗产。"这一定义曾被国际社会广泛认可和接受，不仅被联合国教科文组织全文引用，也成为很多国家制定博物馆相关法律的参考文本。

2019年，国际博物馆协会第25届大会上试图再次对博物馆的定义进行修订，修订建议稿为："博物馆是用来进行关于过去和未来思辨的对话的空间，具有民主性、包容性与多元性；博物馆承认并解决当前的冲突和挑战，为社会保管艺术品和标本，为子孙后代保护多样的记忆；保障所有人享有平等的权利和平等获取遗产的权利；博物馆并非为了营利，它们具有可参与性和透明度，通过与各种社区积极开展合作，共同收藏、保管、研究、阐释和展示藏品，增进人民对世界的理解；旨在为人类尊严和社会正义、全球平等和地球福祉作出贡献。"这个定义当时公布在微信相关平台，盛邀公众进行投票以此确定其是否为社会所公认，结果最后因争议颇多、分歧尖锐而搁浅，并在原定要敲定的ICOM京都大会上宣布重作修订、延期表决。部分中国学者对此建议版定义表示强烈的反对，认为该建议稿对"博物馆的定位产生了混乱的认识"。建议稿所提"与各种社区积极开展合作"是必要的和必须的，但是合作的目的是什么？如果是为了推行教育，那么这种合作就是博物馆人顺应时代的变化而应该做的工作；如果是"解决当前的冲突和挑战"，恐怕是博物馆所不能胜任的。博物馆可以通过观众对"经典"的不同理解去加强沟通，但不是直接参与社会变革。

2022年5月20日，国际博物馆协会第91次咨询委员会投票产生了提交布拉格大会表决的博物馆新定义提案。在新时代下，博物馆定义获得了有史以来最广泛的关注，参与本次会议投票的ICOM国家委员会、区域委员和附属机构高达总数的89.83%，体现出广泛的民主性和代表性。2022年8月24日，在布拉格举行的第26届ICOM大会上，最终通过了全新的博物馆定义："博物馆是为社会服务的非营利性常设机构，它研究、收藏、保护、阐释和展示物质与非物质遗产；向公众开放，具有可及性和包容性，博物馆促进多样性和可持续性；博物馆以符合道德且专业的方式进行运营和交流，并在社区的参与下，为教育、欣赏、深思和知识共享提供多种体验。"

新定义与2007年版本定义相比，发生非常大的变化，甚至

理想之城
博物馆历史类陈列展览策划的理论与实践

可以说脱离了1974年国际博物馆协会哥本哈根大会确定的博物馆定义的基本框架，其最大的变化在于：功能由原来的"征集、保护、研究、传播并展出"更改为"研究、收藏、保护、阐释和展示"；目的由原来的"教育、研究、欣赏"拓展为"教育、欣赏、深思和知识共享"，且要求"促进多样性和可持续性"，并且后者在表述上还首次提出可及性和包容性、道德性和专业性，以及最后一句重申类似于"多样性"的"多种体验"。突出了博物馆行为准则和终极目标。

在博物馆新定义中，衍生出诸多新提法，主要有阐释（Interprets）、可及（Accessible）、包容（Inclusive）、多样性(Diversity)、可持续性(Sustainability)、道德(Ethically)、专业(Professionally)、运营(Operate)、社区参与(Participation of communities)、深思（Reflection）、知识共享（Knowledge sharing）、多种体验（Varied experiences）等。为避免本书主题过于宽泛，本书主要解读与历史类主题展陈关系密切的"阐释"一词。"阐释"带有阐述、阐发、解释之义，新定义中用来替代原定义中的"传播"一词，带有加重文化解读的明确意旨，如果更进一步扩展来看，可与博物馆开展研究，进行知识解读，甚至与推进知识生产有关联。博物馆的展陈策划由此出发，才能满足新定义中所提到的"专业"，并达到为广大观众提供"多种体验"的目的。

通过博物馆定义关键词的变化，尤其是关注定义框架体例的几次重要变化，我们很容易发现博物馆在应对时代变迁、社会需求上所作的主动回应。我国对博物馆的界定经历了从肇基期的"文化性、教育性和学术性"的本质论认识，到20世纪50年代的"三重基本性质和两项基本任务（简称三性二务）"[①]观，再到今天积极参与国际博物馆协会的定义讨论。中国以自身的经验参与影响博物馆定义的确定，是中国博物馆事业繁荣发展的重要体现。

当前我国主导的博物馆定义是2015年3月20日开始施行的《博物馆条例》中规定的："所称博物馆，是指以教育、研究和欣赏为目的，收藏、保护并向公众展示人类活动和自然环境的见证物，经登记管理机关依法登记的非营利组织。"这是对博物馆广义范围进行的认定，在博物馆的专业运营上，中国博物馆界一直努力与国际博物馆界接轨，积极融入共同的话语体系，并保持发出自己的声音。

（二）博物馆类型

对博物馆的理解，除定义约定的基础性质和特征之外，还存在门类多样、形式不一、管理体制不同等诸多类型，博物馆可谓一个庞大的家族。这是由不断发展壮大起来的博物馆的数量、定位、性质和特点所决定的。不同类型的博物馆在管理方式、业务范围、运行规律、经费来源和使用上均存在较大差异。因此，研究博物馆的类型是十分有必要的。

当前国际上比较通行的分类依据是以藏品和基本陈列内容为标准进行区分，比如历史类、艺术类、科学类、综合类、其他类型等，也存在一些新型的博物馆类型，比如没有藏品的博物馆——虚拟博物馆、数字博物馆，以及不再以实物收藏为基础的生态博

[①] "三性二务"观念在很长一段时间里影响着中国博物馆界对博物馆定义的认知。"三性"指的是博物馆是科学研究机构、文化教育机关、物质文化和精神文化遗存或自然标本的主要收藏所；"二务"指的是博物馆应为科学研究服务、为广大人民服务。这放在今天，都并不过时。

物馆等。其中生态博物馆"不是将一定藏品陈列或收藏于特定建筑中,而是将文化遗产、自然景观、建筑、可移动实物、居民的传统风俗的演示等原状地、自然地保护和保存在其所属社区和环境中。换言之,社区中的一切自然和文化遗产都被看作是生态博物馆的组成部分"。[1] 国际博物馆协会对生态博物馆的定义是一个文化机构,这个机构以一种永久的方式,在一块特定的土地上,伴随着人们的参与,保证研究、保护与陈列的功能,强调自然与文化遗产的整体,以展现其代表的某个区域及其继承下来的生活方式。1998年,我国贵州省六盘水市六枝特区隆嘎乡长角苗地区建立了梭嘎苗族生态博物馆,之后,贵州致力于打造生态博物馆群,相继建成贵阳市花溪镇山生态博物馆(布依族)、黔东南侗族苗族自治州黎平县堂安侗族生态博物馆(侗族)、黔东南侗族苗族自治州锦屏县隆里古城生态博物馆(汉族)等。几乎同期,云南大学也在全省范围内陆续建立多座生态博物馆,并与民族学、人类学的学科建设,以及师生开展的社会实践活动、调查研究工作紧密结合起来。

从西方国家来看,早在18世纪末期,已经出现按藏品的不同学科性质对博物馆进行分类,把博物馆区分为美术、考古、历史、人种学、自然科学及各类专业博物馆。《大不列颠百科全书》按照功能,将博物馆大致归纳为艺术博物馆、历史博物馆、科学博物馆三类。日本博物馆一般习惯按博物馆收藏资料种类进行分类,分为综合博物馆、人文科学博物馆和自然科学博物馆,自然科学博物馆又包括自然史博物馆、综合科学技术博物馆、专业科

---

[1] 水涛,贺云翱,王晓琪.考古学与博物学研究导引(下)[M].南京:南京大学出版社,2011:147.

学技术馆和理科教育博物馆（以青少年为主要对象的科学馆）。美国博物馆的分类有多种，有按照藏品内容、隶属关系、观众群体、规模大小、展出方式、地区和预算等进行分类，这一点与当前中国博物馆类似。美国博物馆协会则认为应该根据博物馆的基本性质所表现出来的内容来分类，并主张分为综合、科学、艺术、历史、学校、公司、展览区等13大类72小类。苏联博物馆最多的是社会发展史博物馆和革命历史博物馆、纪念馆和地志博物馆。[①]总之，对博物馆类型的划分标准五花八门，但概括而言有这么几种方式：依据藏品和展览所属学科性质区分；依据设立者、管理者性质区分；依据经费来源区分；依据博物馆保存场所区分；依据博物馆职能区分；依据博物馆规模区分等（见表1）。

表1 博物馆的类型划分

依据	代表
按照藏品和展览所属学科性质	美国博物馆类型：历史博物馆、艺术博物馆（包括美术和美术考古）、自然科学博物馆、工业博物馆（包括科技博物馆）、综合博物馆（包括儿童博物馆、国家公园、露天博物馆等） 苏联博物馆类型：历史博物馆、科学博物馆（包括自然科学博物馆）、文学艺术博物馆、纪念博物馆、技术博物馆、综合博物馆 英国博物馆类型：艺术博物馆、科学博物馆、历史博物馆、特殊博物馆（凡是不归属以上三类的均属于此类） 日本博物馆类型：综合博物馆、人文科学博物馆、自然科学博物馆

---

① 水涛，贺云翱，王晓琪.考古学与博物学研究导引（下）[M].南京：南京大学出版社，2011：145—146.

续表

依据	代表
依据设立者、管理者性质	国立博物馆、公立博物馆、私立博物馆
依据经费来源	国有（国家财政）、非国有（非国有资产）
依据博物馆保存场所	室内博物馆、室外博物馆、原状保存型博物馆
依据博物馆职能	全职能型博物馆、保存职能型博物馆、教育职能型博物馆、研究职能型博物馆、娱乐职能型博物馆
依据博物馆规模	大型博物馆（英国、法国、美国：一般建筑面积在5万平方米以上，藏品在500万件以上，职工在500人左右，经费每年1000万美元以上，年观众数500万人以上）；中型博物馆（英国、法国、美国：一般建筑面积在1万平方米以上，藏品在100万件以上，职工在100人左右，经费每年500万美元以上，年观众数100万人以上）；小型博物馆（低于以上中型博物馆数据）

当前中国博物馆事业得到了突飞猛进的发展，博物馆基数越来越大，划分博物馆类型的标准不一，国家统计机关将其划分为综合性、纪念性和专题性；行政主管部门将其划分为文化系统、国家科技系统、教育系统、军事系统、民政系统、其他政府部门主管或筹建的博物馆系统等；按博物馆性质和陈列教育活动内容将其分为历史类、艺术类、科学与技术类、综合类四大类型。[1]而另一种四分法则是将我国现有博物馆分为社会历史类、文化艺

---

[1] 中国大百科全书出版社编辑部.中国大百科全书 文物 博物馆[M].北京：中国大百科全书出版社，1993：49.

术类、自然科学类和综合类四大类，其中社会历史类是指以研究和反映社会历史的发展过程、发展规律以及历史上的重要事件和重要人物为主要内容的博物馆；文化艺术类博物馆则包括绘画、书法、工艺美术、摄影、文学、戏剧、建筑等；自然科学类博物馆是以自然界和人类认识、保护及改造自然为内容的博物馆；综合类博物馆是兼具社会科学和自然科学双重属性的博物馆，各省（自治区、直辖市）的地志性博物馆就是综合性的。[①]在近年开展的全国博物馆运行评估的研究报告中，则将博物馆类型分为纪念类，历史文化与综合类，遗址类，自然、科技与专题类四类，这是由评估中所设置的各类考核指标的内容和特点决定的。显然，不同的需求决定了博物馆分类的原则和标准。

综上所述，对博物馆类型的研究仍然任重道远，我们应该放在具体的目的导向和现实中去区分，要放在特定范围里去考究其独特性。而对博物馆的整体评估与考核，更应该立足博物馆的实际情况，如规模、隶属关系、性质与定位等，设定分类指标体系，这正是研究博物馆类型的意义所在。除此之外，国家在博物馆的专业指导、行业引领、政策制定、经费投入等方面，同样需要基于不同博物馆类型进行区分、细化和对标。

（三）陈列与展览

在博物馆的话语体系中，有两个概念总是被提及，但却一直充斥着不确定性和引发争辩，甚至在2019年1月31日国家文物局发布的《博物馆展览内容设计规范》（中华人民共和国文物保护行业标准）中的"术语和定义"一条，都未对"展览"一词加

[①] 水涛，贺云翱，王晓琪.考古学与博物学研究导引（下）[M].南京：南京大学出版社，2011：152—153.

以定义，可见对于什么是展览尚存在着模糊性。对于博物馆界来说，有两个无法回避的关键词——陈列和展览，这两个词至关重要，是厘清博物馆展示行为本质、任务和方法的依据所在。以下将介绍几种主流观点：

王宏钧先生在其主编的《中国博物馆学基础》中认为："博物馆陈列是在一定空间内，以文物标本为基础，配合适当辅助展品，按照一定的主题、序列和艺术形式组合成的，进行直观教育、传播文化科学信息和提供审美欣赏的展品群体。"[1]在王先生的论述中，虽然后文指出博物馆有长期展出、比较稳定的陈列，也有短期展出、经常更换的陈列。在我国博物馆界，一般习惯上将前者称为陈列，将后者称为展览，或称之为临时展览，但显然他更为认可的是"实质上，陈列和展览二者并没有根本的差异"。[2]王先生还指出，由比较稳定的主题、内容、展品（主要是馆藏文物标本）和较完美的艺术形式构成的陈列体系，我们通常称之为基本陈列……临时展览一般小型多样，经常更换，展品的选择较为自由，可以较多利用模型、复制品和照片等，有时甚至以照片或美术作品为主，陈列内容结构和艺术形式也比较灵活。博物馆举办的流动展览、出国或外国来华的展览、博物馆之间联合举办的展览，都属于这种临时展览。[3]这是博物馆展示行为两分法的代表性观点，在博物馆的发展进程中，影响最为广泛，可以称之为经典定义。

无独有偶的是，十余年之后陆建松先生在其所著《博物馆展览策划：理念与实务》中延续了陈列和展览并没有根本差异的观

---

[1] 王宏钧.中国博物馆学基础（修订本）[M].上海：上海古籍出版社，2001：246.
[2] 王宏钧.中国博物馆学基础（修订本）[M].上海：上海古籍出版社，2001：246.
[3] 王宏钧.中国博物馆学基础（修订本）[M].上海：上海古籍出版社，2001：247.

念，并将博物馆陈列展览四字当成一个词组，定义为"在特定空间内，以文物标本和学术研究成果为基础，以艺术的或技术的辅助展品为辅助，以展示设备为平台，依据特定传播或教育目的，使用特殊的诠释方法和学习次序，按照一定的展览主题、结构、内容和艺术形式组成的，进行观点和思想、知识和信息、价值与情感传播的直观生动的陈列艺术形象序列"。[1] 这一具体定义显然受到西方博物馆定义的影响，在国际博物馆协会和联合国教科文组织共同编撰的《经营博物馆》一书中，其"陈列、展出与展览"一章的作者雅妮·艾雷曼对展览的定义是：展览是基于物品及其辅助元素的一种传播媒介，在一个预定的空间内呈现，并使用特殊的诠释技法和学习次序，目的在于传达及沟通其概念、价值和（或）知识。细究来看，王先生和陆先生的定义有着相同的认知基点，却采用完全不同的表述方式，前者用展览统称陈列展览[2]，后者用陈列混指陈列展览，前者强调功能属性，拉开从"展品"到"观众"的链条，后者更为注重"展品"的前端，对博物馆展示行为尚未发展到认同为媒介行为的阶段，两者定义之间的区别恰恰反映了这十余年里中国博物馆事业发展所经历地从"物"到"人"的关注。

此外，还有一些另辟蹊径的观点，美国博物馆学者乔治·艾里斯·博寇曾指出，"特展"除展示时间不同之外，最重要的区别还在于"特展是一种'表演事业''新闻事件'，不会受主题限制，具备实验性质"，"有些博物馆倾向于将所有的展示都当作是特展，而且预期在一段时间，例如五年后进行更新，然而，

---
[1] 陆建松.博物馆展览策划：理念与实务[M].上海：复旦大学出版社，2016：11.
[2] 这在陆建松的另一部著作《博物馆建造及展览工程管理》中更为明显，作者在对博物馆展示行为进行定义时，直接省却"陈列"二字，而是采用"展览"替代。

这只是理想状况,并非所有博物馆都有人力与金钱进行如此快速的更替"。①

在 20 世纪 70、80 年代逐渐兴起的新博物馆学运动中,引入了更多文化学、人类学的观点,从而打开了对博物馆展示活动进行定义的"百宝箱",人们日益从更广阔的层面对现象背后的价值取向和本质进行归纳,"博物馆展览被看作是一种文化镜像,一种文化展示方式,而博物馆是一种观看文化的方式,也是一种公共媒介和论坛。"②这也是对当前博物馆发展的一种提醒,引导学界从更多角度思考博物馆的行为。不过遗憾的是,这样的思考在经典博物馆里还只是小众群体的有限探讨,在广大博物馆实践中也仅仅泛起点点涟漪。

分类能够更清晰地阐述陈列展览的本质与内涵。在对博物馆陈列展览进行定义时,宋向光先生根据研究者对陈列的重点、方法、目的的认识的不同,总结出前人定义博物馆陈列的五大类型——藏品说、产品说、文本说、交流说、目的说,并给出自己的定义:"博物馆陈列是在博物馆环境中,通过展品、空间和设计,表达信息和情感,影响观众的态度和行为。博物馆陈列是业务活动、行为过程,也是行为的结果。但是,更应将陈列视为一种过程,从初始的创意,历经需求调研、学术研究、构思、主题、内容架构、展品选择、陈列视觉表达样式的设计、制作、开展、参观、导览,到最后的撤展和评估,这是一个不间断的过程,是博物馆工作人员与社会,与公众,与观众不断交流沟通、密切协作以达

---

① 乔治·艾里斯·博寇.博物馆这一行[M].张誉腾,审定.台北:五观艺术管理有限公司,2000:224—232.
② 潘守永.新博物馆学:理论与实践[M].南京:江苏凤凰文艺出版社,2023:23—24.

到陈列综合效益的过程。"[1]王宏钧先生依据展示对象和内容的不同，将陈列展览分为社会历史类陈列、自然历史类陈列、艺术类陈列、科学技术类陈列四大类。[2]陆建松先生则依据性质将陈列展览分为艺术类展览、历史类展览、人物类展览、科技类展览、自然历史类展览等。[3]英国帕特里克·波依兰在其所著的《博物馆规则手册》中，将陈列展览划分为审美性、主题类、模拟性等六大类（见表2），还有常设展览与特别展览的主要区别（见

---

[1] 宋向光.物与识：当代中国博物馆理论与实践辨析[M].北京：科学出版社，2009：249.宋先生总结出的五大类型分别为：其一，"藏品说"，认为藏品是陈列的基础，没有藏品，就没有陈列；没有镇馆之宝，就没有高质量的陈列。陈列内容的基础是知识体系、学术研究和逻辑关系。其主要概念是真品、真实、展示、"展品自己说话"。其二，"产品说"，将陈列视为多要素构成的具有特定功能的综合体，认为陈列是博物馆业务的结果，是博物馆工作者创造的文化产品。当陈列布置完成后，即具有独立身份，可自主存在，自行实现其功能，博物馆观众的参观活动是对陈列的消费。其主要概念是工作成果、文化产品、文化消费、展品、辅助展品、空间、知识、教育、成本。其三，"文本说"，认为陈列是博物馆工作者在对历史、艺术、文化等社会存在进行解读的基础上，运用展品、空间和设计构成的文本，表达他们对历史、现实和知识的理解，并通过陈列与观众进行交流。观众则对陈列进行解读，通过对陈列要素及陈列体的选择、认知和理解，达成自己的理解和认识。博物馆工作者通过陈列表达自己，观众则通过陈列充实自己。陈列成为一种手段、一种条件和一种表达方式。这种认识注意到博物馆工作者和观众的意志、背景、知识结构、理解模式和阅读目的对陈列的影响，注意到陈列设计因素和阐释方式对展品的影响，注意到实现陈列目的的复杂性。其主要概念是陈列语言、话语、文本、关联（context）、意义、阐释、理解、误读、结构、解构、选择、片段、手段等。其四，"交流说"，认为陈列的本质和目的是信息的传播和交流，展品和设计都是信息的载体。陈列设计者要注意信息的组织和"包装"，要关注信息的准确传递和接受。其主要概念是信息、信息量、信息打包、媒介、传输、失真、噪音、受众、传播交流等。其五，"目的说"，认为陈列是有目的的行为，陈列要关注最终的综合效益，即陈列的社会效益和经济效益，这通常由观众数量、体验、评价和社会反响等社会指标，以及参观成本等经济指标反映出来。"目的说"认为观众在陈列活动中发挥重要作用，观众的学习行为决定陈列的内容结构、信息层次和交流方式，观众的参观体验影响陈列的形式设计、参观动线、参与设施和服务水平。一个陈列是否成功，将由观众"用脚来投票"。其主要概念是效益、体验、观众、学习、社会交往、观众调查、认知、多智能、建构、态度、内容结构、信息层次等。

[2] 王宏钧.中国博物馆学基础（修订本）[M].上海：上海古籍出版社，2001：247—248.

[3] 陆建松.博物馆展览策划：理念与实务[M].上海：复旦大学出版社，2016：15.

表3）。图1则是划分博物馆展览类型的又一种观点[①]。

表2 《博物馆规则手册》划分陈列展览类型

类型	特性
审美性	主要指艺术类博物馆中的造型艺术的绘画、雕塑陈列
主题类	主要用于社会历史类和科学类的博物馆陈列
模拟性	常用于自然历史类博物馆中，可营造令人可信的环境
原状性	在社会历史类或社区的博物馆中较为常见，主要是在历史建筑中按原状陈列
系统性	将同一类型的展品，按一定的体系序列依次排列展出
开放库房式	按库房保管的现状将藏品向观众展出

表3 常设展览与特别展览的主要差别[②]

英文原名	Permanent exhibition（常设展览）	Special exhibition（特别展览）
日文译名	常设展示	企划展示
性质	馆藏或馆指标展示	有特别主题的展示
时段	长期（十年到二十五年）	临时（三个月到一年）
空间	主要展示室	特别展示室
展示手段	倾向于高品质且耐久、耐细看之展示	倾向于强视觉吸引力、大量人群之展示
预期观众行为	较少数的各种类型的观众、较短时间观赏，亦有极短暂之访问	大量的观众、较短时间观赏、观赏颇为类似
观众的年龄层	老少均有	美术展大多为青、中年观众。科学展多为青少年

---

① 陈晨.如何看懂一座博物馆？[M].北京：北京燕山出版社，2023：200.
② 北京博物馆学会.博物馆陈列构建的多元维度[M].北京：中国书籍出版社，2012：88.

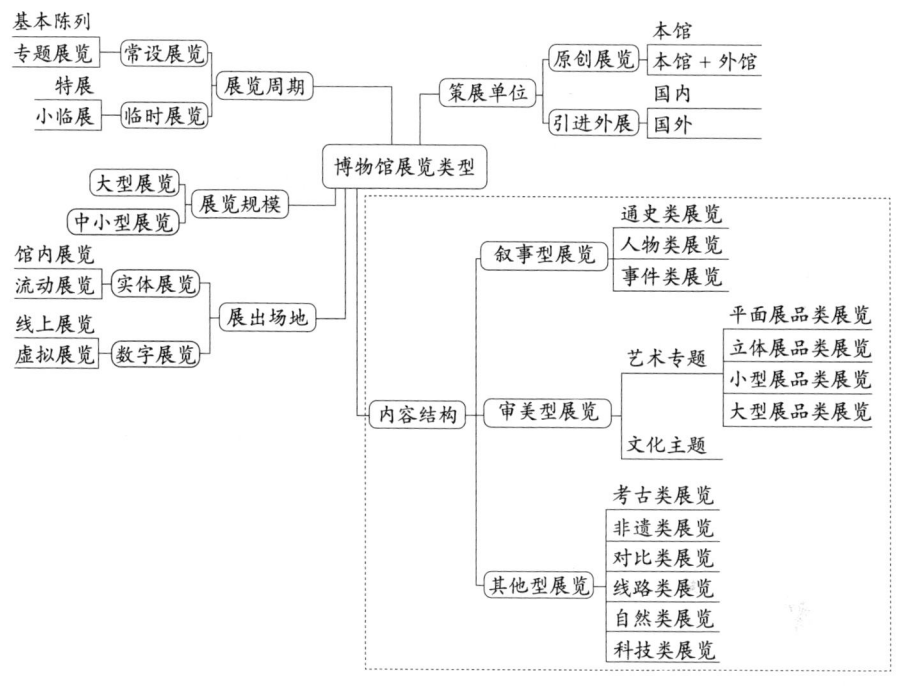

图1 博物馆展览类型

还有部分学者认为陈列是更为传统的约定，是一种"博物志"的方式，强调的是拥有者的主导意识，他并不在乎观众的看法，更多的是强调对"见证物"的个人喜好，比如早期将收集来的标本根据分类和比较研究随意地堆放在仓储室；展览则是将"见证物"展开来，让观众浏览和欣赏，这已经扩展到考虑受众的层面，可以说展览是陈列的升级产品。

另外，在2020年由湖南博物院（时称湖南省博物馆）主编出版、笔者参与撰稿的《博物馆陈列展览指南》中则明确区分出基本陈列、专题陈列和特别展览的概念与内容策划操作流程，不但将三者定义进行区分，甚至在操作层面还区分出不同的流程，这与湖南博物院（时称湖南省博物馆）第二轮改扩建后新馆亮相的陈展体系一脉相承。湖南博物院（时称湖南省博物馆）将其陈展体系分为以"湖南人——三湘历史文化陈列""长沙马王堆汉墓陈列"为代表的基本陈列，书画（法）、陶瓷、青铜、工艺区分的专题陈列，不定期举办的特别展览三大体系，代表了他们对博物馆展示行为的主张，认为"基本陈列是体现一个博物馆性质与任务的主要陈列，展品主要是能够体现馆藏特点和博物馆定位的文物、标本等，每一个博物馆的基本陈列对于本馆的作用与意义都十分显著，是一个独一无二的声明。借助基本陈列这个独一无二的声明，博物馆实际上就宣示了自己在文化服务领域的'归属''专业贡献'和'使用者'定位，推出了自己的'基本产品'和'长线产品'。专题陈列是围绕本馆定位，或根据本馆收藏特点，就某一研究专题或专项进行展示。根据馆藏某类或某几类实物组合制作而成，题材灵活，内容专一，展出时间比临时展览长，较基本陈列短，且具有规模较小的特点，具有突出本馆藏品特色，与本馆性质与任务相适应，充分体现科研成果等特性"。[1]同时笔者在《博物馆陈列展览指南》一书中撰文总结了"特别展览"至少具备以下特性[2]：

一是举办时间短，内容、题材灵活多样。相较于陈列，博物馆特别展览举办的时间较短，一般为一个月到半年，举办内容和题材不受馆藏资源的限制，既可引进馆外临展，也可以将本馆策划的展览推出馆外巡回展出。还有，本馆的原创性临时展览，除

---

[1] 陈建明.博物馆陈列展览几个关键问题再思考[J].湖南省博物馆馆刊（第十辑），2014（7）.
[2] 湖南省博物馆编.博物馆陈列展览指南[M].长沙：岳麓书社，2020：62—63.

依托本馆资源进行有组织、有计划的策划之外，亦可完全不凭借本馆的资源。除展览策划的创意、来源不同之外，原创的临时性展览的举办与其他临时展览的举办完全相同。

二是时效性、针对性强。特别展览的举办多结合特定时期的特殊性进行策划，如适逢国家博物馆闭馆期间，宁波博物馆承办"国家宝藏——中国国家博物馆典藏珍宝展"，北京奥运会期间首都博物馆推出大型精品特展"中国记忆——5000年文明瑰宝展"等，充分说明博物馆特展的举办需要契机。结合现实性、时效性，开展具有较强针对性的展览，是博物馆展览获得良好社会效益的基础，也有助于博物馆发挥其宣传教育的职能。

三是流动性强，辐射范围广。好的特展，一旦举办成功，容易聚集人气和形成品牌效应，从而在多家兄弟博物馆之间巡回展出，国内成功的大型特展多数都进行了多省巡展，尤其是引进境外展览，更是如此。此外，跨省、区域自主联合策划举办展览，也成为博物馆界流行的做法。馆际之间展览交流、合作一方面充分体现了博物馆临时展览的流动性，另一方面也充分体现了相较于依托自己馆藏资源策划的陈列，相互合作的临展辐射面要远远大得多。

总之，不管对博物馆陈列展览的定义采用哪种既定内涵和外延框定，其基本范围和架构相对而言仍然是清晰的，不同的博物馆在实践过程中，常常与自身的性质与定位紧密结合，从而规划其在展示行为上的体系，梳理其脉络。虽然当前具有这样前瞻性的谋略对于大多数博物馆尤其是中小型博物馆而言，还有较远的差距，但我们坚信这样的行为迟早会成为博物馆人的自觉——有意识地致力于一馆陈展体系的顶层规划和深化设计，并进一步扩展到年度展览计划甚至中长期规划。此处所指的年度展览计划不是当前很多博物馆火急火燎地在官方平台上发布当年或隔年的年度计划，而是指根据展览全流程举办的现实情况，在开始启动流程性事务工作之前就已经有相对完备的内容大纲，这也意味着各馆需要根据自己的展厅条件，有意识地、周期性地进行展览储备。如此这般也才有助于博物馆陈展水平的高质量发展，有助于从内容到形式的艺术转化，有助于拉近博物馆与观众之间的距离，最终服务于整体展示效果的综合呈现。恰如博物馆学专家甄朔南在强调文化和自然遗产单位使命时所阐述的那样："文化与自然遗产的单位是具有多种目标的、功能复杂的机构。例如，博物馆除了传统上的收藏、研究、教育功能外，随着时代的进步，它又增加了传播、娱乐的功能。这种具有多种目标和期望的机构，需要找到一个综合的平衡点，这就是这些单位的使命。使命反映了每一个法人单位的特色，能够与其他性质相同的单位有明显的区别。"[1] 而我们对博物馆陈列展览的定义和理解，也是基于求同存异基础上的，追求特色化发展，致力于推动整个文博事业的高质量发展。

（四）内容策划与设计、形式与艺术设计

在博物馆陈列展览实施的过程中，有被简称为"三驾马车"的内容策划（设计）、形式（艺术）设计、施工布展之说，这种说法不仅将博物馆的展示行为分成三大阶段和步骤，而且强调三者尤其是前二者是有机统一的辩证关系。宋向光先生在一次公开课中强调："博物馆陈列是'物'的独奏，是'内容'与'形式'的重奏，是展品、展具、空间、照明、色彩的协奏，是知识、形式、

---

[1] 徐嵩龄，张晓明，章建刚. 文化遗产的保护与经营——中国实践与理论进展 [M]. 北京：社会科学文献出版社，2003：360.

创意、设计、价值、情感的交响。"笔者非常认同，尤其是对内容与形式之间的辩证关系更是深有体会。那么什么是博物馆陈列展览的内容策划？内容设计又是从什么角度出发呢？

在博物馆实践中，我们习惯将策划陈列展览的行为称之为展陈策划，然而在策划与设计中似乎横亘着一条河，渡河还需要媒介，作舟或是架桥。百度词条显示，策划，"指积极主动地想办法，定计划。它是一种策略、筹划、谋划或者计划、打算，它是个人、企业、组织结构为了达到一定的目的，充分调查市场环境及相关联的环境的基础之上，遵循一定的方法或者规则，对未来即将发生的事情进行系统、周密、科学的预测并制订科学的可行性的方案。在现代生活中，常用于形容做一件事的计划，或是一种职位的名称"。而设计之"设，即设想，头脑中有想法；计，即计划，把想法有计划地落地实现。设计是把设想有计划、有规划地通过某种形式传达出来并实现的过程"。[1] 可见策划与设计相较而言，两者之间有宏观与微观、抽象与具象、务虚与求实之别。但对于博物馆的展陈策划而言，终极目标是呈现一场展品与特定空间有效契合、信息传达与观众体验相得益彰、互相成就的视觉艺术作品。那么，居于两端的是从展品到作品，选择作舟或是架桥属于策划者工作范畴，而如何制舟、架桥虽属于设计工作范畴，但策划者要熟练掌握该项技能。这是对博物馆展陈策划者上升为"策展人"所提出的综合能力考验和新的专业素养要求，所以在当前博物馆事业繁荣发展的时代背景下，采用"设计"代替并扩大博物馆展陈"策划"的内涵与外延，已是大势所趋。

如此便不难理解为何国家文物局在 2019 年 6 月 1 日推行实

---

[1] 黄洋、陈红京.博物馆陈列展览设计十讲[M].上海：上海交通大学出版社，2019：11.

施的行业标准《博物馆展览内容设计规范》中对"内容设计"术语的界定,没有提及"内容策划"。其中具体指出了内容设计是指根据展览主题和内容,完成从选题提出、前期准备、展览大纲、展品确定到展览文本和延伸设计的整个流程。这一界定显然包含了策划的内容范畴,更加佐证了博物馆展示设计的行业独特性及国家对从业者的超高要求。那么,"运用科学的组织策划和先进的设计手法,采用合理的视觉传达手段、恰当的色彩及设计元素和特殊的采光照明方式对某个空间进行创造,同时借助展具等设备设施,达到有效地向观众传达信息的目的,以期对观众的心理、思想与行为产生影响"[1]的博物馆展示设计,理应包含了诸多方面的设计,比如内容设计、形式设计、灯光设计、展具设计等。只是在具体内容流程化时,通常将灯光设计、展具设计等统一纳入了广义范畴的形式设计之中。然而,内容设计却包括内容策划、超出宏观和务虚范畴的,甚至下一层级的具体指标要求。在"内容设计"的流程中,必不可少的是"延伸设计",比如"形式设计建议""辅助展品设计建议""多媒体制作建议""展览互动建议""教育活动及文创产品建议"等,顺理成章地指明了下一阶段"形式设计"工作的基本要求和重点方向。由此,搭建起沟通内容和形式的有效桥梁或方便之舟。

形式设计,也称艺术设计,"根据对陈列主题、内容(包括全部展品的内容设计方案)和特定陈列展出空间的研究,运用形象思维(艺术思维),对材料(展品)进行必要的取舍,补充(主要是辅助展品的补充)和组合,将纸上的文字,转化为可视的直观形象。运用一切艺术手段,创造博物馆的陈列语言,形成陈列

---

[1] 黄洋、陈红京.博物馆陈列展览设计十讲[M].上海:上海交通大学出版社,2019:11.

的艺术形象系列"。① 在形式设计的范畴里，与内容设计一样，既包括概念设计，又包括深化设计，只是后者最终落脚点是内容方案（文本），而前者在于一套成系列的、完整的设计图纸，尤其是施工图。

关于博物馆陈列展览的内容与形式设计之间的关系，在2000年7月《中国博物馆》和南京博物院联合举办的"博物馆陈列总体设计"研讨会上，马承源先生提到展览中内容应该决定形式，他认为，陈列体系的学术价值主要是指体系本身体现的历史真实性和体现学者的创见，这两方面在陈列中是非常重要的，是灵魂性质的东西。陈列技巧就是它的外衣，外衣穿得再好，体系本身学术性不足或缺乏科学依据，即使没有任何制作上的大错误，这个陈列还是平平淡淡的，吸引不了人。关键是体系本身是怎么研究的，有什么创见，这是最主要的。而李文儒先生的观点则与此针锋相对，他认为，展示更直接、更关键的是形式的研究，展示是一种视觉艺术，以内容研究为基础的陈列大纲提供的仅仅是文字，对陈列来说，更重要的是寻求和创造表现内容的形式；就陈列艺术而言，形式即内容。陈列研究的结果，即它的表现与存在方式是形式。从观众来讲，陈列面对观众，陈列研究包含对观众的研究。从接受者的角度来看，首先接触到的是形式，只有通过形式才能进入内容。②

近年来受到形形色色展览类型的影响，认为博物馆展示设计中艺术设计更为重要，甚至认为可以没有内容设计的新派观点开始占据主导地位，事实上现在很多小型博物馆、民办博物馆不重

---

① 王宏钧.中国博物馆学基础（修订本）[M].上海：上海古籍出版社，2001：263—264.
② 老丁.一场关于内容与形式的讨论[J].中国博物馆，2000（4）.

内容、重形式的展览比比皆是。一些博物馆直接将内容、形式与施工通过一体化招标交给企业，而企业从控制成本的角度出发，默认形式设计包含了内容策划与设计，并且关于形式设计的取费标准是明确的，遗憾的是内容策划与设计经费比重微乎其微，甚至压根没有这一条取费标准。我们经历过一些博物馆举办陈列展览是在完全没有内容设想的情况下，抛出一个话题和一个空间，就开始让室内设计和装修师布展。好的变化是，近些年在主流博物馆中，因对博物馆特有性质与定位的明晰，展陈"内容为王"的地位更为牢固，但形式设计为内容服务起到重要的烘托作用是有目共睹的，因此也同样受到重视。好的形式设计能够将平面化的文本内容转化成具有高度审美性和思想性的、符合特定空间的、满足观众身心需求的视觉盛宴。但前提是不违背内容策划与设计所提出的宗旨、主题与逻辑思路，并遵循展示对象与展品组合的内涵设定。因此，内容设计与形式设计可以是相互成就的关系，共同服务于为广大公众推出高质量陈展作品的目标。

当前博物馆陈列展览数量激增，类型更是五花八门，其中不乏一些新型展示活动，其更倾向于从艺术的角度出发，直接将展品与形式挂钩，比如在艺术展览中常见的"无题"类佚名作品，对内容的剖析就显得不那么深刻。陈同乐先生所阐述的"展览需要看得懂吗？展览不需要看得懂"的这类带有"艺术化转向"的展览就应该属于形式和艺术审美重于内容的展览类型。也许，当人们的文化水平普遍达到一种全新的高度时，不需要内容策划和设计的陈展作品将完全由艺术设计师把握，只是目前仍然需要两驾马车合二为一，也就无所谓内容和形式之争了。

二、跨学科研究方法在博物馆陈列展览中的应用

博物馆作为机构的发展历史中，单一主导学科建立的藏品类型与业务工作模式，占据最长的时间。这些主导学科只是百科中很少的一部分，主要有历史学主导的历史博物馆、生物学主导的自然历史博物馆、艺术史主导的艺术（美术）博物馆以及人类学（含考古学）主导的人类学、民族学博物馆。[1] 然而从博物馆的性质与类型出发，对其开展研究，常常涉及多种学科知识、理论体系和研究方法。简单举例，自然类博物馆更多涉及自然科学门类学科，而历史类、艺术类博物馆则与考古学、历史学、人类学、民族学、社会学、艺术学、设计学等社科类更为亲近。这是由不同博物馆类型的藏品及其陈列展览内容、定位所决定的。它没有与别的学科形成互补或排他性，这也是博物馆学被诟病不能成为一门独立学科的原因之一。但随着一代代博物馆人致力于建构博物馆理论体系，博物馆在不断发展，学界逐步承认博物馆学作为一门独立学科而存在，博物馆学成为研究博物馆的性质、特征、社会功能、实现方法、组织管理和博物馆事业发展规律的科学。[2] 一般而言，博物馆学既研究微观的博物馆系统，又研究宏观的博物馆事业，但其中微观的博物馆系统是博物馆学研究的核心。[3]

直到2022年，我国博物馆学才正式被国务院学位委员会、教育部认定为历史学门类下设的四个一级学科之一，其他三个分别为考古学、世界史、中国史。中国博物馆学建设的道路还比较

---

[1] 潘守永.新博物馆学：理论与实践[M].南京：江苏凤凰文艺出版社，2023：33.
[2] 中国大百科全书出版社编辑部.中国大百科全书 文物 博物馆[M].北京：中国大百科全书出版社，1993：50—51.
[3] 王宏钧.中国博物馆学基础（修订本）[M].上海：上海古籍出版社，2001：3.

遥远，博物馆学研究是博物馆研究中的重要构成，虽然同样历史悠久，但目前仍存在研究与实践脱节、专业建设不完善，学科体系不健全等问题。建设具有中国特色、中国风格、中国气派的博物馆学学科体系、学术体系、话语体系，必须从优化博物馆学学科专业结构、完善博物馆学理论方法体系、丰富拓展博物馆话语体系内涵与外延等方面入手，这是解决当下中国博物馆学发展困境的必由之路，也是新时代中国博物馆实践与学科发展的内在要求。[①] 在从事博物馆学研究之时，一个非常明显的体会就是它涉及的学科知识十分庞杂，除以上提到的，还涉及管理学、教育学、心理学等诸多学科。荷兰学者彼得·门施曾列表加以说明博物馆学与人文学科、社会科学、技术科学、自然科学等多种学科的交叉性[②]（见图2）。

（一）博物馆人类学

在现代性思潮的影响下，新领域不断出新，博物馆人需要思考新的问题，对于博物馆而言，一方面受新博物馆学运动的影响，另一方面2022年国际博物馆协会通过新的博物馆定义，诸多新概念和提法正式涌进全体博物馆人的视野，并推动将之变成更纵深领域里的自觉行为，比如思考博物馆如何加强阐释功能、如何积极主导观众多元的体验、社区如何有力参与等。这在前文梳理博物馆定义时已有提及。在博物馆学与人类学的交叉学科中，早就有学者提及在现代性思潮的影响下，人类学转向思考新的问题，如艺术身份、族群认同、文化表征、性别政治、权力话语等，博

[①] 刘曙光，梅海涛.中国特色博物馆学体系发展与创新：脉络、现状与展望——基于2024年国际博物馆日主题"博物馆致力于教育和研究"的思考[J].故宫博物院院刊，2024（5）.
[②] 王宏钧.中国博物馆学基础（修订本）[M].上海：上海古籍出版社，2001：27.

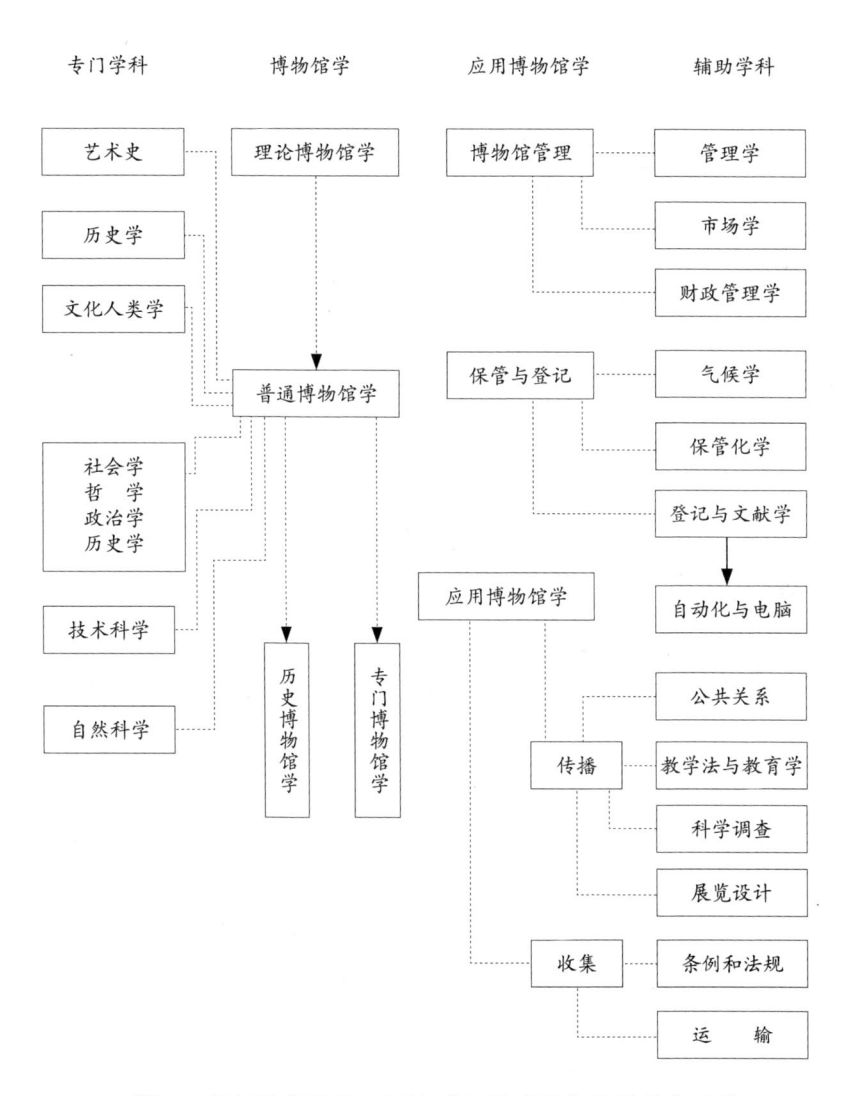

上篇
博物馆陈列展览研究的理论与方法

专门学科	博物馆学	应用博物馆学	辅助学科
艺术史	理论博物馆学	博物馆管理	管理学
历史学			市场学
文化人类学			财政管理学
	普通博物馆学	保管与登记	气候学
社会学 哲 学 政治学 历史学			保管化学
			登记与文献学
技术科学	历史博物馆学	应用博物馆学	自动化与电脑
自然科学	专门博物馆学		公共关系
		传播	教学法与教育学
			科学调查
			展览设计
		收集	条例和法规
			运 输

图2 荷兰学者彼得·门施列表说明博物馆学的交叉性

物馆与这些论题之间内在与外在的联系也日益被关注，甚至成为文化评论和政治话语的一部分。社区博物馆的在地化思考、博物馆知识生产与非遗保护呈现的文化政治、信息时代的博物馆知识构建与文化多样性保护已成为全球化时代人类学视野下的博物馆研究的焦点。[①] 如此看来，博物馆与人类学之间日益衍生出更多层次的交叉性和共通性。有学者认为，当代艺术人类学呈现出一个重要的学术取向，即改变艺术研究中的"博物馆化""标本化"状况，将其置于正在发生或出现的"场域"中进行即时性的观察、体验、描述与分析；对于博物馆主体及已经"博物馆化"的艺术品，它们与人类行为之间的关系及其对人的行为的影响也成为艺术人类学研究的重要切入点。[②] 这主要是针对艺术品而言，那么在历史类博物馆的收藏体系中，珍贵文物都具有不同等级的历史、艺术和科学价值，显然吸纳和借鉴人类学的研究理论和方法，比如同样的"场域"理论、文化相对主义、功能主义与结构主义，甚至"深描"与"解构"等研究方法，应该具有较为广阔的前景。同时，当前博物馆普遍面临着从"物的中心"到"人的中心"的转变，为社会及公众服务，聚焦到观众层面，在新定义强调为教育、欣赏、深思和知识共享提供多种体验的前提下，对人（观众）及其行为（到博物馆来的行为）的讨论与探知，构成了博物馆人类学的基本研究范畴。对此也可以简单地理解成，采用人类学尤其是文化人类学的整套理论体系和研究方法来研究博物馆现象，即构成了博物馆人类学。

相较于旧博物馆学，以社区、生态博物馆实践为代表的新博

---

① 桂榕. 博物馆人类学刍议 [J]. 青海民族研究，2012（1）.
② 何明. 艺术人类学的视野 [J]. 广西民族大学学报（哲学社会科学版），2009（1）.

物馆运动将博物馆、人与社会的关系重新进行了定义和构建，形成了强调公众性、整体性与社会性的新博物馆思想。作为一场博物馆世界的革命，更具包容性的新博物馆学逐渐发展成当代博物馆学界的一种共识。整体反思性的新博物馆学，从博物馆的内容形态、机构和组织形式以及社会角色等方面，拓展了艺术人类学与博物馆对话边界，加强了内容的深入。[1]从文化整体观来看，人类学与博物馆之间的对话关系亦是如此。

综上所述，笔者对于博物馆人类学的认识，倾向于将博物馆视为人类学的研究对象，博物馆等同于一个特殊的村落，供人类学家或民族学家实践各种理论和方法，而对博物馆场域中"人与物"关系的反思、博物馆展示内容的语境延伸、跨文化交流的"在地化"[2]、博物馆进行知识生产、博物馆民族志的主客位互渗[3]、叙事性展览中的他者视角等，则是本选题最为关注的内容。博物馆人类学可以定义为在博物馆中实践的人类学，或者定义为关于博物馆的人类学，[4]以博物馆为研究对象，一方面分析19世纪末以来人类学与博物馆二者间的互动与脉络关系；另一方面，思考包含人类学家在博物馆的实践中应用的人类学理论的方式。世界上的各类博物馆在长期的受批判中自我反思，并积极将自身

---

[1] 郭佳.艺术、人类学与博物馆：跨学科对话的思考[J].广西民族大学学报（哲学社会科学版），2023（6）.
[2] "在地化"可以采用"他者"的方式进行解读，比如人类学者黄剑波认为，"他者"作用的层次有印证、反思和重构三个层面。首先，当人们产生对"他者"的认识时，大多会比照他者和我者的相似性、差异性，即"印证"；其次，人们会反思这种对比如何影响了"我"对自身的想象和认识；最后，面对这些差异，人们会想知道应如何做，由此，上升到价值和道德判断的层面。参考黄剑波.作为"他者"研究的人类学[J].广西民族研究，2002（4）.
[3] 潘守永.新博物馆学：理论与实践[M].南京：江苏凤凰文艺出版社，2023：20.
[4] 桂榕.博物馆人类学刍议[J].青海民族研究，2012（1）.

塑造为跨文化交流的对话空间。各类博物馆都在修正表述他者的方式，不断尝试改进藏品的展陈与阐释手段，以应对所受到的质疑。在此过程中，人类学不断体现了在创造理解、展示互动等方面的突出作用。[1] 博物馆人类学研究大有可为，是人类学家围绕博物馆主题进行的学术研究，既包括人类学家在博物馆里所做的研究，也包括关于博物馆的研究。[2] 关于博物馆的研究，将博物馆视为现代社会的某种现象，视为一种社会实践形态，而博物馆实践是"正在发生的社会事实"，这个社会事实既是涂尔干主义意义上的，也是马林诺夫斯基文化论意义上的，博物馆具有一定的社会和文化功能，因此也是文化有机体的一部分。将博物馆组织（机构）视为一种社会的或文化的有机体，类似传统的乡村社会或城市街区，进行为期一年或一定时间内的人类学式的科学观察，可以成为充满浪漫主义的人类学探险。[3] 然而，博物馆人类学有别于传统人类学田野调查以一年为周期的方式，它是根据具体研究对象和实际情况来确定周期长短。倘若是针对博物馆某一类藏品入藏—研究—展览—拓展教育活动的开展—配套文创产品的开发等全流程，则需要更长的周期，同时也会因为全流程中博物馆业务工作的类型不同存在较大差异，比如前文提到的基本陈列和临时展览类型的差异，显然基本陈列持续周期更长，临时展览周期较短。

就博物馆陈列展览而言，它涉及了博物馆人类学研究展览的理论与方法：人类学和博物馆都关注和探讨作为"他者"的

---

[1] 罗攀.在人类学中重新发现博物馆——理论史与中国实践[J].广西民族大学学报（哲学社会科学版），2023（1）.
[2] 庄孔韶.人类学经典导读[M].北京：中国人民大学出版社，2008：206—218.
[3] 潘守永.新博物馆学：理论与实践[M].南京：江苏凤凰文艺出版社，2023：19.

异文化，都在文化符号的诠释中完成意义建构。人类学对文化符号的意义阐释理论，尤其是克利福德·格尔茨提出的阐释人类学为当代博物馆展览的理论、方法与实践提供了多方面启示。"深描"理论启发策展方关注展品背后的社会文化信息和故事，提供超越展品本身的信息与意义建构；"地方性知识"概念引导策展方跳出自我建构的合理化陷阱，重新审视我们对"他者"和"自身"的认识；"文化持有者的内部眼界"理论让策展方在展示异文化时兼顾主体与客体的双重视角，出乎其外，入乎其内；反思人类学则启示博物馆应该鼓励公众更深入全面地介入策展行为。[1]格尔茨是美国当代颇负盛名的阐释主义人类学家，他的"深描""地方性知识"等概念不仅在人类学界产生重要影响，还对博物馆陈列展览的实践工作具有重要的指导意义，同时也可以作为跨文化分析与研究的理论工具。格尔茨赞同马克斯·韦伯的观点，将文化视为"由人自己编织的意义之网"，认为文化虽然是观念化的产物，但并非存在于人们头脑之内，而是存在于公共符号之中，因此以文化分析为主要内容的人类学"不是一种寻求规律的实验科学，而是一种具有探求意义的解释科学"。[2]其中"深描"概念非常适用于对展品及其背后的文化内涵进行挖掘。格尔茨用眨眼睛来解释"深描"的语义——三个孩子眨眼睛，一个可能是身体的本能反应，另一个挤眉弄眼表示暗示，第三个模仿前一个孩子的意图，三个孩子意味着三种不同层级的类型。与博物馆陈列展览中的展品对应，第一层级意味着对展品本体的直观描述，涉及造型、纹饰、皮壳、色泽、字形、

---

[1] 刘沙.阐释人类学视野下的博物馆展览研究[J].东南文化，2020（5）.
[2] 克利福德·格尔茨.文化的解释[M].韩莉，译.南京：译林出版社，2014：5.

尺寸、完残情况等；第二层级进入中观层面意义的传达，如从本体的功能、工艺、文字内涵等扩展到同类器物的相关组合信息，展品的类型和功能组合因之而来，而出土文物展品的原埋藏情况组合也属此类；第三层级意味着更深层次的内涵，包括器物所蕴含的历史、文化、艺术与科学价值，其在时空长河中的"共时"和"历时"性意义，对应到展品就是策展人有意为之的展品延伸组合，如艺术造型式、场景式、学术研究式、叙事型组合等。2019年湖南博物院举办的"根·魂——中华文明物语"展在深描文物展品方面，做到了极致。这将在后文中进一步解读。

（二）博物馆的叙事转向

叙事理论作为叙述学最基础的理论范式，因其研究视角的独特性，日益受到史学、人类学、民族学等学科的重视，而随着对博物馆研究进一步深化，以及博物馆陈列展览的日益增多，需要寻找新的理论范式来突破博物馆事业发展进程中遇到的瓶颈。在这样的学术背景之下，博物馆人将视野扩展到叙事理论。"叙事"作为一个动词，主要强调的是表达、描述的过程，与作为名词的"叙事"载体、方式、结果等存在一定程度上的因果联系。罗兰·巴特认为任何材料都适用于叙事，除了文学作品以外，还包括绘画、电影、连环画、社会杂闻、会话等，叙事承载物可以是口头或书面的语言，固定或活动的画面、手势，以及所有这些材料的有机混合。[1] 这最为全面地阐述了"叙事"的广阔性。

---

[1] 参考 http://baike.baidu.com/view/37900.htm。

有学者撰写了博物馆叙事研究的综述文章，指出[①]：

> 几十年来，在对"叙事"的丰富探讨中，学者们基本对其核心概念取得了一定共识。热奈特将叙事界定为一个事件或一系列事件的表征；西班牙学者苏珊娜·奥涅加和何塞·兰达认为叙事乃是对一系列具有时间和因果联系事件的符号表征；美国学者波特·艾伯特定义叙事由故事和叙事话语组成，是对事件的表征，故事即一个事件（行动）或事件的序列，叙事话语则是被表征的这些事件。通过这一系列经典的定义我们可以看出，"事件"及其所处的序列是叙事的核心。
>
> 关于叙事的研究对象——叙事文本，荷兰学者米克·巴尔提出的定义受到广泛认可。她提出叙事文本是叙述行动者用一种特定媒介，诸如语言、形象、声音、建筑或其他混合媒介向叙述接受者传递故事的文本。其中，故事指的是这一文本的内容，它使素材具有特定的表现形式，以特定方式呈现；素材指按逻辑和时间先后顺序串联起来的一系列由行为者引起或经历的事件。
>
> 对叙事成立的条件，法国学者克里斯汀·麦茨提炼了五项要素：一个开头和结尾，一个双重的时间段落，任何叙述都是一种话语，叙事的感知使被讲述的事件非现实化，一系列事件的整体。另一位法国学者亚当·让·迈克尔则归纳出更为严格的六项标准：连续发生的事件，主题上的统一，经历转变的谓语，过程中行动的完整，情节构造建立因果关系，一个（内隐或外现的）最终评价。

[①] 李明倩.博物馆叙事研究综述——兼论展览叙事核心议题[J].自然科学博物馆研究，2019（6）.

理想之城
博物馆历史类陈列展览策划的理论与实践

　　笔者曾在2013年发表过《博物馆叙事方式刍议》,认为"有必要借鉴这一实用的研究方法来加深对博物馆文化的理解。将博物馆的'人'与'物'、陈列展览、教育目标作为叙事结构研究的文本,具有一定的新颖度。此外,从叙事结构研究角度出发,审视博物馆与其关系密切的事物,如文化遗产所反映的集体记忆等,有助于我们剖析博物馆的时代性、功能性与象征性。具体来看,教育作为博物馆叙事体系的目标在于建构反映真实的集体记忆,并通过博物馆核心的叙事途径和陈列展览来启迪民智、开启未来。博物馆的陈列展览,尤其是其基本陈列,最能反映博物馆的性质与定位。如何充分依托和研究博物馆的藏品体系,并以此推出满足教育目标需求的博物馆陈列展览,对作为博物馆的叙事主体的策展人来说,将直接关系到其奉行的职业道德,直接关系到博物馆'公众服务中心'的社会定位的确立与巩固"。[1]这主要是从博物馆整个业务和职能体系出发进行的叙事架构。

　　聚焦到博物馆的陈列展览,叙事性展示行为成为业界津津乐道的取向。潘守永先生认为:"叙事是指在公众中可以像病毒一样传播的故事。这些可感知的历史(人类的群体属性),能够激起情感共鸣,通过日常交流广泛扩散传播。对于叙事博物馆学而言,一首歌、一则笑话、一个理论、一条注解或一项计划,均属于叙事的范畴。"[2]西方学者安迪·古德曼(Andy Goodman)总结了讲故事的10条铁律[3]:

---

[1] 舒丽丽,陈建明.博物馆叙事方式刍议[J].湖南省博物馆馆刊(第九辑),2013(4).
[2] 潘守永.新博物馆学:理论与实践[M].南京:江苏凤凰文艺出版社,2023:40.
[3] 波利·麦肯娜·克雷斯,珍妮特·A.卡曼.博物馆策展:在创新体验的规划、开发与设计中的合作[M].周婧景,译.杭州:浙江大学出版社,2021:111—113.

上　篇
博物馆陈列展览研究的理论与方法

第一，故事总是与人有关的。即使你的组织致力于拯救植物，在政策变化中辛勤工作，或者帮助其他非营利组织更为有效地开展工作，这些也都是由人来驱动的。所以你的主角必须是一个人。而且由这个人通过故事引导听众，所以你需要为他提供一些身体方面的描述。这将有助于你的听众在脑海中形成相应的画面——因为你要理解你看不到的东西是很难的。

第二，你的主角必须拥有目标。一个故事直到观众明确知道主角的目标是什么，并且拥有关心目标能否达成的理由时，才会真正开始。在第一段或者第二段中，讲清楚你的英雄想要做什么，想要得到什么或者改变什么。并且不要采用被动语态——因为故事通常是由欲望驱动的。

第三，故事需要明确时间和地点。在你开始讲故事的那一刻，观众就会想知道：这个故事是发生在上周还是10年前？我们是在波士顿街角还是在艾奥瓦州的沃尔玛超市？帮助你的听众迅速弄清他们的方位，他们就会更容易跟随你进入故事情节，探索更深层次的意义。

第四，让你的角色自己说话。当你的角色相互对话时，它会给故事带来即时感和紧迫感。听众会觉得他们好像谚语中说的"墙上的苍蝇"，能够实时听到每个人说的话。直接引用角色自己特有的声音说话，会让对话更具真实性。如"我叫邦德，詹姆斯·邦德"，特工特意将他的姓重复了两次。

第五，给听众带来一些意想不到的事。你必须立刻让你的听众感到好奇，"接下来会发生什么"或者"这件事最后到底怎么样了"，当你故事中的人物追求他们的目标时，要有遇到障碍、意外的情节，或者能使听众不由地坐直身子并给予关注的事。否则，他们会站起来走开。

第六，故事的语言要适合听众。根据全国读写能力研究，美国人阅读平均水平是六级。讲述故事是最重要的。优秀的故事讲述者也非常关注口语和地方俚语，以构建讲述者和听众之间共同的基础。

第七，故事要激发情感。即使你身边有堆积如山的铁证，你也必须先让听众感受到一些东西，然后才看到你描述的相关数字。用故事来激发情感不是操控性或浮夸性的，而是突破淹埋我们的信息"白噪声"，传递出"这值得你关注"的信息。

第八，故事不是告知，而是展现。从智能上讲，你的听众将会理解这句话：当保姆去某个家庭拜访时，她会感受到敌意和戒备。但是，如果你改用"当家庭成员都坐在客厅的时候，他们不会看着保姆的眼睛"的说法，你的听众头脑中会出现一幅画面，感受到敌意，变得更加融入这个故事。

第九，故事应该至少包含一个"真相大白的时刻"。实质上，最好的故事向我们展示了我们应该如何对待自己、他人或者我们周围的世界，我们将故事视为真相的容器，你的观众将本能地去寻求这种真相。

第十，故事必须有意义。当说出故事的最后一句话时，你的听众应该确切地知道为什么要跟你一起进行故事之旅。这可能是所有规则中最重要的一条。如果你的听众无法回答这个问题：这个故事到底是关于什么的？那么无论你多么努力地遵循前面九条规则，都将没有什么用。

彼特·萨米斯和米米·迈克尔森在《以观众为中心：博物馆的新实践》中文版序言中引用了莎拉·布莱恩未曾正式出版的一份报告中的观点："我们需要清晰地意识到来馆观众在文

化背景和学习范式上呈现出来的多样性，与此同时，我们的展览氛围、阐释策略、基本方法可能与他们文化决定论意义上的学习期望和价值非常不同。随着中国博物馆事业的持续发展与成熟，中国博物馆学界需要发展出独具特色的教育方法、阐释策略和管理路径。这种博物馆范式不是对美国博物馆模式的简单借用和挪用，而是孕育于中国多元人口等具体国情中。"[1]潘守永先生提问："叙事博物馆学可以创造中国的博物馆研究范式吗？"答案显然是可以的。

近年来，越来越多的中国学者采用叙事理论研究博物馆的展示行为，分别从展览如何讲故事、展览讲故事的特殊性、叙事性展览的特点、观众对叙事性展览的信息接收等方面着手。比较早而且系统化的突出观点是，张婉真先生在其《当代博物馆展览的叙事转向》一书中，总结了"叙事的真正成立需要满足若干要件，通过与描述（description）、辩论（argumentation）、说明（explication）、对话（dialogue）四种文本类型的比鉴，思考展览中可能涵盖的文本类型。并非所有的展览都可以视为叙事文本，不同形态的文本可因不同言语行为的需要而成立。但相较于无边界感的描述、咄咄逼人的辩论、卖弄学问的说明、封闭自赏的对话与独白，叙事更具有其独特性、引人入胜的魅力，会令观众不由自主地感同身受，也因此成为当前展览论述中日益受到注目的类型。同时，考虑到展览对叙事的限制，可以把展览中不能完全成立的叙事现象称为展览的叙事元素"。[2]许捷博士在其博士论文《叙事展览的结构与建构研究》中，对展览叙事的内涵

---

[1] 潘守永.新博物馆学：理论与实践[M].南京：江苏凤凰文艺出版社，2023：45.
[2] 张婉真.当代博物馆展览的叙事转向[M].台北：台北艺术大学，2014：48—56+98—99.

进行了分类：一是用故事指代展览框架或内容；二是展览中的叙事，即用展品来讲故事；三是将叙事作为展览的建构方式，即用故事来驱动展览。①

此外，具体展览的叙事策略也是叙事博物馆学关注的重要方面。西方国家真正将展览或博物馆冠以叙事之名可追溯到1993年，美国犹太人大屠杀纪念馆的开馆策展人舒华·温伯格为纪念馆开馆发表了一篇题为《叙事历史博物馆》（A Narrative History Museum）的文章，描述了这一历经数十年才开馆的工程。②近年来我们涌现出很多在叙事型展览方面进行探索与创新的作品，其中既有宏大叙事类型的经典模式，又不乏从个体出发展开的微观叙事或者我们习惯称之为"社会生活史"的强调个体经验的展览。以历史类展览为代表，其叙事跨越了文学范畴，最主要的特征就是以真实的"物"来"讲故事"，并不将自身限定于文学领域"文本叙事"的讨论之中，展览叙事被"视为一种理解文化方式的表征"，是以博物馆特有的方式，在一定的"空间"（展厅）中以"物"（藏品）来搭建与"人"（观众）之间的关系，并以不同的展示方式构建多元的视觉呈现系统。③对此，几个值得梳理的案例如下：

2017年11月29日，第二轮改扩建完成后的湖南博物院，在开馆陈展体系中，书写四大故事：一群人（湖南人）的故事（基本陈列：湖南人——三湘历史文化陈列）；一个家族（汉代轪侯家）的故事（基本陈列：长沙马王堆汉墓陈列）；一个时代（传

---

① 许捷.叙事展览的结构与建构研究[D].浙江：浙江大学，2018.
② Jeshajahu Weinberg. A Narrative History Museum[J]. Curator: The Museum Journal, 1994（4）.
③ 彭文.策展与叙事——兼谈"平天下"策展思路的转换[J].文物天地（增刊），2022（1）.

统文化奠基的时代）的故事（特别展览：东方既白——春秋战国文物大联展）；一种文化现象（跨文化交流）的故事（特别展览：在最遥远的地方寻找故乡——13—16世纪中国与意大利的跨文化交流）。其中，"湖南人——三湘历史文化陈列"具有浓厚的叙事意味，突出表现在整个展览从一级标题到二级标题采用"第一人称"讲述湖南人的故事。陈列围绕"湖南人"，以"我"为第一人称的视角，展示湖南的历史与文化：第一部分"家园"解读湖南人生活在怎样的地方；第二部分"我从哪里来"讲述现在的湖南人是如何形成的；第三部分"洞庭鱼米乡"揭示湖南人是如何获取生活资源的；第四部分"生活的足迹"展示不同历史时期湖南人的生活状况；第五部分"湘魂"剖析湖南人的群体性格和精神面貌是什么样的，这样的展览框架搭建具有浓郁的"讲故事"意味。特殊性在于抛开了时间轴的限制，让故事的进展在框架的第一层级凸显"主角"的地位。这也是以实践有力回应和打破"时间维度作为展览的组织原则出现虽然并不早，但从20世纪开始迅速在博物馆界流行开来，甚至成为一种新的'八股'"[1]这样一种历史类陈展惯例。

　　秦始皇帝陵博物院于2019年举办的原创展览"平天下——秦的统一"展览有四个部分（见图3），分为序厅和"大出天下""迈向统一""百代秦政"三个平行单元，以历史发展为线索，借鉴影视作品的创作方式梳理故事线，在展览中设计了四组对话，让人物从展品中"走出来"。人物原型"黑夫"和"惊"出自云梦秦简中的一封家书，这封家书是秦朝的士兵"黑夫"和"惊"写给兄长"衷"的一封信，被称为中国历史上最早的家书（见

---

[1] 许捷.叙事展览的结构与建构研究[D].浙江：浙江大学，2018.

理想之城
博物馆历史类陈列展览策划的理论与实践

```
平天下——    ┌─ 序厅 ─────── 云梦秦简人物故事引出展览内容
秦的统一     │
             │                  ┌─ 西垂建国（襄公始国之志）
             │   第一单元：    ├─ 东进拓土（穆公的强国之梦）
             ├─ 大出天下   ────┤
             │                  ├─ 变法图强（孝公的改革之路）
             │                  └─ 合纵连横（惠文王的崛起之路）
             │
             │   第二单元：    ┌─ 加快步伐（昭襄王的励精图治）
             ├─ 迈向统一   ────┤
             │                  └─ 横扫六合（秦王政成就统一大业）
             │
             │                  ┌─ 千古一帝秦始皇
             │                  ├─ 百代皆行秦政（中央集权制的创立）
             │   第三单元：    │
             ├─ 百代秦政   ────┼─ 书同文车同轨（统一方略的实施）
             │                  ├─ 海内皆臣（多民族的统一国家）
             │                  └─ 海纳百川（多元文化呈现的精彩）
             │
             └─ 结语 ─────── 探讨秦统一中的开放包容对当下的启迪
```

图 3 "平天下——秦的统一"展览内容框架

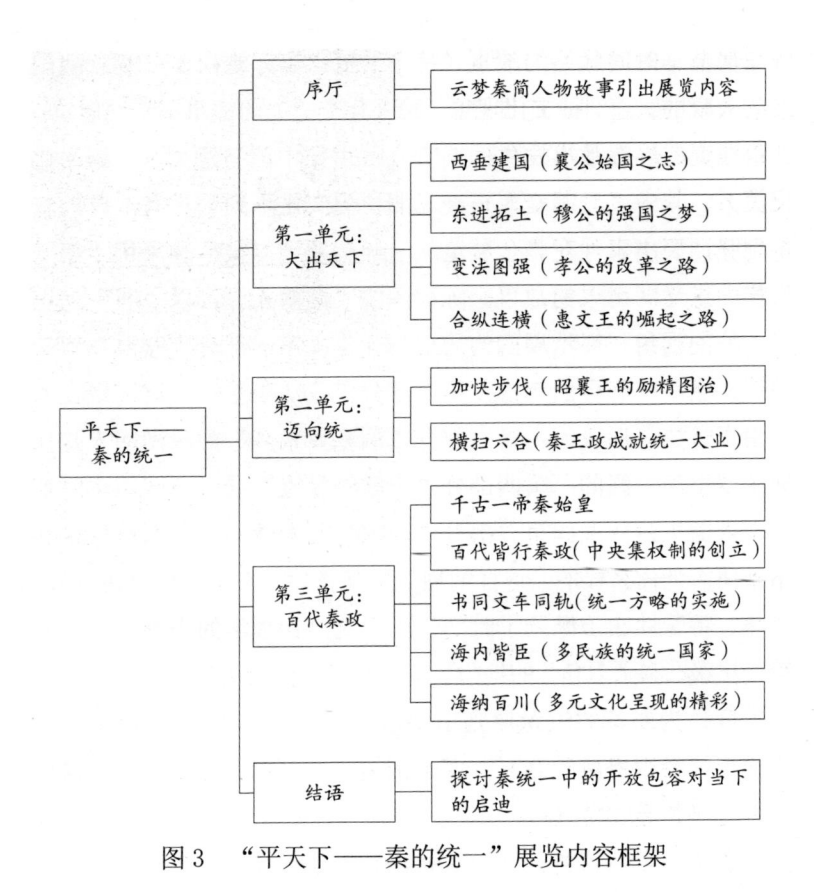

图 4）。他们曾在公元前 225 年随大将王翦参与对楚的战争，是两名秦国普通士兵。展览中，依据故事情节的发展设计两个人物的合理对话，对话不时地出现在每部分内容的前面，为观众解读本部分的内容提供引导。这是近年来为数不多的历史类陈展中植入人物故事以丰满展览内容的代表之作。该展策展人彭文研究馆员指出："历史类的展览叙事如同讲故事一般，要有时间、地点、人物和情节等元素。展览叙事的元素包括核心主

题与情节、时间脉络与节点、串联故事的大事件、连贯性的故事线索、导致故事发生的因果关系、叙述者与听众,还要特别强调历史事件对当代社会生活的意义。可以说,'平天下——秦的统一'特展的内容设计,完成了展览叙事的基本要求,还原了历史,为观众呈现了一个不一样的'大秦'和一个形象丰盈的秦始皇。然而,不是所有的展览都可以用'讲故事'的方式来叙事的,因为展览主题、表达主题的核心的'物'、递进式的'故事线'以及策展人对历史的认知和对历史文献、考古资料的熟悉程度,都有可能影响展览叙事。同时,也并非所有的展览都是叙事性展览,非叙事性展览又将如何完成其叙事的使命,将是另一个值得探讨的话题。"[1]2024 年 5 月 1 日,国家典籍博物馆举办的展览"贞观:李世民的盛世长歌"恰恰印证了如上说法。该展览除序厅和尾声之外,分"沙场战神 少秦王""不世雄才 唐太宗""万民之王 天可汗""凡夫一面 李世民"四个部分进行叙事,意图通过梳理唐太宗李世民的生平主线,窥其成长之路,进而介绍初唐社会各方面的发展脉络,综合展示贞观气象。这一展览的帝王故事是个好故事,但遗憾的

图 4 "平天下——秦的统一"展厅中的家书对话版面

---

[1] 彭文.策展与叙事——兼谈"平天下"策展思路的转换[J].文物天地(增刊),2022(1).

是所展文物与唐太宗李世民有直接关系的少之又少。不同的是，长沙市博物馆于 2024 年 7 月 23 日举办的展览"她从长安来——汉长沙国渔阳王后和她的时代"同样是以物说史、以人带事，策展人将展览分为"公主出汉廷·渔阳王后""助力守南疆·汉长沙国""演绎大汉风·她时代"三个部分，其中前两个部分具有浓烈的叙事意味，并因其有众多的与展览主题息息相关的文物加持，所讲述的长沙国的故事更具有情节性、逻辑性和关联性。博物馆历史类陈列展览"以物说史"，采用叙事的体例，最大的限制就在于"物"的有限性和局限性，这也意味着博物馆策展是完全不同于文本叙事、编书写故事的一种全新的叙事体例。

2022 年 11 月 18 日，山西博物院开展的"且听凤鸣——晋侯鸟尊的前世今生"特展（见图 5）紧紧围绕晋侯鸟尊这一镇馆之宝展开故事，采用拟人化的口吻带出史籍所载"桐叶封弟""叔虞封唐""唐迁于晋""晋献嘉禾"等晋国历史大事件，并通过还原鸟尊所经历的被盗与合璧，书写了其前世与今生的故事。2024 年湖南博物院和湖南省京剧保护传承中心联合推出的新编

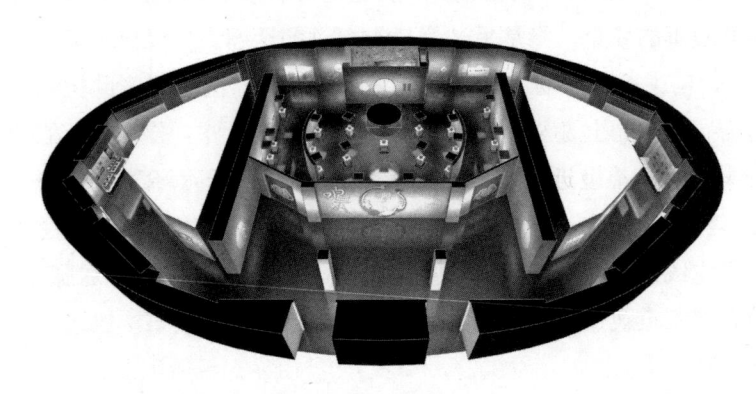

图 5 "且听凤鸣—晋侯鸟尊的前世今生"展厅效果图

京剧《皿方罍的故事》，也是采用故事化的手法将文物背后所蕴含的历史文化信息及其跌宕起伏的流失与回归之路编排成剧。单件重量级文物的故事化阐释日益获得青睐，更胜的是晋侯鸟尊的故事因其内容聚焦、逻辑明了、线索清晰而更易于操作成展览作品，考虑到观众是在行动中观看，而非固坐凳子上欣赏剧目，最终能够以展览的方式呈现是符合当前策展新思路的，毕竟同题材的展览曾在2018年北京大学120周年校庆之际做过。新的叙事手法，令同题材展览常做常新，如果湘博的皿方罍新剧能够搬进展厅，成为展览新型叙事过程或展览剧场化的一部分，从而嵌入整个"古典"式展览之中，可能又将是策展新突破了。跨界天然具有新鲜感，从文物到戏剧是资源共享、题材互补，而叙事性的剧场化展览则可以实现真正的跨界与融合。

2022年10月15日，中国江南水乡文化博物馆西区馆临展厅举办"临平记忆——口述史里的临平"展（见图6），分为七个部分："轮子里转出的记忆"回顾了临平的现代交通发展史；"从顺风耳到掌上游"讲述了小灵通曾经的辉煌；"票证时代"追忆了计划经济时代的艰苦岁月；"儿时记忆"展示了百年老字号的岁月浮沉；"电视和娱乐的回忆"呈现了临平媒体传播事业的发展；"公社回忆"追溯了临平人民公社的历史；"千年丝韵"则展示了临平丝织业的发展历程。展览从博物馆馆藏文物、档案馆馆藏档案以及近年来征集的档案史料中，精选百余件珍贵文献和实物，结合口述视频，用档案陈列、实景还原、多媒体声像等手段多角度呈现临平过去百年间的历史。开展前博物馆发起了"唤醒百年记忆，征集临平旧物"活动，得到了广大市民的热烈响应，收到近百件物品，涉及票据、徽章、日用品、机械等多个种类。这是个体参与建构博物馆文化的代表形式之一，"每一个在临平

图 6 "临平记忆—口述史里的临平"展览供销社场景

出生成长、学习生活并热爱临平的人，携手共同打造一个记录和展览临平历史与记忆的展览，呈现每一个人的生活记忆"[1]。这也是博物馆叙事策略之一，通过聚焦微观历史，突出个体的参与性和体验感，讲述相对短暂时期发生的事情，恰似口述史的呈现方式，娓娓道来，正如展览前言所写：

记忆是人脑对过去经验的反映，是在头脑中积累和保存个体经验的心理过程。记忆的对立面是遗忘，对遗忘的理解有助于我们对记忆的更深刻认识。

临平地区自民国以来属杭县，经历了钱塘联社、余杭县、余杭区到今天单独设区，百余年来的发展有太多值得回味的故事，

---

[1] 文旅临平. 唤醒"百年记忆"：@临平人民，您有一条新消息[EB/OL].[2022-9-17]. https://mp.weixin.qq.com/s/VrrNMENI7vlRw1Se1eaP-w.

每一个在这片土地经历的人都是塑造记忆共同体的一部分。每个时代都有她独有的气味，或许是似曾相识，是嘴里提到的"过去"，是某个似乎陌生却与当下有着道不明联系的情景。临平有许多独特的记忆，同时她也是大时代发展下众多地区的一个缩影。让我们通过7位讲述人的视角，挖掘那些逐渐模糊的记忆。

三、历史类博物馆与博物馆历史类陈列展览

在博物馆的诸多类型中，历史类博物馆在我国占有的比重较大，从中央到地方，绝大部分以行政区划分设立的地域性博物馆均属此类，如国家博物馆，各省（自治区、直辖市）、市州、县博物馆等。当然，也还存在少数以"历史"命名的博物馆，如陕西历史博物馆（简称陕历博）、上海市历史博物馆等。陕西没有省馆，而以陕历博替代省馆地位，可见省级馆与历史类博物馆的关联性。据说，陕历博曾使用"陕西省博物馆"这一名称，但后来独立出来陕西历史博物馆，而余下的旧址部分则成了现在的专题博物馆——西安碑林博物馆。

历史类博物馆的宗旨是展现特定历史时期，或若干世纪中国家、省区或特定地区的历史演进过程。[①] 所谓历史类博物馆就是以具有历史、科学、艺术价值，能够侧面反映各个历史时期人类社会活动、社会关系、意识形态等方面的可移动的各种材质的文物为主要藏品，以对其进行收藏、展示与教育为目的的非营利性机构。重点研究与展示的是能代表博物馆所在地区历史的文物，其历史范畴涵盖了交通、工业和技术、军事、钟表、造币、邮票、

---

① 杨玲，潘守永. 当代西方博物馆发展态势研究[M]. 北京：学苑出版社，2005：33.

服饰、家具等内容。① 历史类博物馆共同的特征是以不同历史时期的文物为核心收藏,文物考古类博物馆也是此范畴内的典型代表。文物是人类在社会活动中遗留下来的具有历史、艺术、科学价值的遗物和遗迹。② 按照时代进行分类,可分为史前文物、古代文物、近现代文物等。我国史前文物一般分为旧石器时代文物和新石器时代文物;古代文物则按照朝代划分为夏代文物、商代文物、周代文物、秦代文物、汉代文物、魏晋南北朝文物、隋代文物、唐代文物、五代十国文物、宋代文物、辽代文物、金代文物、元代文物、明代文物、清代文物等;近现代文物一般分为革命文物、民族文物、民俗文物等。同时,文物分为可移动文物和不可移动文物,《中华人民共和国文物保护法》(2017年11月4日修正)界定"古文化遗址、古墓葬、古建筑、石窟寺、石刻、壁画、近代现代重要史迹和代表性建筑等不可移动文物,根据它们的历史、艺术、科学价值,可以分别确定为全国重点文物保护单位,省级文物保护单位,市、县级文物保护单位。历史上各时代重要实物、艺术品、文献、手稿、图书资料、代表性实物等可移动文物,分为珍贵文物和一般文物;珍贵文物分为一级文物、二级文物、三级文物"。③ 对于本课题研究对象而言,历史类博物馆指的是狭义的、不包括遗址类博物馆在内的、以可移动文物为核心收藏的博物馆机构,而涉及遗址遗迹就地保护并在原址上所做的陈列展览不在本次讨论的范围,比如杭州南宋德寿宫遗址博物馆(见图7)是在遗址上加盖建筑,并以声光电复原陈列为主,周边廊道辅以

---

① 林洋,解祺.博物馆实务与博物馆设计(上篇)[J].建筑装饰材料设计,2009(5).
② https://baike.baidu.com/item/%E6%96%87%E7%89%A9/33145? fr=ge_ala.
③ 国家文物局博物馆与社会文物司(科技司).博物馆工作手册[M].北京:科学出版社,2021:6.

图7 南宋德寿宫遗址博物馆现场

可移动文物展示,这种类型暂不纳入本课题研究范畴。

在博物馆陈列展览的类型中,历史类是其中重要一类,所有博物馆都可以根据自身的定位和旨趣举办历史类陈列展览。显而易见的是,历史类博物馆的基本陈列一般都属于历史类展陈,尤其是其通史、文化史、文明史性质的陈列。非历史类博物馆也可举办历史类展陈,但是这些展示活动多属于该馆(院)的特别展览。因此,本课题研究的历史类陈列展览的实践多聚焦于历史类博物馆的基本陈列与非历史类博物馆的历史类临时展览。

博物馆的历史类陈列展览与历史类博物馆的定义具有相似之处,指的是"系统地展示全国或一个地区历史发展的主要过程和基本线索。或者某一历史时期某一地区的历史发展概貌。这就是通史陈列,或断代史、地方史陈列的基本内容……还有以某一历史专题或某一历史事件为陈列内容……历史陈列以文物为主,通过陈列组合来表达历史内容，进行直观教育"。[①]有学者总结了历史类博物馆陈列展览的特点，笔者认为这一总结恰恰说明的是博物馆历史类陈列展览的特点[②]：

所展物件：以文物为主。

展览的概念：以历史事件或以历史演进的时间序列为主要概念。

艺术设计：总体风格、色调、装饰问题等都应该表现出历史时代风范，即地方、民族特色。展品组合也要遵循历史事实的客观依据，符合历史演进时间序列的系统性和顺序性。

特殊陈列方式的应运：因包括相当多的人类学知识，来丰富历史陈列的内容，所以人类学、民族学中常用的复原陈列法和原状陈列法也引进历史类了。

展品安全性：由于所展文物是由各种不同材质构成的，其馆藏环境各不相同，若采用大通柜或者在同一环境展出的话，常常会遇到几种保护要求截然不同的文物组群。因此，在历史类博物馆的陈列中，文物的安全，陈列环境的研究尤为重要，它们都是保证展览科学有序进行的必要前提。

观众定位：历史文物陈列的定位，首要条件是客观地、按社会的整体知识水平来定位观众，实事求是地看待大多数观众的文化历史水平，把展览的知识难度定位在历史知识入门这个层次上，并结合多样化的陈列形式帮助入门者了解展览内容。当然，在传播基本知识的同时，还应该考虑到一部分观众对历史文物知识的

[①] 王宏钧.中国博物馆学基础（修订本）[M].上海：上海古籍出版社，2001：249.
[②] 王炯.历史类博物馆文物陈列展览的初步研究[D].重庆：重庆师范大学，2012.

深层次要求，增加一些较为专业的内容，来满足特殊观众群体对展览的需求。

历史类陈列展览尤其是通史类，因其与时间的紧密联系，常被不少学者从内容结构上区分为叙事型展览[1]。然而时间作为强烈的叙事元素，有其特殊的产生背景，也并非历史类陈列展览的绝对判断标准。米歇尔·福柯（Michel Foucault）曾说："在18世纪，时间顺序是一种属性或者一种模糊的事物顺序的表达；在19世纪，其显得有一些新潮……是一种骄傲的物与人的历史模型。"[2] 丹尼尔·罗斯伯格（Daniel Rosenberg）和安东尼·格拉夫顿（Anthony Grafton）在他们所著的《时间的制图学：时间轴的历史》一书中提出时间轴是建立在认为历史是线性的现代认识基础上的，并且是一种更现代的线性历史的表达方式。[3] 我国一直以来非常强调治史、著史，从第一部上古历史文集汇编《尚书》，到第一部编年体著作《春秋》和第一部纪传体通史《史记》，再到历朝历代专设史官修正史，汇集成皇皇巨著如《二十五史》等，还有各类别史、典制体、会要体、载记、传志等诸多体例，可见以时间为轴的编年体、年表等从来不是仅有的体例。阐述历史类题材的陈列展览也并非以时间作为判断标准，甚至在未来的策展趋势中，阐述历史类题材的陈列展览有望打破学界惯例，也就是

---

[1] 陈晨从陈列展览的内容结构出发，将其分为通史类、人物类、事件类在内的叙事型展览，艺术专题、文化主题在内的审美型展览，考古类、非遗类、对比类、线路类、自然类、科技类在内的其他型展览三大类。
[2] Michel Foucault. *The Order of Things: An Archaeology of the Human Sciences*[M]. Psychology Press, 2002: 301.
[3] Daniel Rosenberg, *Anthony Grafton. Cartographies of Time: A History of the Timeline*[M]. Princeton Architectural Press, 2013: 96.

说当初流行以时间或编年体的方式构建展览话语,而今则被强烈地质疑为窠臼。

在19世纪的最后30年,以时间轴构成的展览成为西方国家许多类型中的一种。之后以时间轴组织展览面对了巨大的质疑。博物馆策展人和学术界基本反对以时间轴组织展览;博物馆评论界赞成以时间轴组织展览。时间轴成为争论的重点之一。在回应批评和考虑观众体验的过程中,所有类型的博物馆开始重新考虑叙事和时间顺序在展览中的位置。[①] 我国现代博物馆事业起步晚于西方国家,其曾走过的路,我们也在经历,20世纪后半叶兴起的社会发展史、以王朝更迭为主轴的展览和以时间先后为线索的通史类展陈,一度占据主导地位,但当中国历史进程迈入秦汉一统之后,采用编年的方式统筹历史类陈列展览,则极易形成"千馆一面""千展一面"。鉴于此,新时代的策展人要打破已有的惯例、突破宏大叙事的限制、寻求新的策展理论和方法、极力主张和展示特殊化的历史进程。

四、历史类陈列展览的信息重构与知识生产

博物馆历史类陈列展览围绕真实的"物",追溯历史和开展文化叙事。既然是叙事,就有事实与话语之间的差异。话语因人而异,掺杂不同表述者强烈的主观色彩。历史类陈列展览所示之"物",我们称之为从文物到藏品再到展品的转化过程,打上了策展人强烈的印记,因此可以说是相对主观的产物。"博物馆的内核从未改变,就是无论在任何场景下,以任何形态出现,

---

① Steven Lubar. Timelines in Exhibitions[J]. Curator: The Museum Journal,2013(2).

都是靠集合时空中的'碎片'事物，重新编织出一个乌托邦环境，来帮助人突破'此时此地'的精神囚徒困境。"[1]"长久以来，博物馆自诩为'真实事物''真实物件'的最后避难所，令人遗憾的是，博物馆并没有成功描绘出那些真实物件的来源文化的真实面貌。"[2]"博物馆的展览叙事世界是一个以主观认识来重新选择和安排的'客观世界'，因此它也就成了一种按照超现实主义的逻辑来构建的现实主义。博物馆的展览叙事既不可能复制客观现实，也不可能是一种纯主观的叙事，它注定只能站在主观与客观世界之间。它既能讲述现实，也能呈现超越现实的其他可能。"[3]也有观点认为："对于物和技术来说，更重要的是包含在物质里面的意义和知识，所以物品的重要性就在于它是理解过去的载体，尤其是理解没有文字的过去的载体。实际上不应该将物品和知识分离开来，而要看到它们是关联在一起的，都是文化记忆的一部分，物的重要性在于它是记忆的载体，它对我们的现在和未来都很重要，所以我们应该着重去研究文化的记忆和历史。"[4]从这一角度出发，"物"是客观的。那么，从追求客观真实性的角度出发，历史类展陈呈现的历史必须辩证地去看待。

（一）以"物"还原与再现历史，还是"任人打扮"？

我们来看阿多诺《棱镜》（*Prisms*）中《瓦莱里·普鲁斯特·博

---

[1] 李德庚. 流动的博物馆[M]. 北京：文化艺术出版社，2019：3.
[2] 迈克尔·埃姆斯. 博物馆、公众与人类学：博物馆人类学论集[M]. 尹凯，译. 北京：科学出版社，2021：144.
[3] 李德庚. 流动的博物馆[M]. 北京：文化艺术出版社，2019：14.
[4] 迈克尔·罗兰. 历史、物质性与遗产：十四个人类学讲座[M]. 汤芸，张原，译. 北京：北京联合出版公司，2016：204.

物馆》(Valery Proust Museum)一文的开篇:"在德语中,museal(即'博物馆似的')有一种令人不快的感觉。它描述的是这样一种物品:观察者与物品之间再无生动联系,并且物品正步入死亡。它们之所以能够保存下来,更多的是出于对历史的尊重,而不仅仅为现时的需要。博物馆(museums)和陵墓(mausoleum)的关联远甚于音形上的相似。事实上,博物馆就是艺术作品的家墓。"[1] 由此看来,博物馆似的物品是僵死而无生机之物,不能自我言语,是去语境化的。如果将博物馆的物品,仅仅看作从剥离生境而来的具有收藏价值的物到藏品的转化,此处的"物"则是摆满博物馆库房柜架上的单个的、独立的、具象的物品,常被按照质地和时代进行摆放,并且此时此处的"物"是最为真实的存在,因"博物馆所依赖的'物质东西'这座冰山不具有本质身份"[2],它尚未被研究者或策展人赋予所谓的价值和意义。

有趣的是,从藏品到展品的变身,是博物馆展示行为重新赋予"凝固之物"意义和价值的实践。人们通过展示行为再度赋予"藏品"语境,以此展开叙事。这是基于博物馆广义范围的叙事,也是对任何材料都能叙事的观念的回应。从真实性的角度出发,还原和再现即为客观真实,重新赋予语境和意义则可视为建构的过程。"展览是一种'第三空间'——来自不同时间、地点的物在一个特定场所中汇集,依循特定的逻辑即一种主观性的选择,对这些物进行描述与重组,表达某种观点并阐释意义,从而对现实世界进行一种主观性的编排与呈现。展览'既不可能复制客观

---

[1] 迈克尔·罗兰.历史、物质性与遗产:十四个人类学讲座[M].汤芸,张原,译.北京:北京联合出版公司,2016:121.
[2] 艾琳·胡珀·格林希尔.博物馆与知识的塑造[M].陈双双,译.南京:译林出版社,2020:序4.

现实,也不可能是一种纯主观的叙事,它注定只能站在主观与客观世界之间',成为一个联通现实与想象的'第三空间',生成一种主客交融的'空间叙事',成为一种'博物馆式'的认识、阐释与投射世界的方式。"[1]对应李德庚先生在其《流动的博物馆》一书中所概括的关于展览叙事真实性的三个阶段就是物的真实、知识的真实和人感觉的真实。[2] 李德庚先生认为"物的真实"是指展览所标注展品的真实,而非赝品或者仿品,并且对这些展品的信息进行解读构成了最紧密也是最基础的关系;"知识的真实"是指以知识为中心的展览叙事的真实性更多在于其依托的知识体系,物的构成变得丰富且不那么重要,物更多的是作为一个知识解释系统的组成部分,参与构建一套行之有效的展览叙事语言体系;"人感觉的真实"则是强调展览叙事不一定以某个稳定的知识系统为依托,也不再拘泥于社会理想、国家前途、历史命运、知识真理等宏大叙事,而更在意关注与日常人生相关的命题,观众成为展览叙事的中心,即更加考虑观众通过展览能够获得什么。这三个阶段的概括也符合我们举办历史类陈列展览的三大类型:精品展、主题展、参与式体验展。

曾有名言"历史是任人打扮的小姑娘",类似于克罗齐的名句"一切历史都是当代史",在历史的探索过程中追求绝对真实几无可能,顶多算是一个纯粹而纯洁的理想,"历史一词的含义不仅是记载,更重要的是解释,而一旦解释就必将受到解释者本人眼界学识、价值取向、情感好恶等因素的影响,从而使解释的

---

[1] 中国博物馆协会陈列艺术委员会. 大道同心 无远弗届:中国博物馆协会陈列艺术委员会四十周年回顾与展望文集[M]. 北京:机械工业出版社,2024:251.
[2] 李德庚. 流动的博物馆[M]. 北京:文化艺术出版社,2019:229—232.

结果带有或浓或淡的个性色彩"①。如果从这样的角度出发，博物馆策展人应该首先树立的职业道德操守或者基本素养应是谨慎而中正的学人风范，秉持求真务实、潜精研思、博学思辨的态度，同时需要遵循当下社会主义核心价值观和独立自由之思想。这样才能保障博物馆的展示行为和输出视为知识对社会及公众无害，是具有良知、启发性的正能量行为。一切血腥、暴力、反社会、反人格、非人道主义的均应自觉摒弃。这是基本要求。一些隐藏比较深的、蛊惑性强的负能量事件则需要策展人时刻保持清醒和不断培养自我的鉴别能力，以此做到主动拒绝。就像英国历史学家伯兰特·阿瑟·威廉·罗素（1872—1970）谈及其对史学的期待和目的一样，我们也希冀博物馆展示行为"不仅有助于知识，而且有助于智慧"，甚至能以此"开阔文明的想象世界，使我们在思想上和感情上成为一个更大的宇宙的公民，而不仅仅是日常生活的公民而已"。②这似乎与 2019 年国际博物馆协会建议的博物馆定义有异曲同工之处："博物馆是用来进行关于过去和未来思辨的对话的空间，具有民主性、包容性与多元性；博物馆承认并解决当前的冲突和挑战，为社会保管艺术品和标本，为子孙后代保留多样的记忆；保障所有人享有平等的权利和平等获取遗产的权利；博物馆并非为了营利，它们具有可参与性和透明度，与各种社区展开积极合作，通过共同收藏、保管、研究、阐释和展示，增进人民对世界的理解；旨在为人类尊严和社会正义、全球平等和地球福祉作出贡献。"而目前全球博物馆的发展水平参差不齐，尚不能达到如此"入世"的境界，博物馆也没有足够强大的能量

---

① 赵林.古希腊文明的光芒[M].北京：人民邮电出版社，2020：自序 6.
② 海蔚蓝.策展哲学[M].南宁：广西美术出版社，2021：23.

去"解决当前的冲突和挑战"等。

因此,以"物"还原与再现历史,绝对不是"任人打扮",而是取决于策展人坚定的职业道德和高超的策展水平。正如宋向光先生认为的:"'职业道德'是从行业之善、专业之善的价值维度制定的博物馆行业及其具体专业行为的善与'不善'的判断标准。博物馆职业道德要遵从社会道德,要不违反国际法和国家法律,要遵循博物馆行业约定俗成的行为规范。职业道德是维护博物馆行业形象的思想基础,是增进博物馆从业人员行业认同和集体荣誉感的精神支柱,是博物馆组织文化的重要内容。近年来,社会对文化多样性和包容性更为重视,博物馆在藏品征集、研究课题、成果发表、展览内容、展品解说等业务活动中,不仅要恪守科学原则,也要重视业务活动所涉及相关文化及文化群体的价值观和知识体系,妥善处理博物馆业务活动对相关文化表达的影响。"[1]

(二)博物馆展陈的价值与知识塑造

在博物馆学研究的领域里,对其功能的研究长期占据重要的地位,人们根据博物馆所处社会环境的不断变化,相应地提出更多诉求。博物馆的功能、作用被重视,与价值具有一定的重合度,但前后之间不能画等号。《辞海》对"功能"的解释有两种含义:一是指事功和能力,如《汉书·杜钦传》所载"现本行于乡党,考功能于官职";二是指功效、作用,多指器官和机件而言。[2] 显然此处提到的博物馆的功能指的是后者。与"价值"一词相比,

---

[1] 宋向光. 秉持专业态度 真诚响应时代诉求——读国际博协博物馆定义(2022)的体会[EB/OL].[2022-9-5].https://mp.weixin.qq.com/s/oji7ETy65mz9PrKjpoCz1A.
[2] 辞海编辑委员会. 辞海[M]. 上海:上海辞书出版社,1980:508.

功能强调的是效能，指事物或方法发挥的有利作用，而价值与社会劳动相关，价值量的大小取决于生产过程中所耗费的社会必要劳动时间的多少。

博物馆功能的演变与扩展一直伴随着社会文化的变迁，经历了从达官贵人的珍宝馆到面向社会公众开放的转变过程，逐步析出收藏、研究、展示与教育等基础职能，并随着现代社会的不断发展，扩展出观光、休闲、娱乐、经济、创造等多种功能。从这些功能的变化和扩展可以看出，博物馆经历了从自证能做什么，发展到他者希冀博物馆能够提供什么，但是仍然未涉及博物馆的本质——其独一无二的属性，以及区别于其他众多机构的独特性，而且博物馆的本质应是与价值评价有关的事实指向，即博物馆的价值，以及博物馆陈列展览的价值。

博物馆与生俱来的物质性不具有本质身份，物的博物馆化是去语境化的过程，博物馆的使命和终极追求是什么？不同时代回应这一问题，具有不同的答案。经济日益全球化，社会飞速发展，民智之开甚于之前数代，这个"民"亦包括博物馆人在内。一方面21世纪以来，我国博物馆体制内的编制规模不断扩大，从业人数激增，而且吸引来自不同专业背景的人才进入文博行业，不仅有考古学、历史学、艺术史、人类学等社会人文科学类人才，还有大量具有科技信息、人工智能、工程技术、环境研究、公共管理、新闻媒体等自然科学和应用科学知识背景的人才。

另一方面观众对博物馆要求的不断提高，就陈列展览而言，观众的参与度加强，不再是到博物馆来被动接受知识。博物馆核心观众为学生群体以及80年代前后逐渐成长起来的社会中坚力量，他们的自我意识和学习能力较强，对于事物的评判标准也高。对博物馆的展示活动，他们常常因爱好而变得专业，愿意花费精力去弄明白一件展品、一个展览的主题和策划思路，而不是仅仅停留在看热闹的层面。在笔者策划的一些展览中，就曾收集到一些关于展览思路的提问，要求对个别展品背后的故事进行多元化解读，以及一些展览推文下面的回应，其中不乏眼界开阔者，他们能够领悟到展览想要传递的信息。显然，这也是对博物馆策展人的监督和考核，因为关注越多，大家都来"挑刺找茬"，至少从知识层面出发，就越发容不得瑕疵与错误。这也是为何在批判现代性的后果时，以吉登斯为代表的学者所要质疑的，因为博物馆本身就是现代性的产物，而策展人作为这类"脱域"机制的类型之一——陈列展览策划推出方面的专家系统，也就是由技术成就和专业队伍所组成的体系，正致力于编织我们生活于其中的物质与社会环境的博大范围。[1] 我们为什么要相信策展人输出的信息？反问，我们又为什么不信赖呢？这就涉及博物馆的真正价值，即在进行知识塑造和输出时，两个维度的界限——知识输出在于翻版，同时也强调不定论、多样性和包容有争议性的观念，这是2022 年国际博物馆协会关于博物馆定义所包括的 30 个左右的术语之一；塑造强调新的知识生产，而博物馆恰是生产知识的一件新工具[2]，这在 18 世纪 90 年代法国颁布法令在卢浮宫建造"法兰西博物馆"时就已成为先声，并且一直是一个永恒的话题。

国际博物馆日每年都有自己的主题，2019 年主题为"作为文化中枢的博物馆：传统的未来"。时任国家文物局局长刘玉珠对此主题进行了深入解读："作为'文化中枢'的博物馆实

---

[1] 艾琳·胡珀·格林希尔. 博物馆与知识的塑造 [M]. 陈双双, 译. 南京：译林出版社, 2020：序 5.
[2] 艾琳·胡珀·格林希尔. 博物馆与知识的塑造 [M]. 陈双双, 译. 南京：译林出版社, 2020：178.

则跨越了时间和空间两个维度。作为时间轴上的'文化中枢',博物馆应肩负起连接过去、现代与未来的使命;作为空间轴上的'文化中枢',博物馆应致力于搭建不同文明、不同地域、不同民族之间的沟通桥梁。"而"传统的未来"指作为文化中枢的中国博物馆,要将文物连接过去,赋能未来。中国悠久的历史与灿若星辰的文物资源,不仅是文明、历史、精神的重要载体,也是构筑时代创新的动能,促进社会高质量发展,满足人民美好生活需要的"超级IP"。而这些重要的文物资源,大多正是通过博物馆才得以收藏、保护、传承与传播的,也正是通过博物馆,才得以激活文物的持久生命力。习近平总书记强调,"博物馆是保护和传承人类文明的重要殿堂,是连接过去、现在、未来的桥梁"。中国各类博物馆不仅是中国历史的保存者和记录者,也是当代中国人民为实现中华民族伟大复兴中国梦而奋斗的见证者和参与者。过去,对现在有指导意义,"在过去的六百年里,博物馆积极地参与知识的塑造。在文艺复兴知识型的时期、古典时代和现代时期,可以发现有各种各样的知识结构与真理产生的规则在发挥作用。积聚物质东西(包括自然的和人工的),一直是认识这个世界的方法之一,但是陈列室、工作室、智慧剧场、储藏室和'博物馆'是依据当时流行的认识论背景而构建起来的,因此它们凭借当时恰当的规则和结构而产生不同的认知可能性"。[1] 而现代博物馆无疑也成为现代知识型的基本知识结构的最好注释——人类、生命和文明的故事将会变得比物质东西的有形身份更加重要。现代知识型的基本

---

[1] 艾琳·胡珀·格林希尔. 博物馆与知识的塑造 [M]. 陈双双, 译. 南京: 译林出版社, 2020: 199.

知识结构是整体性（一个故事、一个主题、一段历史和有机联系）的经验（物与人之间的关系、通过研究和参与经验活动而演化出来的知识）。所涉及的知识越来越广泛。知识主要的主题是人、他们的历史、他们的生活以及他们的关系。[1] 如果进一步讨论博物馆的终极追求，史蒂芬·E.威尔（Stephen E.Weil）则给了很好的启发，他认为"归根结底，博物馆的价值不在于拥有什么，而在于做了什么。除了提供信息、价值观和体验，博物馆还能为其公众提供什么样的社会用途？我想提出两点建议：激励和赋权。我们应该视博物馆参观这一行为，为起点而非终点，即观众离开博物馆后，参观行为还能对他们产生持续性的影响"。[2]

（三）博物馆新定义下的展览阐释

在最新的博物馆定义中，以"阐释（interprets）"替换了"交流（communicates）"，又如以"深思（reflection）和知识分享（knowledge sharing）"替换了"研究（study）"。对此，宋向光先生指出，新术语替换旧术语，反映了国际博物馆界对博物馆业务焦点的转换，如"阐释"更强调阐释活动的目的以及阐释内容的价值定位和情感内涵，而不仅仅是信息的交换……"阐释"更凸显博物馆的专业性。此前定义中的"交流"一词具有浓厚的大众传播色彩，阐释是20世纪中期博物馆导览工作者总结的引导、支持观众理解遗产价值、转变对遗产的态度的方法，其核心是"蒂尔登阐释六原则"。阐释的目的不是"知晓"，而

---

[1] 艾琳·胡珀-格林希尔.博物馆与知识的塑造[M].陈双双，译.南京：译林出版社，2020：208.
[2] 波利·麦肯纳-克雷斯，珍妮特·A.卡曼.博物馆策展：在创新体验的规划、开发与设计中的合作[M].周婧景，译.杭州：浙江大学出版社，2021：导言1.

是通过多种方法，"苦其心志，劳其筋骨"，通过多种感知体验，形成对特定事物和现象的性质、价值、美感、态度的整体性认知，并成为有利于文化与自然遗产保护行为的心理基础。用阐释替代传播，不是否认传播的重要性，是为了突出博物馆的特性和强调博物馆工作者的主动性和创造性。①

所谓"蒂尔登阐释六原则"指的是蒂尔登在《解说我们的遗产》中提出的六项原则②：

（1）任何解说，如果没有将所展示或描述的东西以某种方式与观众的个性或经历联系起来，都是无效的。（2）信息本身并非解说。解说是基于信息的启示，但它们二者完全不同。但是所有解说都包含了信息。（3）无论解说的对象是科学的、历史的还是建筑的，它都是一门融合了多种艺术门类的艺术，任何艺术在某种程度上都是可以传授的。（4）解说的主要目的不是指导，而是激发。（5）解说的目的应是呈现整体而非部分，并且必须针对"完整的人"（the whole man）而非任何阶段。（6）针对儿童（比如12岁以下）的解说不应是针对成人解说的稀释版，而应采用一种完全不同的方法。理想状态下，它是一个单独的项目。

在新的时代背景下，阐释也由最早的指向教育活动，延伸到博物馆的各项主要业务工作，有学者指出"'阐释性展览'是

---

① 宋向光.秉持专业态度 真诚响应时代诉求——读国际博协博物馆定义（2022）的体会[EB/OL].[2022-9-5].https://mp.weixin.qq.com/s/oji7ETy65mz9PrKjpoCz1A.
② Freeman Tilden. *Interpreting Our Heritage*[M]. The University of North Carolina Press，2008：46.

指以展览要素为沟通媒介，向观众传递藏品及其相关信息以促使观众参与的展览"，并且还构建了"策划阐释性展览的七维度模型"[1]，可见阐释性展览将博物馆展览策划上升到了有意识地追求观众参与互动的高度。

针对博物馆历史类陈列展览中的考古出土文物，有学者指出："将'物'从原生环境中抽离出来成为'博物馆物'，在某种程度上已成为博物馆的基础流程与内在逻辑。这一'去语境化'过程使得物质资料变得孤立和陌生。只有为其重构信息脉络，再建易于理解的新语境，才能使沉默的物质资料重获新生。此为'再语境化'的过程。语境重构已成为博物馆展览信息阐释的有益尝试。尤其是在考古出土文物展中，由于其展示资料一般拥有相对完整的信息链条，可以构建出针对某一考古成果的情境叙事，语境化阐释的方法得以广泛应用。"[2] 还有学者认为，"最基本、最常见的文物阐释是基于考古类型学对器物本体的描述，即'描述性阐释'。从考古学诞生起至 20 世纪 60 年代，类型学（typology）一直是考古研究最主要的分析手段，旨在通过对器物的形态特征、装饰风格的分类描述建立年代序列、构建文化谱系和研究文化关系，其在相当长的一段时间内成为博物馆阐释的基础"[3]。除了对"物"的阐释之外，更为推崇的是展览的主题性阐释，即"策展人根据展览主题来组织展品，并以考古学为核心，对博物馆展陈中的考古文物、资料进行多层次、多角度、多学科的系统阐释，使文物能够与特定的历史

---

[1] 周婧景. "阐释性展览"：试论当代展览阐释的若干问题 [J]. 东南文化, 2019（6）.
[2] 赵娜. 理解与阐释：考古出土文物展的语境构建 [J]. 博物院, 2023（5）.
[3] 魏敏. 博物馆展览中文物的阐释模式 [J]. 东南文化, 2021（1）.

文化现象相联系，赋予其情节性和故事性"[1]，并且进一步提出要将描述性阐释、解读性阐释和主题性阐释三者结合起来，"无论是以器物组合传递信息的'主题性阐释'，还是以文物解读推动展览故事线的'解读性阐释'，或是文物与主题并重的阐释模式，都与具体的展览主题、展品选择和表达形式密切相关"[2]。

一般情况下，博物馆历史类陈列展览的策划可以参照两条路径：从主题出发—开展研究—提出子题、搭建框架—选择展品并确定展品组合—形成文本；从展品出发—分类组合展品、提出子题—开展研究—提出主题、搭建框架—形成文本。这两条路径没有优劣之分，只看是否适合工作对象。只是采用后面一条路径时，意味着是既定的展品，策展人对展品进行分类组合时需要有一套坚定的标准、去伪存真，对于那些构不成子题也不符合展览主题的展品宁舍毋滥。

无独有偶，海蔚蓝先生在其《策展哲学》一书中，将策展的灵感来源归纳为两大类：依题选展品（迁想妙得）和依展品选题（搜尽奇峰打草稿）[3]。

依题选展品：差不多像是做命题作文一样。只不过，首先怎么会想到这题目呢？那是要在对某类艺术品积累了一定的了解，以及许多相关方面的历史文化信息也有了一定的积累之后，发呆，遐想，在肚肠子里九曲回旋，或如顾恺之说的"迁想妙得"，或许会在朦胧和昏暗中，那题目不期而至般悠然走来；当然也不排除有横空出世的念头突然飞来，可以立题。待题目立定后，需要

---

[1] 魏敏. 历史文物的阐释与信息主导型陈列的构建 [J]. 东南文化，2019（6）.
[2] 魏敏. 博物馆展览中文物的阐释模式 [J]. 东南文化，2021（1）.
[3] 海蔚蓝. 策展哲学 [M]. 南宁：广西美术出版社，2021：179—181.

上 篇
博物馆陈列展览研究的理论与方法

想到在这题目之下，可能展开些什么内容，这相当于构思一篇小说的故事结构了。接着，寻找用怎样的艺术品来说明，好像在小说中要塑造些什么人物和背景来唱这台大戏一样，为了更好地表达这些内容，可以继续增删哪些艺术品，有哪些方面和要点是需要向观众强调的，因此可以不断调整思路或艺术品，来使之完善。这种完善命题、构思架筑、演绎内容、寻找艺术品的步骤，是一个互相启发、互相运动的过程，大多不可能一步到位，而需在磨合中产生并寻求无论是内容还是艺术品都应该有的延展和深化。

依展品选题：已经知道或看到一批艺术品在那里了，若值得介绍，那么，怎么来介绍它们呢？按时代排列？按类型排列？按艺术家年庚大小排列？这些都是基本资料，有必要一一梳理清楚，但要做一个好展览，一定要高于这些，一定深于这些，一定要试图寻找出这批艺术品可能有的特点和相互间的关系，或更高一层的共同链接点，或简言其内涵……"故山青：南京博物院藏十七世纪山水画"策展时的思路和过程，或可作为例子之一，来展现怎样从一批资料中，寻找其灵魂和能够引起共理、共性、共识的普世性焦点，而使展览的主题升华至一个更高的境界，因此"故山青"三字，实在是点题的，那是金陵画派山水画的灵魂之所在。在策划"汽车摄影：美国的车文化"摄影作品展时，我便也从美国汽车简史、美国老车在古巴、美国人因车而改变的生活、艺术车的产生、摄影大师麦克·福曼典雅的车照去构思展品，试图引人关注到车的种种，以及延伸到对工业产品与经济的思考，甚至升华到艺术的典雅的审美高度，而不仅仅是把车看作一个跑腿的工具。这就是艺术的魅力。如此，汽车摄影亦有其美，可以随时欣赏，并上升到"汽车文化"这一范畴，可将之作为一个特殊的审美的对象来介绍。既然全球都有无数的车在跑，那么便希望这些角度能够惠泽众人，更好地与车为伴，随时感受到美的气息。

据此，笔者列举两项展览案例，来说明博物馆历史类陈列展览的阐释技巧运用。一项是2019年国际博物馆日由中国主会场湖南博物院举办的展览"根·魂——中华文明物语"。当年的主题为"作为文化中枢的博物馆：传统的未来"，我们对此进行了深入理解。结合习近平总书记关于传承和弘扬中华优秀传统文化的论述，认识到历史、文物不只是代表一去不复返的过去，与今天仍保持千丝万缕的联系。数千年历史遗留下来的数以万计的文物，既是当今社会物质文明发展的基石，又是数千年精神文明的载体，是民族的"根和魂"，一直影响着我们的生活与思维方式，渗入我们的血脉，是推动社会发展的强大精神力量。如今社会的发展与进步，仍然需要我们吸收优秀的传统文化，以史明智，提升文化自信，传承并发扬古人的精神财富，为实现中华民族伟大复兴的中国梦，贡献自己的力量。因此，我们展览的主标题取意"根·魂"，即在于以博物馆陈列展览的方式，以物见史，并从传统物质文化中汲取营养服务当下；以文化人，推动传统文化现代化，加深对传统的理解、传承及转化利用，为新时代培根铸魂。[①] 对此，我们联合全国22家文博机构，甄选出30件（套）在中国古代文明中具有标杆性的文物作为物证，勾勒出一个简史版的中华文明发展历程。确定"文明"展的主题之后，我们开始了分段梳理中华文明的

---

① 舒丽丽，李建毛."深描"物证 培根铸魂——解读"根·魂——中华文明物语"展[J]. 中国博物馆，2019（3）.

发展历程。受限于展品的数量，尤其是博物馆以物见史的特性，决定其展示出来的内容必然是跳跃式、片段式的，因而针对展品的遴选也只能是抓大放小，力求"点睛"。从浩如烟海的"物证"中，我们以时间为轴，分为文明起源、青铜时代、文明奠基、天下一统、融合创新、大唐气象、宁静致远、太和盛平、开启新纪元九个单元，每个单元选择当时最具或较具代表性的文明见证物（见图8）。

"文明起源"选择鲵鱼纹彩陶瓶、神人兽面纹玉琮，这两件器物均属于新石器时代。前者是仰韶文化的代表，重在反映黄河流域粟作农业文明；后者是良渚文化的代表，重在反映长江流域稻作农业文明。这两种文化既有独特个性，又相互影响，构成了中华文明的多彩源头。

"青铜时代"选取商到西周的司母辛铜方鼎、三星堆青铜面具和四十三年逑鼎。这三件器物旨在说明商至西周这一中国青铜时代最繁荣时期的文化特点和文明所达高度。司母辛铜方鼎和四十三年逑鼎，前者属于商代晚期，后者属于西周晚期，均为当时中原文明的见证物，可以反映礼制从初具体系到完备的发展历程，同时两器上均镌刻铭文，也可以见证、追溯与拓展文字的发展历程，文字本身也是文明发展的重要标志之一。三星堆青铜面具属于商代晚期，是见证青铜时代中华文明多元一体的重要代表，可以拓展联系商周中原文明之外的多彩区域特色，如当时以江西新干大洋洲、湖南宁乡炭河里等为代表的南方青铜文明。

"文明奠基"选择战国时期的曾侯乙铜鉴缶、商鞅方升和彩绘猪形漆酒具盒，从工艺进步、设计巧思、功能齐备、新材质器用出现等方面见证生产力大发展，反映了人性的解放，以及以统一度量衡为代表的制度文化变革，共同见证了文明发展的新历程。

理想之城
博物馆历史类陈列展览策划的理论与实践

```
                    ┌─ 文明起源 ─┬─ 新石器时代 鲵鱼纹彩陶瓶
                    │            └─ 新石器时代 神人兽面纹玉琮
                    │   前者是仰韶文化的代表，重在反映黄河流域粟作农业文明；后者是良渚文化的代表，重在反映长江流域稻作农业文明。这两种文化既有独特个性，又互相影响，构成了中华文明的多彩源头。
                    │
                    ├─ 青铜时代 ─┬─ 商代司母辛铜方鼎
                    │            ├─ 商代三星堆青铜面具
                    │            └─ 西周四十三年逨鼎
                    │   商至西周这一中国青铜时代最繁荣时期的文化特点和文明所达高度。（中原与长江流域）
                    │
                    ├─ 文明奠基 ─┬─ 战国曾侯乙铜鉴缶
                    │            ├─ 战国商鞅方升
                    │            └─ 战国彩绘猪形漆酒具盒
                    │   从工艺进步、设计巧思、功能齐备、新材质器用出现等方面见证生产力大发展，反映人性的解放，以及以统一度量衡为代表的制度文化变革，共同见证了文明发展的新历程。秦、楚国文物的搭配选择，也昭示了一个新时代即将到来——实现秦国政治一统，楚文化对后世中华文化产生源远流长的影响。
                    │
                    ├─ 天下一统 ─┬─ 秦里耶乘法口诀简
                    │            ├─ 西汉T形帛画
以时间为轴 ─────────┤            ├─ 东汉错银牛形铜灯
                    │            └─ 汉晋"金池凤"锦袋
                    │   呈现第一个统一的中央集权制王朝及其之后一段历史时期里中华精神文明和物质文明成就，并见证这一时期丝绸之路上中西文化繁荣交流的景象。
                    │
                    ├─ 融合创新 ─┬─ 魏晋驿使图画像砖
                    │            ├─ 六朝莲花尊
                    │            ├─ 北朝翟门生石床屏风及石阙
                    │            └─ 北魏彩绘人物故事漆屏
                    │   共同见证南北朝时期，中华文明的发展迎来了新生机，因与外来文化的交融，呈现出蓬勃发展的新气象。
                    │
                    ├─ 大唐气象 ─┬─ 唐摹王羲之《兰亭序》
                    │            ├─ 唐彩绘伏羲女娲图麻布画
                    │            └─ 唐鎏金鸿雁纹银茶碾
                    │   分别从书法艺术、信仰文化、社会生活等方面展示大唐中华文明的恢弘气势和雍容华贵。
                    │
                    ├─ 宁静致远 ─┬─ 南宋斗浆图
                    │            ├─ 南宋景德镇窑青白釉观音坐像
                    │            ├─ 南宋朱克柔缂丝《牡丹图》
                    │            ├─ 辽代鎏金高翅银冠
                    │            └─ 金代砖雕戏俑
                    │   区别于大唐时期人们喜欢喧哗热闹，此时人们追求静雅，重在内心修养。因此呈现出宋辽金时期中华文明宁静内敛、怀柔致远的独特气质。
                    │
                    ├─ 太和盛平 ─┬─ 元代青白釉镂雕"八仙庆寿"戏曲瓷枕
                    │            ├─ 元代王渊《桃竹锦鸡》鸡图轴
                    │            ├─ 明代仇英《清明上河图》
                    │            └─ 清代珊瑚红地珐琅花鸟瓶
                    │   呈现的是元明清时期国家维持大一统，政权相对稳定，国力强盛，手工业在"匠人精神"的影响下兴旺繁荣，文化也得到相应发展，戏曲进入黄金时期，以苏杭为代表的江南经济中心成为新文化的发源地，中华文明继续向前发展。
                    │
                    └─ 开启新纪元 ─┬─ 《决战前夕》油画
                                   └─ 北京和平解放时移交的城门钥匙
                        作为整个展览的收篇，寓意着中华人民共和国的成立，开启了中华文明和中华民族复兴的新征程。
```

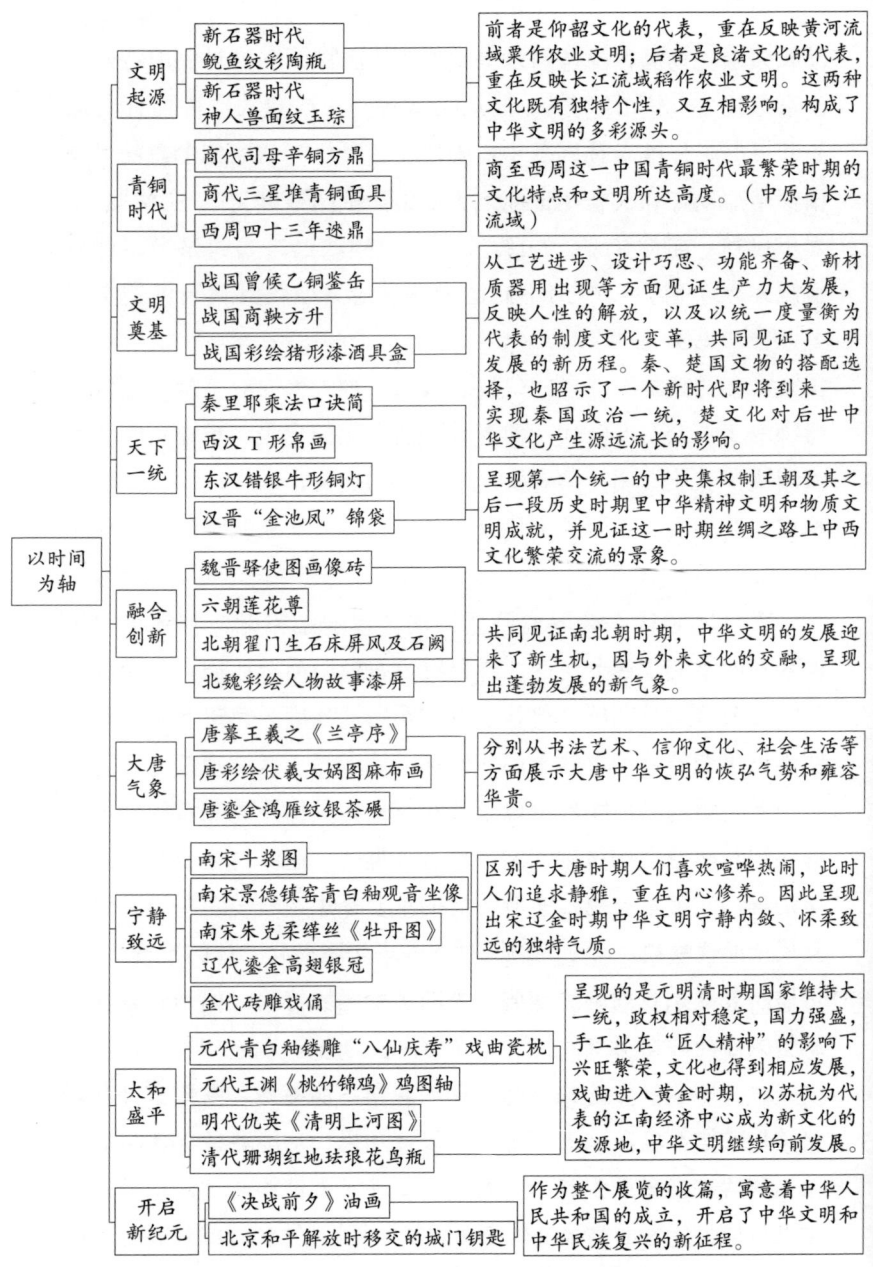

图8 "根·魂——中华文明物语"展框架结构

秦、楚国文物的搭配选择，也昭示了一个新时代即将到来——实现秦国政治一统，楚文化对后世中华文化产生源远流长的影响。

"天下一统"选择秦里耶秦法口诀简、西汉T形帛画、东汉错银牛形铜灯和汉晋"金池凤"锦袋，试图呈现第一个统一的中央集权制王朝及其之后一段历史时期里中华精神文明和物质文明成就，并见证这一时期丝绸之路上中西文化繁荣交流的景象。

"融合创新"从被誉为"世界最大的地下画廊"里挑选出极富现实意趣的魏晋驿使图画像砖，展现当时人们的生活；从青瓷制品中挑出既具审美价值又富有文化内涵的六朝莲花尊，反映当时佛教文化与中华本土文化的融合发展；通过北朝翟门生石床屏风及石阙，进一步展示丝绸之路带来的人口流动和商贸发展，也为文明交融、和谐共生，以及文明发展到新高度带来了契机；北魏彩绘人物故事漆屏不仅反映出中华传统文明丰富的历史价值，而且展现出极高的艺术价值。以上展品共同见证南北朝时期中华文明的发展，以及与外来文化的互相交融，呈现出蓬勃发展的新气象。

"大唐气象"选择唐摹王羲之《兰亭序》、彩绘伏羲女娲图麻布画、鎏金鸿雁纹银茶碾，分别从书法艺术、信仰文化、社会生活等方面展示大唐时期中华文明的璀璨恢宏。

"宁静致远"主要展现的是宋代的"郁郁乎文哉"，区别于大唐时期人们喜欢喧哗热闹，宋代人们追求静雅、内敛，重在内心修养。选择南宋斗浆图、景德镇窑青白釉观音坐像、朱克柔缂丝《牡丹图》，辽代鎏金高翅银冠和金代砖雕戏俑为展品，以此呈现出宋辽金时期中华文明宁静内敛、怀柔致远的独特气质。

"太和盛平"选择元代青白釉镂雕"八仙庆寿"戏曲瓷枕、王渊《桃竹锦鸡》图轴、明代仇英《清明上河图》以及清代珊瑚红地珐琅彩花鸟瓶作为展品，要呈现元明清时期国家维持大一统，政权相对稳定，国力强盛，手工业在"匠人精神"的影响下兴旺繁荣，文化也得到相应发展，戏曲进入黄金时期，以苏杭为代表的江南经济中心成为新文化的发源地，中华文明继续向前发展。

"开启新纪元"选择北京和平解放时移交的城门钥匙和油画《决战前夕》作为整个展览的收篇，寓意着中华人民共和国的成立，开启了中华文明和中华民族复兴的新征程。

通过比对观众调查相关数据，我们发现观众对于博物馆展览评价体系中涉及展板信息量的部分，除了"溜一圈"就走、看热闹、图博物馆新鲜之外，很多观众愿意细看文物拓展内容及其延伸信息，而且还不乏观众追着教育员询问各种与展品有关的信息，或是将自己了解到的历史信息与展品对应联系。针对这次的展览，我们致力于在解读方式上有所突破，希望基于展品的"深描"——将每一件展出文物置于立体的时空当中，把文物体现的各种文明成就进行横向、纵向多维度解读，力图每一件文物都成为这个纵横网络中的节点与焦点，让其在中华文明中得到展示，并点出文物演变对当今社会的影响。通过这样的预设，阐释"物证"之语，并以可视化的方式全面进行呈现。需要强调的是，这里的可视化特指采用符合观众直观、快速、聚焦等阅读习惯的方式进行呈现。虽然文字也是广义可视化的方式之一，但是长篇大段并不适宜行走中的观众去消化理解，故我们更多采用照片、图表、多媒体等方式加强观众的参与性、体现亲近感。在文字篇幅的处理上，除前言、单元说明等之外，尽量采用短语提示，以提高观展体验，拒绝把书本搬进展厅的做法。

针对展品的具体解读，我们从以下八个方面重点展开：

1. 本体解读：展品在所处时代的名称、功用及配套使用的器物；

2. 找出展品在同类器物中的位置，以及在不同"式样"、不同材质的同类功用器物中所处的位置，展示古人生活的多样性；

3. 展品在艺术（造型、装饰手法、装饰纹样）演变脉络上所处的节点；

4. 展品在南北民族融合、中西文化交流中所处的地位以及带来的社会影响；

5. 展品所反映的典章制度、社会时尚的变迁；

6. 展品在材质改良、工艺制作精良等科技发展上所处的历史节点；

7. 展品体现出中华民族的优秀品格、德行和精神；

8. 展品内涵对当今社会的影响。

比如我们对金代砖雕戏俑进行"深描"解读时，采用如下方式处理：

展品说明（不到200字）：

4件砖浮雕戏俑位于墓室南壁须弥座上，应为金院本的一个演出场面。其上一排青砖涂成红色，以写意手法表示此为舞台。墓室出有两副骨架，当是夫妻合葬，头皆向北，正好与南壁形成对观视角。4个戏曲人物皆以砖浮雕而成，施以彩绘，脸部都涂抹有红色的颜料。据元陶宗仪《辍耕录》卷25《院本名目》载，应分别为元杂剧中的末泥、副末、副净、装孤。为研究金早期戏曲艺术提供了重要的实物资料。

理想之城
博物馆历史类陈列展览策划的理论与实践

背景资料：

梳理展品背景信息，介绍同时代砖室墓中也存在戏乐图，以河南禹州白沙墓"开芳宴"、戏乐图及稷山化肥厂金墓戏俑等文物的照片和简短说明文字进行可视化呈现。

文物图解：

在文物高清图上以牵线的方式标注其各部分的名称、装饰特点等信息，便于观众直观理解。

内容拓展：

分为历代戏曲演变、舞台变迁两部分，均以照片、简短文字的方式进行可视化呈现。前者梳理出汉代以说唱、乐舞百戏为题材的画像石和石俑，唐五代以参军、散乐为题材的参军戏俑和石浮雕，宋代以杂剧为题材的绢画和砖雕，金代杂剧俑，元代杂剧俑和戏曲瓷枕等；后者梳理了自唐到宋、金、元、明清时期的各类戏剧表演舞台。以上两类均选择的是具有差异性和节点性的内容。

尾语：

人们常常以观众身份看戏，为戏里人物所感动、叹服。人生就是大舞台，每人每天都在扮演自己的角色，不仅周围的人在看，如今还可以通过互联网传播给社会，如何演好自己的人生，才是我们需要思考的。

对这一展览的 30 件展品，我们均按照展品说明、背景资料、文物图解、内容拓展的体例进行排列，严扣展品本体的深度诠释和拓展解读，将与展品无直接关联的信息视为无效解读，均予以舍弃，尤其注意历史知识的选用应贴合展品，避免用写书的体例，尤其应避免展板内容与展品各说各话的情况发生。因此，我们的展览看起来辅助展板篇幅很长，实际上并没有给观众造成关联度不够、冗余拖沓之嫌。然而，由于部分展品本身内涵的偏重不同，不是所有的展品都有足够丰富的拓展信息，我们也不必苛求完全整齐划一。结合当年国际博物馆日的主题——"作为文化中枢的博物馆：传统的未来"，"根·魂——中华文明物语"展策划的初心是要紧扣"传统的未来"，进行"深描"解读只是手段，重要的是如何引导观众通过观看展览，领会古人思想、智慧，以及这些思想、智慧给我们带来什么样的启示和借鉴，我们应从中汲取什么营养，这才是展览的追求所在。

另一项则是 2023 年 12 月 19 日开展的"神话国度 璀璨爱琴海——古希腊文明史诗"展览（见图 9）。展品为希腊 14 家文博机构提供的 270 件（套）展品，其时间跨度为公元前 5800 年前后一直到公元前 1 世纪左右。我们对希腊文物进行阐释时，主要

图 9 "神话国度 璀璨爱琴海——古希腊文明史诗"展览海报

采用三种方式：第一种方式是展品名称采用短句方式，即文物名称和针对该展品的概括性短句不超过十个字。主名称尽量简约明了，去掉那些冗长的关于器型、图案的定语，而短句带有定性的意思，分别从工艺水平、审美高度、文化内涵、引导式问题等方面进行概括，希冀让观众只是扫一眼说明牌就可迅速地抓住这件展品要传达的中心思想，如果观众感兴趣，可以进一步阅读下列成段的密集文字。示例如下：

碗　从器到艺所代表的文明之旅

公元前5800—前5300年
陶
1909年发现于利亚诺克拉季帕莱奥米洛斯遗址
希腊国家考古博物馆藏
这是采用双色"刮平"工艺进行装饰的、手工制成的精美餐具。其线条纹饰具有动感。新石器时代中期的斯派尔希奥斯河平原与北部的塞萨利有着密切的文化渊源，陶碗所呈现的"刮平"装饰在这两个地区都很流行。陶器的发明是早期农业发展的见证，从实用之器到工艺升级和反映艺术审美的变化，寓意开启了文明之旅。

女人像　生殖崇拜：对伟大母亲女神的敬意

公元前5300—前4800年
石
发现于艾伊娜岛阿隆内斯山谷地表

希腊国家考古博物馆藏

站立的女性雕像，喙鼻头，硕大的臀部，双臂交叉放在胸前，是希腊大陆新石器时代非常流行的自然主义雕像。该类小型雕像便于携带，不同的姿势和外表代表不同的年龄和生育能力，可用于与生育和伟大母亲女神崇拜仪式有关的各种场合。

从大约八九千年前开始，希腊地区的先民们就已经试图塑造自己的形象，而且逐步有了艺术化的倾向。关于对人的形象的艺术创作，折射出古希腊人本精神的萌芽和不断向前发展。

双刃斧　米诺斯冥界女神的象征

公元前 1700—前 1600 年

铜

20 世纪初出土于阿尔卡洛科里洞穴

伊拉克利翁考古博物馆藏

双刃斧主要流行于米诺斯文明的新王宫时期（公元前 1700 年—前 1425 年），是克里特文明标志性的礼仪用器，被认为是一种代表圣地的宗教性徽章，象征米诺斯冥界女神，也有观点认为其代表着太阳从普世山升起。

与双刃斧一同被发现的还有大约 20 公斤的废青铜和其他许多金属制品，包括铜包锭、数十把剑坯、细长的三角形金片、数百把不同尺寸的刀、数把金银质地和带铭文的双刃斧等，均被精心地摆放在墓穴之中。

环　手镯还是耳环？

公元前 6 世纪晚期

金

出土于辛多斯公墓 20 号墓

塞萨洛尼基考古博物馆藏

此环一端是一朵造型精致的花朵，另一端配小圆环。马其顿几处同时期的女性坟墓中均出土了这类金环，有学者认为是一对手镯，因此早期出版物将其称为"马其顿手镯"。后来考古学家在其他墓主人的耳朵旁发现了同类器物，并由此断定为耳环。

　　第二种方式是文明同时空的联系。在阐释希腊展品时，以通俗语言关联中国乃至世界上的同类或同性质文物，启发观众思考，比如在展示阿伽门农金面具时，特意设置拓展信息或趣味知识——"您还能想到'爱往脸上贴金'的哪些古人？"接着放置"四川三星堆金面具"和"古埃及法老图坦卡蒙黄金面具"的辅助图片；在展示迈锡尼雅典卫城出土的一件陶罐时，考虑到它与中国马家窑文化彩陶上的图案有一定的相似度，因而设置的提示是"跨越时空的'意外撞脸'——对比中国产品马家窑文化彩陶"，并辅以对比图。如此体例，我们尽量按照部分和单元设置，保证每单元都有，以调动观众对展品的关注度，把握观众参观时的情绪变化和时间节奏。

> 适当地开发幽默感，胜过迄今为止创造出的任何宗教。
> ——汤姆·罗宾斯（Tom Robbins）
> 《吉特巴香水》（*Jitterbug Perfume*）

第三种方式是两套说明牌系统。一套传统的说明牌，一套专门针对儿童青少年的说明牌，以提升低龄观众的参观体验感。同时，策展团队落实设计时，要求此类说明牌的形式要对标儿童青少年，充分考虑他们所喜爱的颜色、字体、排版、展板高度等，增加可触摸的互动性。以上这些都与前文提到的七维度模型中的"致力于实物的特殊性""强调展览的粗放性""推动展览的评估性"等内容以及"蒂尔登阐释六原则"相契合。

五、展品组合与情景展示的设计策略

在王宏钧先生关于博物馆展示行为的定义中，"组合成的"和"展品群体"词组值得注意。笔者以博物馆历史类展陈中"真实的物"（比如文物）为原点，以信息组团的展品群体为"展品组合"。近年来对博物馆展示行为中展品组合进行的研究不多，但展品陈列组合设计对于展览至关重要，成功的展品组合及文物定位能准确阐明展览主题，诠释展览内容，且使整个展线清晰明朗，主次分明，在向观众传输知识、信息的同时，做到逻辑严密，形式和谐。通过 CNKI 输入主题词"展品组合"，能够在一级标题上见到的研究成果非常少，多数相关内容隐没在其他主题之下，但是"展品组合"的提法在陈列展览策划与设计中有较高的普遍性。可见十分有必要对这一词组所涵盖的博物馆展陈意义上的内涵和外延进行深入研究。

国家文物局发布、2019 年 6 月 1 日起实施的《博物馆展览内容设计规范》，其约定展品（exhibits）指展览所展示的物品和展项，包括文物、标本、科技成果、当代艺术品、非物质文化遗产及其衍生品；辅助展品（auxiliary exhibits）指配合展览主题辅助展示的物品和展项,包括沙盘、场景、图表、照片、模型、多媒体展示等;展品组合(a group of exhibits)则是体现相互关系的一组展品。"文物、展品的挑选及组合是陈列用于传递知识信息的载体,是陈列与观众交流的主体,这一点也是博物馆区别于其他知识传递机构的本质特性。文物、展品之间的内在联系与排列组合关系统一在陈列主题的旗帜下。"[1]进一步则是展示素材的组团,即"要有效地传播展览的内容,除了要选择好的展示素材外,还要巧妙地对这些素材进行组织。展览要清楚地传播信息,关键要在展示素材的信息组团上下功夫。展示素材的信息组团越科学、巧妙,就越能有效传播展览的信息;反之,将影响展览信息的传播,甚至出现错误的信息传播。展示素材的信息组团类似电影的一个个分镜头。博物馆展览一般由四类信息载体构成,即图文看板、文物标本、作为辅助展品的二维或三维的造型艺术以及信息装置。它们之间必须是相互关联和呼应的,以共同表现一个展览内容或揭示一个展览主题"。[2]

对展品组合展示作进一步研究,发现有以下三类方式:原生境组合展示、研究型组合展示、叙事型组合展示。在历史类陈列展览中,原生境组合展示指的是以物件(文物)为主要展示对象的展品群体,比如一座墓葬、一个遗址的复原陈列展示。这类组合展示与考古发掘有着十分紧密的联系,更多的是强调还原文物之前的状态,因此借用"原生境"这一词语进行概括。这里"原生境"指的是没有受到后来人为活动影响或干预的第一类环境或原生环境,既包括文物展品的原有成套状态、使用性质组合,如

---

[1] 周晓庆.关于陈列的"内容与形式"几点思考[J].中国博物馆,2004(1).
[2] 陆建松.博物馆展览策划:理念与实务[M].上海:复旦大学出版社,2016:184—185.

曾侯乙墓出土鉴缶和青铜勺配套组成的器物组合，又包括选取某一历史现象的场面或某一自然生态的场景加以复原。原生境组合具有强关系性。

研究型组合展示具有一定的干预性，主要指的是通过各种手段和方法探索与研究得出的物与物、物与事、物与人之间的关系的组合，比如不同材质与形制的器物因同样的功能而联系在一起的组合；同一类器物因为说明了同一个非显性、不直观的主题而联系在一起的组合。从功能、演变、习俗等角度出发，通过学术研究建立起来的旨在传达更深层次含义的弱与强关系的这类组合，曾在博物馆展陈发展历程中占据重要的位置，并且成为博物馆专业性、学术性的表现。

叙事型组合展示最为复杂，常常通过场景化的展示手段，将实物展品放置在特定的情境中进行展示，例如通过模拟（不是复原）古代生活场景、历史事件等，更直观地展示实物展品的历史背景和文化内涵。突出故事性、强调价值导向的场景化的实物展示，不仅是一种创新的理念，更是一种具有吸引力和感染力的表达方式，能够让观众更加深入地了解文物背后的历史文化，更深刻地感受到文物的独特魅力。叙事型组合展示具有重视意义输出、强调参与感和体验感、旨在收获认同感的特性。

在叙事型组合展示中最突出的、集合诸多手段和元素的就是情景式展示。这种"情景再现"的方式是博物馆展示设计的重要内容，也是博物馆展示空间中增强空间叙事性的一种重要展示方式。它不同于复原陈列，也不是指重构历史，而是经过策划者有目的的、有价值导向的人为干预和筛选之后，再有意识地输出给观众。为了烘托展品的内在精神，并以期能与观众进行情感的沟通，博物馆的展示设计往往根据不同的展览主题和对象，进行不相同的策划和设计，营造符合展示主题的意境。随着现代展陈语境设计水平的不断提高，我们需要对情景的含义以及其所包含的领域重新进行认识和解读。时至今日，既定场景单纯复原和重建已经远不能满足当代展示设计的需求……展陈的设计者必须通过对展示主体的认识，全力进行设计，以完成情景的重新构建。展陈的设计者应该尽量将情景的元素进行梳理和提炼，并通过情景的艺术化表达将观众的情感激发出来，观众才能在再构建的情景中体会到浓烈的情感。这是一个由"情"到"境"的递进升华的认知过程，也是一种意境氛围的体现。①

古典式的博物馆展示中的"情景再现"，主要通过围绕展品的信息组团，配合文字、图表、照片、灯光、空间、动线等再度构建新的语境。也有学者认为"情景再现"指的是展览围绕主题，运用多媒体技术手段设计的教学情境，将文物的背景、形式及功能等信息生动、形象地展现在观众面前，鼓励观众动手动脑，将观众被动的参观过程变成主动探索、思考的知识传播模式。② 从这一界定可以看出多媒体技术与"情景再现"进行了对应，笔者却认为这是发展到新阶段之后的"情景再现"，事实上仍然存在传统式的"情景再现"，或者说是在低阶版的场景还原基础上发展起来的对"真实性"和"建构性"的重新定位。从历史深处走来的"物件"，不可避免地与当下发生关联，博物馆人将过去、现在、未来联系在一起，让人充满震撼，以及对历史终将逝去充满感慨之情。从某种意义上说，"情景再现"的客观真实性与随时面临着更新的技术手段一般脆弱。

---

① 王雁翔.博物馆"情景再现"模式探究[D].太原：山西大学，2017.
② 王雁翔.博物馆"情景再现"模式探究[D].太原：山西大学，2017.

有学者总结了时下博物馆比较流行的"情景再现"的六种模式[①],即互动游戏类、示范表演类、视听欣赏类、场景复原类、幻影成像类以及动漫游戏类。显而易见的是,当前博物馆的"情景再现"得益于声光电技术的不断进步,尤其是数字展示技术的革新,一批新技术的运用,如增强现实技术、幻影成像技术、360度全息成像技术、环幕投影技术等,大幅度地增强了观众的参与感和体验感。增强现实技术又称扩增现实技术,它将在现实的时间、空间中难以收集和体验到的实体信息通过数字技术投放到实体眼镜中,被人们的视觉器官感知,从而达到超现实效果;幻影成像技术又称虚拟成像技术,是将所拍摄的虚拟人或物投射到布景箱中并通过三维成像进行展示的技术,能清晰地将工作流程、科学原理、事情经过完整地展现出来;360度全息成像技术又称三维全息成像技术,其利用光的折射原理,再配合人眼的视觉误差,将人看到的三维物体在展品柜内进行展示,其特点是成本低、可操作性强,不需要任何辅助设备,观众在展示框内即可看到虚拟成像的展品,该技术多应用于珠宝、文物、汽车展示等领域;环幕投影技术将多台投影设备组成环形,并将影像投在100度至360度的屏幕之上,是一种让五感高度沉浸的虚拟现实系统。[②]

笔者于2022年参与策划湖南博物院举办的"听·见湖湘——湖南音乐文物与故事"展览,分为"序曲:初见·澧阳晨曦;第一乐章:通灵·天地和鸣;第二乐章:行吟·楚调多情;第三乐章:起舞·欢娱人生;第四乐章:欢歌·盛世景象;第五

---

① 王雁翔.博物馆"情景再现"模式探究[D].太原:山西大学,2017.
② 伊建璋.博山陶瓷博物馆情景式展示设计研究[D].聊城:聊城大学,2022.

乐章：雅俗·乐韵流芳；尾篇：古今·你我同知"7个部分，讲述了从六千年前澧阳平原萌芽的原始音乐，到商周的礼乐文化、战国浪漫的楚声楚调、两汉欢愉的歌舞人生，再到唐宋元繁荣的市井娱乐，直至近代传承下来的浏阳文庙祭孔音乐，运用多模态文物知识图谱、多感知通道混合现实等数字科技，创新音乐文物展示与互动方式[①]，全景式地展示了湖湘音乐文明的发展历程。笔者负责的第五乐章中有一部分内容就是"浏阳文庙祭孔音乐"。这一展览是国家重点研究课题"基于知识图谱的文物展览展示关键技术研究与示范"之"基于知识图谱的文物知识组织和服务关键技术研发与示范"项目（2019YFC1521205）的配套成果。展览以人文艺术与数字科技融合创新为支撑，集视、听、触等多感知通道于一体，打造了一个虚拟与现实深度融合、沉浸式的音乐文化交互体验空间，希冀能够生动地展示湖南音乐文物与故事的独特魅力。

"浏阳文庙祭孔音乐"于2014年11月入选国家非物质文化遗产代表性项目，其有着悠久的历史渊源，可谓"国乐古礼"的活化石，富有深厚的文化内涵。中国古代朝廷推崇尊孔祭孔，由地方官员主持，统一颁布文庙祭祀的乐曲、乐器，及乐舞生服饰、仪仗等。至今尚存有乐器并留有曲谱的祭孔礼乐主要有浏阳文庙的"丁祭音乐"，其以清康熙年间钦制的"中和韶乐"为标准，所用乐器形制为乾隆年间太常寺颁发，有"国乐古礼在浏阳"之誉。典仪演奏匏（笙）、土（埙）、革（鼓）、木（柷）、石（磬）、金（钟）、丝（琴）、竹（箫）等八音古乐，以中国古代规格最

---

① 陈叙良. 人文艺术"联姻"数字科技：让音乐文物"活起来"——"听·见湖湘——湖南音乐文物与故事"的策展实验[J]. 黄钟，2022（4）.

高的祭祀舞蹈"八佾舞"献祭。在"听·见湖湘——湖南音乐文物与故事"展览中，我们复原了浏阳文庙大成殿的建筑正立面，再配上数十件精心挑选的浏阳文庙祭孔乐器，采用 MR 技术，将祭孔典礼打造成虚实深度融合的沉浸式空间。当观众戴上 MR 眼镜时，配合手势选择项目，可以穿越到文庙祭孔礼乐的虚拟现场，仿佛置身于"八佾舞"的队伍之中。这样的沉浸式展项设计为观众提供了不一样的模拟真实体验，使观众与展览乃至博物馆建立起了强有力的内在联系，更能让观众共情。

总之，区别于出土时的文物，藏品在博物馆中经历了去语境化的过程，当其演变为展品时，所经历的又是再度语境化的过程，会融入包括环境、新知识生产等众多因素。展品再度语境化，最常见的方式是进行组合展示，前述了原生境组合、研究型组合和叙事型组合，对此还可以进行更精细化的分类。然而，在知识生产的过程中，有相对客观的事实，比如展品的物理属性，看得见的造型、图案纹饰，公认的学术观点，以及原生境组合等，但展览定位、主题、内容、价值观念、艺术渲染等反映的主观喜好更为明显，尤其是从文物到藏品再到展品的情境化过程，就存在"事实"和"话语"的区别，也就是建构与还原真实的历史的难度。伴随展览数量的激增和市场规模的扩大，创作主题性强烈的叙事型组合的原则与底线如何把握？我们在进行博物馆的知识生产和还原历史真实之间应该坚持的专业性何在？这是值得深思的问题，将直接影响到博物馆在运行中如何看待自己与公众的关系、如何定位自身机构性质等一系列的答案。

六、藏品中心与公众中心：物与人的关系

公共博物馆自诞生之日起，以"物"为主导的"藏品中心"的基本印象就深入人心，但随着时代不断向前发展，尤其是20世纪中后期以来，博物馆界迎来了史无前例的变革。超过75%的西方国家博物馆创建于二战后，70年代末的全球经济危机和80年代的大幅削减经费，导致政府财政投入越来越少。与此同时，民族主义、政治独立运动和工业革命带来了全球范围内的民主化变革。即便如此，部分博物馆仍从机构本位出发，不采取包容、平权等做法，使得博物馆逐渐丧失公信力；或者依然高高在上，传播的内容晦涩难懂，使得一些文化水平低的民众被"拒之门外"，难以吸引新观众，也无法留住老观众。由此，导致西方博物馆界出现观众流失的现象。如1982年至2012年，美国参观历史遗址的观众至少减少三分之一。此外，21世纪方兴未艾的旅游和休闲市场，与博物馆展开争取公众的激烈竞争。为了赢得更多观众，博物馆不得不重新定位其社会角色，进而转变价值取向，这不仅是为了增加收入，也是为了证实自身获得政府、中介组织、企业和个人等各类资助的合法性，史蒂芬·E. 威尔（Stephen E. Weil）将这种剧烈的变动称之为革命（revolution）。"以观众为中心"的新动向辐射至博物馆研究和实践的各个领域，成为其实现价值重置的话语表达。[①] 在西方国家博物馆界看来，"以公众为中心"是当前博物馆革命的核心，也是21世纪初博物馆面临的挑战之一。[②] 我国博物馆界积极融入国际，参与博

[①] 周婧景. 对博物馆"以观众为中心"观念的再理解 [J]. 中国博物馆, 2021（1）.
[②] Eilean Hooper-Greenhill. *"Studying Visitors"*, Reprinted in Sharon Macdonald, *A Companion to Museum Studies* [M]. Aldershot: Ashgate Publishers, 2006: 764.

馆研究转向的话语体系中，对博物馆观众的研究逐渐丰富。20世纪80年代苏东海先生与日本学者鹤田总一郎（时任国际博物馆协会博物馆学委员会主席）的观点不一致，引发了我国博物馆界大范围的讨论。2005年苏东海先生在《博物馆物论》中明确表述："无论从博物馆的本质特征还是从实践层面上看，博物馆物在博物馆中的核心地位与本质特征是不可动摇的。博物馆物是博物馆存在的物质基础，是博物馆功能发生的根据，是博物馆价值的源泉。"[1] 苏东海先生还认为，与博物馆性质相关的学科的研究，主要是指藏品研究，而博物馆学研究包括对人的研究。[2] 鹤田总一郎先生主张将"人和物结合的研究"单独作为一类，认为博物馆学要研究人如何利用物，并提出这将是21世纪的博物馆学主要的研究内容。[3] 两位博物馆学研究的前辈都未将"物的中心"（也即"藏品中心"）与"公众中心"二者对立起来看待，甚至他们早早地预见到了博物馆未来发展的趋势和关键恰恰在于"物"与"人"之间的互动关系。

（一）博物馆"物"的本质属性

纵观博物馆的诞生与发展，其首要功能聚焦于收藏。西方国家博物馆学者总结了收藏的六大目的：基于经济囤积动机的收藏；基于博取社会名望动机的收藏；基于相信其具有神秘魔力动机的收藏；基于表达群体忠诚动机的收藏；基于激起人们好奇心和探索兴趣动机的收藏；基于作为情感体验佐证动机的

---

[1] 苏东海. 博物馆物论 [J]. 中国博物馆，2005（1）.
[2] 苏东海. 博物馆物论 [J]. 中国博物馆，2005（1）.
[3] 苏东海. 博物馆物论 [J]. 中国博物馆，2005（1）.

收藏。① 这些动机、目的概括了博物馆收藏行为的复杂本质，也间接揭示了博物馆存在的主要原因以及强大影响力。显而易见的是，博物馆收藏直指其实物性，并使之区别于其他文化教育机构。"博物馆作为一种事物的运动形式，可以说自始至终是围绕着'物'进行的。"②

鹤田总一郎先生所提到的博物馆是"物与人之间的结合"，这种"物"，指全部博物馆资料，包括直接资料（实物）、间接资料（模型、复制品、记录）以及图书文献；"人"是指博物馆的利用者。③ 其本意是在强调博物馆"物"的基础上，推出博物馆具有"人的属性"和"社会的属性"，不想因此却引发部分人群对博物馆工作重心的片面理解，如误解博物馆从"藏品中心"向"公众服务中心"转变就是要放弃对"物"的重视。甚至在1999年的意大利，出现了"没有藏品的博物馆"。这家位于保罗格纳的犹太博物馆（Museo Ebraico in Bologna）没有一件藏品，被认为是一座"空的博物馆"。④ 此外，近些年，日益兴起的完全不具备实体特征的网络虚拟博物馆，也引发了对博物馆"物"的本质的争议。然而，无论时代如何发展，对于我们博物馆人来说，应该认同博物馆的"物性"。"物"即藏品，作为博物馆的本质特征，必须被坚守。否则，博物馆同其他机构，如展览馆、美术中心等，有何区别！我们需要达成共识，凡被称之为博物馆的事物，前提是它必须有"物"的收藏。面对如今流行的诸多冠以"博物馆"

---

① 爱德华·P.亚历山大，玛丽·亚历山大.博物馆变迁：博物馆历史与功能读本[M].陈双双，译.南京：译林出版社，2014：205.
② 王宏钧.中国博物馆学基础（修订本）[M].上海：上海古籍出版社，2001：43.
③ 王宏钧.中国博物馆学基础（修订本）[M].上海：上海古籍出版社，2001：41.
④ 杨玲，潘守永.当代西方博物馆发展态势研究[M].北京：学苑出版社，2005：36.

称号的机构，我们博物馆人完全不该自乱阵脚，这些冠名现象，其实恰好反映了博物馆因其"物"的特殊性，反而在社会上展现出来重要性与流行性。

我国博物馆学者总结了基于"物"的近现代公共博物馆的信息传播的发展史，将之分为三个阶段[1]：

第一阶段为专注于物件的展示信息单向发送阶段，基本出现在15—16世纪，主要是在16世纪，处于"珍奇柜"（cabinet of curiosities）或"前科学"时代。收藏的唯一标准是收藏者的个人兴趣，对象为化石、标本、文物、油画、雕塑等各种奇珍异宝，没有统一的分类标准。1599年，第一部收藏目录《英雄们的盔甲》出版，该书保留了关于盔甲的描述说明和精品版画，是涉及珍奇柜这一类型的最早材料之一。当时的物件展示及其信息发送，主要是为满足收藏者的观看和把玩之需。

第二阶段是专注于知识传播的信息被动接收阶段，大约出现在17—20世纪。受"科学化"思想驱动，博物馆逐渐成为传播公共知识的权威，开始关注到信息传播的对象，即知识输出的接受者。首先，17—18世纪，科学家与珍奇柜发生关联，通过合理摆放展品顺序，进行归类和分组，客观上推动了珍奇柜的发展。如威廉·布洛克（William Bullock）将实物标本引至展览中。其次，艺术博物馆大致在17世纪末步入本阶段，出现了沙龙绘画展，通常由评审委员会来决定作品是否被采纳。1784年，克雷地安·德·梅歇尔（Chrétien de Mechel）对贝尔维埃特美术馆（Belvedere Museum）重新进行设计、分类，并出版了一本藏品

---

[1] 周婧景.博物馆以"物"为载体的信息传播：局限、困境与对策[J].东南文化，2021（2）.

目录,该目录以时间为序而非依据美学或类型学描述艺术史。最后,历史博物馆从18世纪的自然历史博物馆中派生出来,因聚焦于分类收藏,也开始步入权威知识的传授阶段。1727年,博物馆学真正的奠基之作《博物馆实务》(*Museographia*)问世,该书强调了一个关照知识、内向省思的世界。

第三阶段为专注于意义建构的信息主动编码阶段,始于20世纪中期。1949年,信息论学者克劳德·艾尔伍德·申农(Claude Elwood Shannon)和瓦伦·韦弗(Warren Weaver)创建出最早的信息论传播模式"申农—韦弗模式"。在博物馆领域,1967年,传播学巨匠马歇尔·麦克卢汉(Marshall McLuhan)及其同事哈利·帕克(Harley Parker)在纽约市立博物馆举办的研讨会中率先指出,当前博物馆的设计是线性的,但世界正在变得非线性,博物馆需打造一个信息交流系统。遗憾的是多数与会者并未听懂他们的观点。一年后,邓肯·卡梅隆(Duncan Cameron)发表《观点:作为交流体系的博物馆》(A Viewpoint: The Museum as a Communications System and Implications for Museum Education)一文,指出博物馆的物不是一般的物,信息交流体系是构建在物之上的,存在一个发送者和接收者。20世纪90年代,博物馆学家伊万·马罗维奇(Ivan Marović)提出博物馆学更像是信息科学、传播科学,引发博物馆学界的广泛关注。他指导的博士彼得·冯·门施(Peter van Mensch)也成为这一观念的拥趸。因此,本阶段的特征是信息反馈得到重视,博物馆尝试根据接收者所需来组织信息发送,甚至邀请观众主动参与信息编码。

我国公共博物馆事业虽起步较晚,但发展势头强劲,我国用更少的时间迈过了西方国家博物馆事业发展的诸多历史阶段,进而成为拥有博物馆数量多、藏品丰富、观众人数多、陈列展览发展迅速的国家之一，而且我国的博物馆事业从一开始尤其是在中华人民共和国成立之后就更加与公众议题息息相关。"为人民服务"的思想涵盖博物馆领域，体现了从"物"的角度发展到服务公众的时代特色。1956 年，在北京召开的全国博物馆工作会议上提出了"三性二务"，其中，"三性"指博物馆是科学研究机关、文化教育机关、物质文化和精神文化遗存或自然标本的主要收藏所；"二务"指博物馆应为科学研究服务、为广大人民群众服务。会上明确提出"科学研究是博物馆全部活动的基础，是不断提高博物馆各项业务工作质量的关键"。中国科学院学部委员、时任国家文物局局长郑振铎总结："博物馆的科学研究、文化教育、征集保管文物标本三项基本性质之间是不可分割的辩证关系。"之后"三性"的表述因时代发展而有所调整，但博物馆以"物"服务人民的宗旨始终未发生根本性的改变。同时，真正重视发展的国内外博物馆始终没有放弃物件研究或者藏品研究的基本格局。

（二）博物馆的公众议题

博物馆公众既可以指那些前来参观博物馆的观众，也可以指那些博物馆收藏的来源文化群（注：文化持有者，可以是观众的一部分，也可以不来参观博物馆）。[①] 我国博物馆学者认为："从一般意义上来说，公众指的是与某个组织（私人收藏）、机构（博物馆）存在直接或间接关系的社会群体。因此，无论这一群体是否具有共同的集体意识，与其产生关联的组织或机构在某种程度

---

① 迈尔克·埃姆斯.博物馆、公众与人类学：博物馆人类学论集[M].尹凯，译.北京：科学出版社，2021：132.

上形塑了公众的存在状态。从这个角度来说，博物馆的公众显然不同于图书馆、档案馆等其他文化机构的公众，当然也不同于电视、电影、广告等大众媒体的公众。与这些机构的公众一样的是，博物馆公众看似是一个整体性的存在，实际上却是一个复杂性与多样性的概念。公众不仅在主体的异质性上是复数，而且在主体构成的分类与结构上也是复数。"[1] 不管从哪个层面出发，博物馆的公众或观众都是复杂而多样的，并且具有自身的特性。那么，如果从实践主义角度出发，双向度地考量这一议题，则关于博物馆公众至少包含两个方面：一方面从博物馆出发，如何输出面向公众的产品维度？另一方面从博物馆服务于社会角度出发，广大公众对于博物馆的期许何在？虽然笔者承认20世纪伟大的博物馆学者威尔从哲学反思和批判性研究视野的角度出发所作的论断："20世纪50年代，博物馆与公众的相对位置和关系发生了一百八十度的转变。在新生成的关系中，我们可以通过多种方式得出占据优势地位的将是公众，而不再是博物馆。诸如博物馆的服务目的、服务对象，如何提供服务、何时提供服务等问题都将由博物馆新崛起来的主人——公众来决定。"[2] 但是如果片面地将以上论断理解成博物馆人将无所作为、退居被动地位，无疑将会令博物馆的实践成为虚无主义的拥趸。事实上，西方国家博物馆界认为"以观众为中心"更强调"让本来不想参观博物馆的人来博物馆参观，发掘更多不同年龄、性别、背景与族裔的潜在观众"。这在2018年翻译出版的《以观众为中心：博物馆的新实践》一书中可见端倪。这本书的英文名为 *Creating the Visitor-*

---

[1] 尹凯. 博物馆与公众——从公众的视角重新发现博物馆[M]. 北京：文物出版社，2023: 6.
[2] Stephen Weil. The Museum and the Public[J].Museum Management and Curatorship,1997（3）.

Centered Museum，中文出版采用前述中文翻译名，其实并没有英文词义表达精准，这可能受限于两种不同语言的表达方式。英文题用的是"creating"而不是"serving"，我国博物馆界理解"以公众为中心"暗含的意思是与"博物馆服务"息息相关，也就是英文的"serve"一词。"serve"意指"服务、接待"，带有被动应对的意味，而"create"可直译为"打造、创建"，具有强烈的主观能动性色彩。

博物馆学应该是更为强调实践和经验主义的一门学科。我们通过实践倡导总结理论和方法，为的是更好地反哺实践行为和进行经验推广，由此推出更多秉持着博物馆专业精神的、更多引导（而非曲意迎合）观众需求和树立大众审美的精神文化产品。我们采用的应该是观众喜闻乐见的、易于操作的手段和形式，而精神文化产品的内核一定要符合当前时代的主流价值观。那么，博物馆如何主动回应公众、服务观众，一个最大的范围应该是"观众服务的目标就是要让博物馆（不管是独立的博物馆还是隶属于其他机构的博物馆）成为任何家庭背景、教育程度、收入水平、年龄层次或性别的人都能参观的地方"。[1]

关于公众为什么要参观博物馆，早在20世纪70年代赫德森就总结出7种动机：（一）学习，提升自己的专业；（二）辅助自学；（三）好奇心，开阔眼界，乐于看到新鲜事物；（四）结识与自己有相同文化品位的人；（五）出于势利的原因，与知识、品位或社会地位优越的人相遇；（六）为了证明自己的到访；（七）出于政治原因，证明国家的文化财产属于全体人民。[2]这7种动机

---

[1] 美国博物馆协会.博物馆观众服务手册：汉英对照[M].李清平,于海玲,译.北京：外文出版社，2013：1.
[2] 尹凯.20世纪西方博物馆研究著作指南[M].南京：江苏凤凰文艺出版社，2024：24.

应该是囊括了不同历史时期博物馆公众的多样性目的,其中(一)(三)(四)(六)被认为是符合18世纪公众参观博物馆的普遍心理动机。20年之后,西方国家博物馆学者朱蒂·兰德依据多年对观众行为、环境和人类心理的研究,总结了观众对博物馆的11种需求,即舒适度、方向感、归属感、趣味性、社交性、尊重、交流、学习、选择和控制、挑战和自信、新鲜感。[1] 另外十分有必要介绍的一项总结是威尔·菲利普斯概述的"观众看重什么"[2]:

  项目和展览最初将观众吸引到博物馆的核心功能上。质量至关重要,频率也一样。电影每几周换一部,交响乐每次演出都有一个新曲目,贵馆多久推出一个新展览?紧迫感引导行动。

  基本的后勤服务始终让观众参观变得方便、高效。博物馆容易找到吗?停车方便吗?进到馆内会迷路吗?接待人员是否热情?卫生间设备齐全吗?我能饱餐一顿吗?馆内有没有舒适的座椅?有没有语音导览?我有空时博物馆开放吗?不同寻常的项目和展览会吸引观众,但不足以让他们乐此不疲、一来再来,除非博物馆无微不至、面面俱到。方向明确、饮食服务周到、卫生间干净、场地安静、停车位充足、公交便利,所有这些都发挥着自己的作用,让观众流连忘返,并计划重访。

  博物馆的"纠错程序"指的是当观众投诉或在观众看来出现失误时,博物馆员工为恢复正常工作所采用的标准方法。我们对投诉的本能反应恰恰与"纠错程序"的规定相反。我们倾向于辩

---

[1] 美国博物馆协会.博物馆观众服务手册:汉英对照[M].李清平,于海玲,译.北京:外文出版社,2013:19—20.
[2] 美国博物馆协会.博物馆观众服务手册:汉英对照[M].李清平,于海玲,译.北京:外文出版社,2013:21—22.

上　篇
博物馆陈列展览研究的理论与方法

解出现的问题而不是承认我们的错误，或者将错误归咎于其他部门。餐厅总是在三点关门！有时候我们责备观众，并指出为什么是观众的错。良好的"纠错"少见，但威力无穷。很多人在诺斯壮的百货店或雷克萨斯汽车经销点体会过这种威力。

　　量身打造的体验是取悦观众的最后策略。量身打造的体验不再是向观众解说，而是跟观众交谈。博物馆的独白变成了对话。越来越多的观众开始告诉博物馆他的需求、他的处境、什么东西对他来说重要。博物馆可以越来越好地为观众服务，在合适的时候以合适的方式提供观众想要的一切。量身打造的体验是博物馆和观众之间永远的合作，博物馆学会的是提供什么样的项目、展览和服务，以及如何根据观众的需求"量体裁衣"。目前，博物馆的"量体裁衣"只针对某些非常特殊的观众。现在是学会如何为大众"量体裁衣"的时候了。企业界在这方面正带头示范而且收获了丰硕的成果。

　　关于观众研究，我国博物馆界起步不久。所谓观众研究指的是"博物馆领域里，成系统地从观众身上获得有关实际观众和潜在观众的知识，而在规划和执行与大众有关的活动时，增进和应用此相关知识"。[①] 当前我国博物馆界较多采用调查研究的方法来获取观众数据，同时将收集来的观众数据运用到实践工作中去，以此打破博物馆专家与社会公众之间无形的壁垒，比如一端是受过一定专业教育的博物馆专业人士，另一端则是多种多样的普通大众。如何填平二者之间的鸿沟，达到博物馆对于信息的有效输

---

① 周婧景. 中国博物馆的观众研究问题 [EB/OL]. [2022-04-06]. https://mp.weixin.qq.com/s/WXNPtDOhngK8dDQiaUs7Pw.

出，是观众调查研究需要重点考虑的。遗憾的是，当前我国博物馆的观众调查虽有却并不充分，一是主动开展观众调查的博物馆，尚集中在部分大馆，没有在中小型博物馆中形成一种潮流或者是必要做法；二是现有观众调查的深度和广度有待进一步加强，缺少系统化的前置、期间、后置的观众调查，调查方式以选项式的问卷调查和访谈为主，质性研究方法使用不够。所谓质性研究方法是一种社会科学研究方法，通常相对量化研究而言。它强调在自然的情境下，通过多种资料收集方式对社会现象进行整体性的探究，其方式主要有民族志研究、口述史研究、行动研究、扎根理论研究、个案研究、文本分析等。对于博物馆公众的社会网络分析、统计学分析等关注度不够。同时，对观众进行研究时，一味强调样本量或方法等技术问题，但对研究规划、问题提出、思路构建和解释机制等不是很重视，难以进一步动态地了解本馆观众。如除国博等少数馆外，很少有馆会对此项工作进行长期规划。同时，随着智慧博物馆工程推进，具备前瞻性的博物馆已有意识地积累了一批数据，但对各类数据分析不足，有意义的发现较少。[①]
可喜的是，观众前置调查已经在一些大馆中有针对性地推进。湖南博物院（时称湖南省博物馆）2008年之前就已经尝试开展观众调查，主要方式是委托第三方，且以展览期间调查为主。2020年上海博物馆与复旦大学、台北教育大学合作，开展了关于其东馆基本陈列的一场定性与定量相结合的前置性评估。前置性评估方案设计的依据是东馆初定的"中国古代文化"展览主题之下所包括的雕塑、青铜等10个部分。针对2023年12月19日举办的临时展览"神话国度 璀璨爱琴海——古希腊文明史诗"，我们开

---

① 周婧景. 中国博物馆的观众研究问题 [EB/OL].[2022-04-06]. https://mp.weixin.qq.com/s/WXNPtDOhngK8dDQiaUs7Pw.

展了首次针对临时展览的展前观众调查,并致力于将调查数据和分析研究结果运用于展览策划和实施的全过程。

综上,在大变革的 21 世纪中,博物馆与公众的关系不只是停留在教育的层面,观众对博物馆的需求不再是"为了收藏而收藏",而是"为了公众而收藏、研究、展示",观众对博物馆的体验感诉求也上升到全新的高度,这将是博物馆工作的中心环节和重点内容。作为博物馆人,需要深入思考和总结如何增强观众在博物馆中的体验感。21 世纪的博物馆在面临巨大挑战的同时,也将迎来前所未有的发展机会。如同加拿大皇家安大略博物馆东亚考古资深研究员沈辰总结的:21 世纪的博物馆应该是一个继承了传统博物馆卓越的收藏、研究、展览和教育的实践和精神的博物馆;是一个在市民生活和社区活动中能起到核心作用的博物馆;是一个有各种智慧方法,让观众将博物馆体验融入他们自己相关的生活中去的博物馆;是一个能够和公众一同追寻权威话语权或提供表达不同观点的平台的博物馆;是一个能够通过新方法打破传统学科界限来创造和传播知识的博物馆;是一个对数字化技术的运用充满自信和接纳的博物馆;是一个尊重文化遗产价值和伦理,可以承担社会责任的博物馆;是一个具有面对挑战勇气和追求创新精神的博物馆。[①]

(三)博物馆"物"与"人"的辩证统一

虽然世界各国、各地区关于博物馆的确切定义千差万别,但无论是何种类型的博物馆,都难掩以下四个共性特征:一是具有藏品;二是具备有组织性的展示;三是向社会公众开放;

---

① 沈辰. 众妙之门:六谈当代博物馆[M]. 北京:文物出版社,2019:34—35.

四是有管理与服务的专业人员。博物馆的特征决定了它不可能是死物，而是与人这一社会认知主体紧密相连。博物馆的两大核心无疑应该定位为"人"与"物"。[1]这里的"人"至少可从两个层面来看待，一方面就是上文所谈及的"博物馆公众"，另一方面则是指上述四个共性特征中的"管理与服务的专业人员"。对后一层面的人员的讨论常常被置于管理者或组织者的境地。"从总体上来讲，现代博物馆工作可分为两个部分：一是对人类及其环境的物质遗产和非物质遗产收集、整理、保管、研究和阐释，这部分工作是围绕'物'展开的，其工作目标实质上是组织、加工和生产公共知识的过程；二是通过展示、拓展性教育活动将博物馆加工和生产的公共知识有效传达给公众，这部分工作是面向'人'展开的，其工作目标实质上是传播和普及公共知识（教育）的过程。"[2]

具体到博物馆历史类陈列展览，需要关注的是作为策展人身份的"人"。笔者认为抛开作为博物馆叙事受众的社会公众的"人"不说，陈列展览的责任与义务主要由作为叙事主体的策展人来承担。每一名博物馆从业者都力图让自己成长为独立的策展人，这是从博物馆的核心业务工作出发的。合格的策展人应具备深厚的文化底蕴，并能不断丰富自身的知识体系，对博物馆的"物"进行深入的研究，能策划出生动形象的、喜闻乐见的，并对公众具有一定教育引导作用的陈列展览。一个展览的成功举办，不仅仅是体现在所获得的漂亮的观众数和宣传报道数据上，更为重要的是通过开展一系列教育活动把自身对历史的思考、对美的追求传

---

[1] 舒丽丽，陈建明.博物馆叙事方式刍议[J].湖南省博物馆馆刊（第九辑），2013（4）.
[2] 陆建松.博物馆建造及展览工程管理[M].上海：复旦大学出版社，2019：27.

递给广大公众，满足其日益增长的文化需求。① 因此，从这样的意义出发，如果说博物馆的"藏品"是作为沟通过去与当下的媒介的话，那么策展人就是将蕴含丰富的历史文化信息的"展品"与博物馆观众乃至社会大众联系起来的桥梁。博物馆公众通过策展人这座桥梁认识"物"，而策展人的主导价值在于让"物"转化为"藏品"，再为"展品"作文化建构的过程。策展人与"物"的微妙关系表现于此，而策展人同时需要了解博物馆观众，这样才能以合格的"规划者"或"局内人"的身份理解并回应观众对博物馆的感性认识。"观众对博物馆的感性认识是功能性的，因为他是使用者，而不是规划者或局内人。他的看法不局限在学术层面或单件展品或物件。相反，观众的感性认识是高度情景化的，包括人际情景、物理环境和社交情景。观众的体验必须被看成一个整体或格式塔。"② 博物馆的"物"与"策展人"之间的关系，焦点在于作为信息传播者的人不但要研究博物馆之"物"，还要研究观众，"如果我们希望展览真正吸引人，不只是教育工作者和评估者，而是所有的展览专业人士，就必须成为传播者和观众倡导者"。③

值得深入反思的是，物质和它们的意义不是连续性的，反而经常存在间断性，经过破裂、断裂和重新组织。也正因此，博物馆管理者作为知识生产者的身份不断被质疑，特别是作为藏品专家的策展人，被认为不应再处于博物馆知识生产的中心

---

① 舒丽丽，陈建明.博物馆叙事方式刍议[J].湖南省博物馆馆刊（第九辑），2013（4）.
② 美国博物馆协会.博物馆观众服务手册：汉英对照[M].李清平，于海玲，译.北京：外文出版社，2013：15.
③ Kathleen McLean. *Planning for People in Museum Exhibitions*[M]. Washington D.C.: American Association of Science-Technology Centers，1993.

地位，因为，"在现代，知识不再是由文艺复兴知识型的那种秘密的、封闭的和循环的结构塑造；也不再是由古典知识型的那种平面的、差异的分类表格塑造；如今，知识由一个三维的和全面的体验构建而成，这是通过它与人之间的关系界定的。认知的行为是通过以下多个要素融合而塑造的：体验、活动和愉悦感。在这种环境下，学习的主体和教导的主体享有同等的权利。与过去相比较而言，主体地位之间的联系更加紧密；以前的那些区分，如今以许多不同的方式联系起来。展品和策展人不再占据中心地位，于是，观众/客户/顾客能够获得新的机会。"[1] 这样的反思，让博物馆观众、策展人、"物"三者之间的关系紧张起来，但是我们不能忘记初心：物的收藏、保存、研究和利用乃是博物馆诞生和发展的缘由，正如卡里·纪伯伦（Kahlil Gibran）所言，"不能因为走得太远，而忘记为什么出发"。2024年的"5·18"国际博物馆日，曾在2024年1月公布主题为"Museums, Education, and Research（博物馆、教育和研究）"，当时笔者还纳闷将这三个词语并列是何意，直到2月16日，国际博协发布新的主题海报，将主题调整为"Museums for Education and Research"（博物馆致力于教育和研究），我才看明白字面意思。这是不是也意味着博物馆融入滚滚时代洪流的同时，也要回头看，要不断审视自身作为行动主体需要坚持的基本原则和信念。至少对于不断扩大的博物馆职能和业务范围而言，教育与研究有其本质的恒定性。前者面向公众，以教育的理念和诉求、对话和交流的方式，激发

---

[1] 艾琳·胡珀·格林希尔.博物馆与知识的塑造[M].陈双双，译.南京：译林出版社，2020：序4.

求知欲、启迪未来；后者立足博物馆"人"和"物"的本体，从内部出发开展具体研究，比如围绕藏品与展品、各项业务工作、博物馆管理与发展等方面的研究。

"博物馆作为一种由物及其信息所构建的形象传播系统，在这个快节奏的、终身学习的年代，因其视觉化、生动性和体验感等特点，似乎正适逢其时并备受推崇。即便博物馆迎来了发展契机，但展览的量化考核机制和各类媒介的竞争刺激仍会让我们迷失道路，此时，物才是博物馆独一无二的原材料……由于历史或行业阻隔，物虽有'千言万语'但却'缄默不言'，我们期待借助这些历史长河中遗落的记忆碎片，由策展人从物载信息中生成展览的主题、结构和表达，并在传播目的的指引下，现场重构一个有别于现实世界的第二客观世界，让观众感受到自然沧海桑田的变迁和生生不息的人类文明。借物证这把钥匙，为人类开辟认识世界的崭新视角，以小见大、证经补史、透物见人，解锁社会与自然世界的未知领域，在输出知识的同时促进理解、加深思考，并给予他们情感关怀，以达成慰藉与疗愈！"[1] 因此，可以把博物馆的"物"作为一种社交实物，因为观众参与博物馆是有条件限制的，观众要围绕博物馆的实物进行参与，所以博物馆为了尽可能让观众把注意力放在展品上，就要想方设法把展品打造成具有个性化、话题性、刺激性和关联性的实物。[2]

当前研究博物馆物质文化的新思路不断涌现，因文化人类学研究范式的引入而兴起的博物馆人类学研究，吸引一大批有民族学、人类学背景的学者参与到博物馆的物件或藏品研究。有一

---

[1] 周婧景.博物馆以"物"为载体的信息传播：局限、困境与对策[J].东南文化，2021（2）.
[2] 妮娜·西蒙.参与式博物馆：迈入博物馆2.0时代[M].喻翔，译.杭州：浙江大学出版社，2018：译者序4.

个非常值得推介的关于博物馆物件或藏品研究的博物馆人类学理念,那就是海勒梳理的"关于如何发挥博物馆藏品的潜力"[①]:

一、追溯物件的社会生命——从创造之日起到使用和流通的独特的物件传记——以此来阐释物件经历的个人和社会情境,揭示时间维度下的物件在人与人之间、地方与地方之间流转过程中意义的复杂性和流变性。

二、人类学领域理性模式发生了重大变化,从仅仅关注个体和机构所拥有的物化、固化整体转向理解人与物之间的细微关系。其基本假设是人与物组成的整体通过它们所在的关系网络获得基本内容、意义和价值。

三、物件并非仅是静态的物质文化要素,而应当将其作为社会关系的物化形态来进行理解和分析。在这样一种动态的过程中,我们能看到与制造物件有关的人类行为、信仰、技术、材料等要素之间的交织关系。

四、对物件制造过程的深入分析有助于揭示制造者是如何在材料的固有特性中倾注感情和运用技术元素,这其实在某种程度上挑战了形式和本质之间的固有区别。

五、对能动性的体认将关注焦点从物件的意义转向物件对人的效力,作为社会关系体系的一部分,该效力还涉及人类意图和活动等诸多方面。就行动者网络理论而言,人工制品与技术和人类一样,是复杂、互动网络中的行动元和能动者。

六、被设计出来指导人类行为的物件揭示了在创造与使用方

---

① 尹凯. 博物馆与公众——从公众的视角重新发现博物馆[M]. 北京:文物出版社,2023:206—207.

面，物件的社会学和技术学的相互渗透。

七、理性模式已经被创造性地应用到博物馆领域，因此，人工制品的多层次和跨文化的动态分析成为可能。这涉及物件、生产者、来源社区、收藏者、人类学家、捐赠者、博物馆员工之间过去的，以及正在发生的关系。该分析不仅强调了博物馆史的复杂性和细微性，而且提供了洞悉当前博物馆藏品形态和阐释不同能动者类型的机会。

综上所述，在如何看待博物馆"物"与"人"之间的辩证关系的问题上，我更倾向于认为"物"或"藏品"是人的表征，是隐藏在"物"或"藏品"背后的网络关系，以及指向人与人、人与文化、人与社会之间的关系。博物馆身处时代潮流之中，受话语体系转向的影响，在阐释"物件"或"藏品"、促进理解人类行为的过程中，在引导大众的前提下迎合大众的需求，进一步服务社区和本地居民，加强社会文化的同步性[①]，这便是博物馆最新定义强调"在社区的参与下，为教育、欣赏、深思和知识共享提供多种体验"的意义所在。

---

① 潘守永.新博物馆学：理论与实践[M].南京：江苏凤凰文艺出版社，2023：96.

下 篇

博物馆陈列展览的实践流程与操作

下 篇
博物馆陈列展览的实践流程与操作

在使用—制造工具的这种超生物肢体的动作活动中的所感知、领悟并进而掌握、提炼和反复练习成为操作的次序、先后、均衡、对称、节奏、韵律等等。这就是"实践中的理性"。[①]

——李泽厚

在对博物馆及其运行规律的研究中，前赴后继的一代代学者试图通过各种理论研究方法来建构博物馆学作为一门独立学科成立的理论体系，这展现了职业担当和专业精神。我国博物馆界积极学习西方国家博物馆建设的理念和最佳做法，通过翻译出版系列著作，推动博物馆了解和融入国际话语体系，从而促进中国博物馆事业的特色化和高质量发展。近年来，学界以浙江大学、复旦大学、上海大学等高校为主阵地，以及以少数博物馆为代表，如湖南博物院等，搭建了系统引进海外博物馆学术著作的桥头堡。比如，湖南博物院通过10年的努力打造资助翻译出版了10余本美国博物馆协会博物馆管理丛书，系统地引进日本和欧洲的博物馆学史等著作，并发布"21世纪国际博物馆学基础书系"等，这些都为我国博物馆界了解西方国家博物馆作出了贡献。

---
① 李泽厚. 人类学历史本体论[M]. 青岛：青岛出版社，2016：232.

"它山之石，可以攻玉"，我们有广阔的全球视野，同时又处在中国博物馆事业繁荣发展的好时代，党和国家高度重视，博物馆的规划、建设、管理、理念、业务等取得长足发展，提供了当下从业者和学者丰富的理论体系、各种社会思潮以及实操经验。当前是信息爆炸的时代，海量信息"迷人眼"，各种自媒体勇于发言，我们既要保持清醒的头脑，又要锤炼对理念、理论和方法的鉴别力。中国博物馆事业的发展需要广泛吸纳他者经验，同时，在文化自信与自觉中保持自己的特色和独立性，在深入开展研究的基础上推陈出新，构建中国特色、中国范式的理论体系，并在实践中保持理性思考，尝试探索中国博物馆行之有效的国家和行业标准。从"拿来主义"到"自主原创"将成为下一阶段中国博物馆事业高质量发展的增长点和决胜力，我们需要在前人的基础上有自己精准的预判力和洞察力。

一、博物馆陈列展览的全流程管理

（一）概述

博物馆陈列展览全流程是一场捍卫品质与效率、应对复杂与多元的行动变革，不仅程序多、专业性强、涉及面广，而且其运转有自己内在的客观规律。对于大多数有能力独立策划和推出展示活动的博物馆和为博物馆提供服务的展陈公司而言，都有自己的一套操作流程，也即所谓的展览策略。为什么要强调是为博物馆提供服务的展陈公司，是因为在我们所讨论的主题范畴中，针对的是博物馆的展陈。很明显，博物馆的展览尤其是历史类陈展不同于其他艺术机构或者走市场的商业展览。博物馆的历史类陈展一定是以学术研究和文物标本为基础，以辅助艺术形式为切入点，高度专业的和强调安全性第一的展示行为。因此，在博物馆历史类陈列展览的全流程中，更加突出学术性、专业性、科学性、技术性和规范性。当前，尚未有国家或行业层面颁布实施的全流程规范，出台的两份行业标准《博物馆展览内容设计规范》《博物馆陈列展览形式设计与施工规范》也只是覆盖了策展全流程的部分环节。

不同的博物馆有不同的展览操作流程，一般情况下其具体操作流程常常是与博物馆的岗位设置和内设机构相辅相成，也就是说博物馆的岗位设置和机构设置必然是要基于业务工作开展的需要而架设。一些学者将陈列展览全流程总结为"立项→顶层设计→概念方案→经费概算→内容设计→空间规划→工程招标→形式深化→制作与施工→监理→布展→验收→结算→审计→评估"；也有学者将之分为选题筹备、策划设计、施工布展、宣传推广、总结评估5个阶段[1]。当前的现状是，陈列展览全流程并未在博物馆行业内形成一个统一的模式和标准，但毫无疑问的是全流程越全面、精细、科学、有节点、重点突出、规范严谨，越有助于博物馆事业的良性和可持续性发展。

（二）湖南博物院的全流程

湖南博物院（时称湖南省博物馆）曾施行过一套较为系统完整的展览操作流程：首先由策展人提出初步想法，开展前期调研，提出框架思路，再征求宣传、教育、艺术设计等人员的意见，到进一步明确展览定位、主题、思路与框架结构，从而拟定展览大纲，提交部门主管同意后，再进行评议修改，撰写

---

[1] 陈晨. 如何看懂一座博物馆？[M]. 北京：北京燕山出版社，2023：210—217.

展览工作方案,提交展览决策会议,最终成立项目组全面启动展览工程。其中"前期调研"部分涉及的内容有相关学术研究成果收集整理、同质展览分析、展品条件梳理、观众调查等;"提出框架思路"是基于同质展览分析的基础上,拟定包括展览主题、定位、框架结构、展品来源与构成、重点亮点展品、针对性服务等各方面相关的内容;"展览大纲"主要包括内容设计大纲、教育与宣传构想、服务对象、预期效果、风险分析、人员投入、设施需求、经费预算、进度计划、考核指标、考核办法等;"展览工作方案"包括内容、艺术、教育、宣传(含开幕式)、开放、安保、文保、文创等各项工作的具体方案;"展览决策会议"主要是讨论展览是否举办、是否售票以及批复具体预算等相关事宜。这些属于展览的筹备阶段。

项目组成立后,展览全面启动,直到设计完成交付这一阶段属于展览策划设计阶段。主要包括拟定内容设计方案、形式设计方案、公众服务与教育方案、开放管理方案、科技保护方案、安全保卫方案、开幕式方案、运输方案、布撤展方案、文创开发方案等事关业务运行和行政管理的各类方案;各类方案由策展人汇总和审查后形成综合性方案,再报分管领导和馆长(院长)批阅,之后根据方案里排定的时间表有序推进。需要特别注意的是,涉及展览核心业务的内容与形式设计,以及宣教活动的策划需要对策展主题和内容作更深入的了解,因此在策展过程中,这三个团队常常一起讨论,比如讨论内容策划时会邀请形式设计和宣教团队一起参加,当然如果其余团队如文创开发、科技保护团队也一同参加则效果更好。虽然内容设计团队对展览内容方案负责,但也可以采纳形式设计和宣教团队对内容的建议,因为从各自不同的关注点出发,多方的合力能够促进展览达到最优解。

比如形式设计团队对空间和氛围的艺术化把控能够扩展内容的深度和广度,有助于促进内容更好地呈现于特定的展示空间;而长期与观众打交道的宣教人员对观众的喜好更为了解,若采纳他们关于内容通俗性、亲和力、参与性和体验感的建议,则非常有助于完成内容设计从专业的、艰深的到普通观众易理解的、易共情的、寓教于乐的、大众化的转化。宣教团队的这层角色恰如沈辰先生在其《众妙之门:六谈当代博物馆》一书中所提及的释展人(Interpretive Planner)角色。他指出,释展人"在博物馆里一般有两种类型:最常见的一种隶属于教育部门,他们负责在展厅文字叙述之外寻求更适合大众的方式传达展览的信息;而另外一种释展工作则隶属创意设计组,直接与策展人合作,其工作直接影响展览最终呈现的文字表述和展厅设计"。[1]虽然我们在策划陈列展览之时,有意考虑如何拉近与社会公众之间的距离,但是我国博物馆事业发展尚处于刚刚接受了策展人的身份和角色定位阶段。所谓释展就是将展览学术化的思维转化为大众化的语言;是将展览的深度转化成观众喜闻乐见的宽度;是从不同的角度对不同层次的观众传达展览思想;是让观众读懂展览、欣赏展览、评论展览,在他们的心里留下展览。显然,释展的概念十分重要,但作为单一身份的释展人角色的引进则并不必要,这也是中国博物馆事业发展的现实情况和特色。

理论上所有的策划设计方案落定之后,才进入实施阶段。而实际上在具体实施过程中,为了有效利用时间和提高效率,一部分工作是同步进行的,比如内容策划团队一旦确定了展品清单,与展品运输和展品保险相关的工作就可以同步进行。一旦托台支

---

[1] 沈辰. 众妙之门:六谈当代博物馆[M]. 北京:文物出版社,2019:89.

架、展台、展柜的尺寸和设计确定之后，即便无法进到展场进行施工，也可以在场外同步进行相关展具的制作工作。在陈列展览的落地实施阶段需要提前召开布展工作会议，提请各个分组注意展厅天地墙施工、展柜定位和安装、托台支架配给、灯光调试、布展、保卫、保洁、文保等事项，将各项工作精准地分配到责任人。一般情况下，展厅天地墙粗坯完成后，进行场景设置和背景板的张贴，再等到展厅施工工作、展柜布置、第一道保洁等到位之后，以文物为代表的展品才可以进场。这是出于对文物安全第一位的考虑。此外，还需要特别注意的是，所有与文物展品接触的托台、支架等，其材质、包裹方式、受力面、倾斜度等都需要征求策展人、文保人员和设计人员的同意。同时只有有资质的文物保管员、策展人、文保人员以及运输或布展公司的专业人员才可以上手触碰和摆放文物。文物入柜之后，需要对其稳固性和安全性进行详细核查和评估，以确保万无一失。之后是摆放提前制作好的文物说明牌，并根据需要隐蔽放置文保材料，接着进行柜内和柜外整体灯光的调试。灯光要注意文物的照射角度和聚焦面，注意阴影不要影响到文物的观感，好的灯光是见光不见灯，并且具有艺术审美效果，能够营造氛围感、起到衬托作用。与此同时，保洁工作随时跟进，做到细致入微，卫生也是影响展览第一印象的重要因素。其中，对温度、相对湿度、展品照度的标准值存在不同看法，湖南省博物馆（今湖南博物院）所编《博物馆陈列展览指南》中的设定见表4、表5[①]。

---

① 湖南省博物馆. 博物馆陈列展览指南[M]. 长沙：岳麓书社，2020：76—77.

表4　温度、相对湿度设置通用标准

藏品类别	温度(℃)	相对湿度(%)
丝毛棉麻类纺织品（含帛书、帛画）	20±2	50±5
漆器、木器、竹器	20±2	55±5
甲骨制品、角制器	20±2	50±5
动物标本、植物标本	20±2	50±5
青铜器、铁器	20±2	40±5

表5　博物馆展览中的建议光照水平参照表

敏感性	器物分类	建议的光照水平（Lux）	紫外线含量
特别敏感	纸张、丝毛棉麻等纺织品、染色皮革、毡笔画、各种动植物标本等	≤50	≤75μW/lm
敏感	油画和漆胶画；角制品、骨制品、象牙制品、竹木制品和漆器等所有其他的有机材料制品	≤100	
相对不敏感	石头、玻璃、陶瓷、未上漆的金属；无机材料制品	≤300	

此外，一些欧美国家的博物馆，一般是根据展览等级与季节变化提出温湿度设定值（见表6）。[①]

[①] 湖南省博物馆.博物馆陈列展览指南[M].长沙：岳麓书社，2020：76.

表6 欧美国家博物馆采用的博物馆展厅
相对湿度和温度设定值参照表

展览类型	级别	相对湿度设定点	温度
租借展览	AA	50%±5%,或按出借协议约定	70°F ±4°F（21℃ ±2.2℃）
常设陈列展览	AA	50%±5%	70°F ±4°F（21℃ ±2.2℃）
常设陈列展览：有季节变化	AA	50%或年平均值5%上下波动,考虑季节变化再有10%上下波动	设置点在59°F和77°F±4°F之间,季节性波动+9°F或-18°F。（设置点在15℃和25℃±2.2℃之间,季节性波动+5℃或-10℃）
常设陈列展览：无季节变化	A	50%或年平均值10%上下波动,不考虑季节变化因素	设置点在59°F和77°F±4°F之间,季节性波动+9°F或-18°F。（设置点在15℃和25℃±2.2℃之间,季节性波动+5℃或-10℃）
常设陈列展览：有冬季回设（对处于温带的季节性历史遗迹）	B	50%或年平均值5%上下波动,考虑季节变化再有10%上下波动	设置点在59°F和77°F±9°F之间,季节性波动+18°F,最多+86°F,或按维持相对湿度需要-X°F。（设置点在15℃和25℃±5℃之间,季节性波动+5℃或-10℃,或按维持相对湿度需要-X℃）

布展过程中还有一项重要的工作就是文物点交,包括外借文物的点交和本馆文物出库相关手续的办理。重点是外借文物的点交,一般需要借出方、借入方、监交方三方共同完成。借入方和监交方一般由举办展览的不同部门负责,因博物馆对藏品或展品的管理强调账与物分开。如果涉及文物的进出境展览,即我国文物出境或境外文物入境展览,则还需要具备文物进出境审核资格

的机构，一般是国家文物局，由其下设的各鉴定站派遣人员对文物展品进行逐件审核。三方共同签字的点交清册应注明藏品编号、时代、名称、出土或来源信息、尺寸、数量、收藏单位、完残情况、文物级别、照片、保险估价等基本信息。

布展完成后，还要对展厅整体效果进行审查，可以邀请领导带领各业务部门一同进行最后的"挑刺"。一切就绪后，展厅移交开放管理部门迎接开展。开幕式的举办由办公室负责，需要提前确定日程、邀请嘉宾、拟定致辞、准备发放材料、布置现场。当前各馆举办展览开幕式都别出心裁，活动多种多样，有酒会、夜场、音乐会、剪彩仪式等，无一不是围绕展览的主题将热度拉满，并同期对社会公众发布多渠道、多媒体的相关报道。当然，大多数的博物馆也会在展览之前发布相关预热展览信息。

展览开放期间，将持续性地进行安全保卫、配套教育活动开展、对外宣传、纪念品销售等工作。最后就是撤展，需要有权责清晰的撤展方案供各相关部门执行。撤展时对文物的操作原则与布展相同，仍然是只有有资质的文物保管员、策展人、文保人员以及运输或布展公司的专业人员才可移动文物。同时还要履行点还文物给到出借方的手续。等到文物打包好运出展厅，则开始归拢可重复利用的移动展柜、展台、支架等。

展览实施的最后一个阶段是展览的总结和评估，并进行材料归档。这部分工作曾经不那么受到重视，但当前其重要性日益凸显。展览结束后及时复盘和总结整个展览的经验，对于提高博物馆陈列展览的质量具有十分重要的现实意义。展览的总结报告分总报告和分组总结，要客观、实事求是地进行，好的做法要总结，但不足和需要改进的地方也一定要指出。对于收费型的临时展览，还要有系统的财务分析报告。此外，归档的重点资料除与展览全流程相关的各类资料之外，还要注重对展览形象资料的收集整理，比如各种照片、多媒体资料、数字化内容等。这些形象资料对于日后展览申报各类奖项和做案例总结十分有必要。

湖南博物院在举办原创性展览的时候，形成了一个较好的传统，就是形成"3+N"模式（一项展览、一本图录、一场学术研讨会与N场配套教育活动）。配套教育活动的举办也需要纳入展览全流程的体系。

图10是湖南博物院（原湖南省博物馆）施行的展览全流程，但在实际实施过程中，并非完全按图索骥，而是根据具体展览的特点有所取舍，比如完全采用本馆藏品所做的展览，则不需要运输招标和进行点交手续，还有当前鼓励中青年一代自主策划展览，以及指派策展、被动接展，故而所开展的大多数展览并没有采用那么烦琐的第一阶段流程。事实上，流程的简化并不意味着降低学术水准和展览策划的专业度，我们应该重视的是在确保流程所涵盖的内容全面、深入、定制化的前提下，如何高效地遴选出展览主题、重点亮点展品和展品组合，进而提出概念方案甚至内容大纲，以便决策机构作出判断。而在现有体制机制下，亟须呵护的是博物馆内部从业者对原创性展览策划的热情；亟须坚定的是专业策展、专业治馆的信心和决心；亟须培养的是能够"亲身下场""守正创新"实践策展的悟性和能力。

策展人提出初步想法【前期调研【调研内容：相关学术研究成果、同质展览分析、展品条件、观众调查】

提出框架思路【包括同质展览分析、展览的主题、定位、框架结构、展品来源与构成、重点展品、服务】

与宣传、教育、艺术设计人员征求意见 → 进一步明确展览定位、主题、思路与框架结构

拟定展览大纲【主要包括内容设计大纲、教育宣传构想、服务对象、预期效果、风险分析、人员投入、设施需求、经费预算、进度计划、考核指标、考核办法等】→ 提交部门主管同意后 →

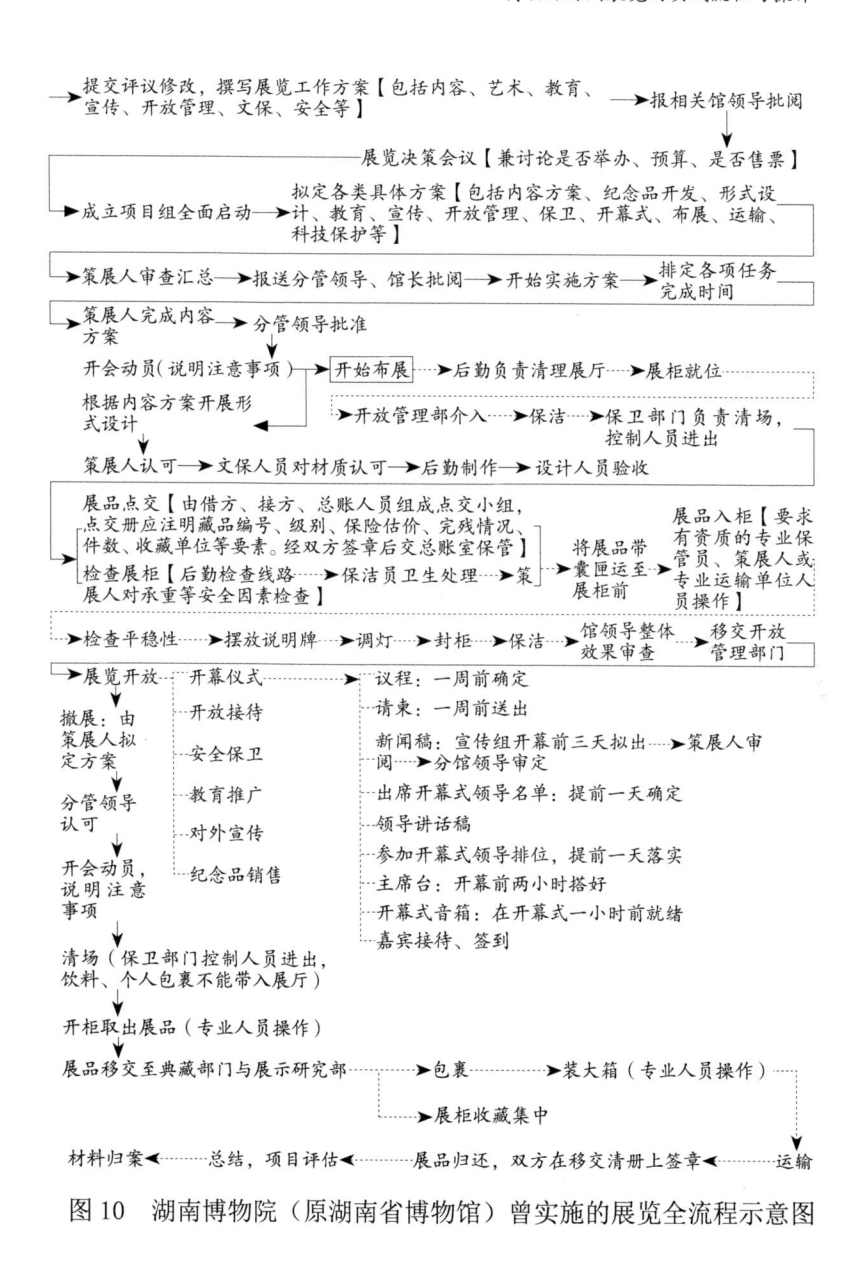

下 篇
博物馆陈列展览的实践流程与操作

```
→提交评议修改，撰写展览工作方案【包括内容、艺术、教育、→报相关馆领导批阅
  宣传、开放管理、文保、安全等】
                     展览决策会议【兼讨论是否举办、预算、是否售票】
                 拟定各类具体方案【包括内容方案、纪念品开发、形式设
→成立项目组全面启动→计、教育、宣传、开放管理、保卫、开幕式、布展、运输、
                 科技保护等】
→策展人审查汇总→报送分管领导、馆长批阅→开始实施方案→排定各项任务
                                              完成时间
→策展人完成内容→分管领导批准
  方案
  开会动员（说明注意事项）→开始布展→后勤负责清理展厅→展柜就位
  根据内容方案开展形
  式设计           →开放管理部介入→保洁→保卫部门负责清场，
                                       控制人员进出
  策展人认可→文保人员对材质认可→后勤制作→设计人员验收
                                                      展品入柜【要求
  展品点交【由借方、接方、总账人员组成点交小组，        将展品带  有资质的专业保
  点交册应注明藏品编号、级别、保险估价、完残情况，      囊匣运至  管员、策展人或
  件数、收藏单位等要素。经双方签章后交总账室保管】    展柜前    专业运输单位人
  检查展柜【后勤检查线路→保洁员卫生处理→策                        员操作】
  展人对承重等安全因素检查
→检查平稳性→摆放说明牌→调灯→封柜→保洁  馆领导整体    移交开放
                                             效果审查    管理部门
→展览开放 开幕仪式           议程：一周前确定
  撤展：由  开放接待           请柬：一周前送出
  策展人拟  安全保卫           新闻稿：宣传组开幕前三天拟出→策展人审
  定方案                                 分管领导审定             阅
  分管领导  教育推广           出席开幕式领导名单：提前一天确定
  认可     对外宣传           领导讲话稿
  开会动员， 纪念品销售          参加开幕式领导排位，提前一天落实
  说明注意                    主席台：开幕前两小时搭好
  事项                       开幕式音箱：在开幕式一小时前就绪
  清场（保卫部门控制人员进出，   嘉宾接待、签到
  饮料、个人包裹不能带入展厅）
  开柜取出展品（专业人员操作）
  展品移交至典藏部门与展示研究部→包裹→装大箱（专业人员操作）
                              →展柜收藏集中
  材料归案←总结、项目评估←展品归还，双方在移交清册上签章←运输
```

图 10　湖南博物院（原湖南省博物馆）曾实施的展览全流程示意图

115

二、顶层设计与陈展体系的构建

在中国博物馆的发展历程中，对博物馆定位和性质的研究在很长一段时间内没有受到足够的重视。博物馆有着诸多类型，但并非同一类型的博物馆都会采用同样的办馆理念和策略，这恰恰是由博物馆的定位决定的，并进而影响到博物馆的顶层设计和陈展体系的搭建。对于博物馆的举办机构、管理者、博物馆人而言，要自觉地从整体性和特殊性出发，在定位和顶层设计上厘清思路。

定位理论（Positioning）首先作为市场学理论，最初由美国著名营销学专家艾尔·列斯（Ai Ries）和杰克·特罗（Jack Trout）于20世纪70年代提出。定位理论认为定位从产品开始，可以是一件商品、一项服务、一家公司、一个机构，甚至是一个人。在汉语的语境下，定位则被赋予三个意思：用仪器对物体所在的位置进行测量，经测量后确定的位置，把事物放在适当的位置并作出某种评价。我们在日常工作中通常强调对自身的定位，通俗地说就是从自我的角度，把自己放置在某个位置上，并期望从他人处获得认可。[①]

2024年5月，国家文物局、财政部经对全国31个省（自治区、直辖市）申报的博物馆进行综合评估后，确定了新一轮中央与地方共建的国家级重点博物馆共有15家，分别是首都博物馆、河北博物院、山西博物院、辽宁省博物馆、上海博物馆、南京博物院、浙江省博物馆、山东博物馆、河南博物院、湖北省博物馆、湖南博物院、广东省博物馆、重庆中国三峡博物馆、四川博物院

[①] 钱益汇.中国博物馆发展报告（2019～2020）[M].北京：社会科学文献出版社，2021：190.

下 篇
博物馆陈列展览的实践流程与操作

和陕西历史博物馆,均为省级或直辖市级博物馆,而且均为历史艺术类或地志类的综合性博物馆,是彰显中华文明、代表中国特色、引领行业发展的地方所属重点博物馆。这些博物馆在争先创优的过程中,部分对自身进行了基于藏品和定位出发的陈展体系架构,部分仍然停留在做了什么的描述上,对博物馆顶层设计的系统性思考相对缺乏。这从各馆(院)在自身官方网站的馆(院)长致辞和博物馆(院)简介/概述上可以看出。少数官网上公布了博物馆的章程和发展规划,其间较少提到关于博物馆的顶层设计方面的内容。

以下是通过官网(个别官网信息不详的,补充了微信公众号及其他网址上的内容)整理的上述15家新一轮中央与地方共建国家级重点博物馆的相关内容:

首都博物馆定位为大型地志类综合性城市博物馆,保存与陈列着北京约70万年的人居史、3000多年的城市史、800余年的京都史的珍贵遗存,也收藏和陈列着众多中华文明的瑰宝,总数超过20万件。其陈列展览以历年收藏和北京地区的出土文物为基本素材,吸收北京历史、文物、考古及相关学科的最新研究成果,借鉴国内外博物馆的成功经验,形成独具北京特色的现代化展陈。首都博物馆的定位决定了首博展览的构成:基本陈列、精品陈列和临时展览。基本陈列有"古都北京·历史文化篇""京城旧事——老北京民俗展"。其中"古都北京·历史文化篇"是首都博物馆展陈的核心,表现了恢宏壮丽的北京文化及不断递升并走向辉煌的都城发展史,成为创建国内一流博物馆的品牌陈列。精品陈列有"古代瓷器艺术精品展""燕地青铜艺术精品展""古代书法艺术精品展""古代绘画艺术精品展""古代玉器艺术精品展""古代佛教艺术精品展"。这六个馆藏精品展览和"京城

理想之城
博物馆历史类陈列展览策划的理论与实践

旧事——老北京民俗展"是对北京文化展现的补充和深化。以上展览共展出馆藏文物5622件。不断更新的临时展览是研究与观赏北京文化与其他地区文化、中国文化与世界文化交流关系的舞台。[1]此外，首都博物馆东馆于2023年12月27日正式对公众开放，展陈内容主要是大运河文化主题，与首博"本部"的展陈体系之间的关系尚未看到更多公开资料。

河北博物院藏品总数21万件，撷取河北历史上最为精彩的篇章，推出10个常设陈列："石器时代的河北""河北商代文明""慷慨悲歌——燕赵故事""战国雄风——古中山国""大汉绝唱——满城汉墓""曲阳石雕""北朝壁画""名窑名瓷""抗日烽火——英雄河北""'乐享河北'非遗会客厅——河北省非物质文化遗产保护成果展"。通过5000余件（套）精美的文物和现代化展示手段，记录了河北200万年来连绵延续的人类发展史。河北博物院每年还举办多个历史、艺术、自然、科技、时政、民俗等方面的临时展览，极大丰富了人们的精神文化生活。[2]

山西博物院是山西省最大的文物征集、收藏、保护、研究和展示的公共文化服务机构，承担着传承中华文明和山西历史文化的职责使命。现有藏品50余万件，其中，珍贵文物40282件（组），包括一级文物2129件（组），另有图书古籍11万余册。藏品主要来源于20世纪20年代以来的考古出土文物和百年来的征集积累，尤以青铜、瓷器、石刻、佛教造像、壁画、书画等颇具特色。其基本陈列以"晋魂"为主题，由文明摇篮、夏商踪迹、晋国霸业、

---

[1] 首都博物馆网站.https://www.capitalmuseum.org.cn/zjsb/sbjj.htm.
[2] 河北博物院网站.https://www.hebeimuseum.org.cn/list-83-1.html.

民族熔炉、佛风遗韵、戏曲故乡、天下晋商等7个历史文化专题和土木华章、玉韫华夏、翰墨丹青、方圆世界、瓷苑艺葩等5个艺术专题构成。日常策划举办反映山西历史文化和文物特色等一系列丰富多彩的临展和特展，如策划晋国文物精华、山西佛教雕塑艺术、傅山书画、山西金代戏曲砖雕艺术等展览并在国内外巡展。开展覆盖各类公共文化场所和机构的流动展览、历史讲座、互动参与等丰富多彩的宣教活动，以多种文化视角展示山西历史文化之美，讲好中国故事、讲好山西故事。①

辽宁省博物馆现有馆藏文物近12万件，其中珍贵文物数万件，以辽宁地区考古出土文物和历史艺术类文物为主体，分为书法、绘画、丝绣、青铜、陶瓷等20个门类，尤以晋唐宋元书画、宋元明清缂丝刺绣、红山文化玉器、商周时期窖藏青铜器、辽代瓷器、历代碑志、明清版画、古地图、历代货币等最具特色和影响。辽博坚持以人民为中心的办馆方向，促进文物和文化遗产活化，不断深化拓展文物合理利用，为人民群众提供更优质的公共文化服务，对照国内外一流博物馆行业标准，积极开展具有中国特色、世界一流的博物馆创建工作，以文物展览宣传辽宁文化宝藏，以文化宝藏展示辽宁文化振兴，以文化振兴辉映辽宁全面振兴、全方位振兴。②辽博的临时展览主要是引进国内外历史、文物与艺术类展览；其馆藏文物展，分别有中国古代碑志、明清玉器、明清瓷器、辽瓷、货币、佛教造像、玺印、铜镜以及满族民俗展等；而常设展以"古代辽宁"为主。③

上海博物馆分为人民广场馆和东馆，藏品数量超过102万件

---

① 山西博物院网站.https://www.shanximuseum.com/sx/quiet/introduction.html.
② 辽宁省博物馆网站.https://www.lnmuseum.com.cn/#/exhibition？type=0&from=footer.
③ 资料来源于辽宁省博物馆微信公众号，并加以整理。

理想之城
博物馆历史类陈列展览策划的理论与实践

（套），其中珍贵文物近 14.5 万件（套）[1]。其人民广场馆常设展览：中国历代书法馆、中国历代绘画馆、中国少数民族工艺馆、明清家具馆、"金琅华灿：张宗宪捐赠掐丝珐琅器展"等。其东馆以"世界顶级的中国古代艺术博物馆"为主要定位。馆内共设 20 个展厅和互动体验空间。其中青铜馆、书法馆、绘画馆、印章馆、陶瓷馆、货币馆、雕塑馆、玉器馆等 8 个常设展厅，堪称 8 部"中国古代艺术史教科书"，以全世界独一无二的全景式大格局，构建海内外体系最完整的中国古代艺术通史陈列。同时，东馆辅以体现江南文化、海派文化特色的专题陈列，并推出全新的互动体验空间，举办丰富多彩的特别展览，突出"观众友好型""数字智慧型"等亮点，精心打造成为"世界看中国"的重要文化窗口和人民城市的文化"会客厅"。[2]

南京博物院定位为大型综合类博物馆，始终履行"提倡科学研究，辅助公众教育，以适当之陈列展览，图智识之增进"的立院宗旨，拥有各类藏品 43 万余件（套），上至旧石器时代，下迄当代，既有全国性的，又有江苏地域性的；既有宫廷传世品，又有考古发掘品，还有一部分来源于社会征集及捐赠，均为历朝历代的珍品佳作，可以说是一座巨大的中华民族文化艺术宝库。青铜、玉石、陶瓷、金银器皿、竹木牙角、漆器、丝织刺绣、书画、印玺、碑刻造像等文物品类一应俱有，每一品种又自成历史系列，成为数千年中华文明历史发展最为直接的见证。南京博物院"一院六馆"各有侧重：历史馆常设"江苏古代文明展"，全方位呈现江苏地区古代文明的发展历程；艺术馆按照艺术品的质地分类

---

[1] 上海博物馆网站．https://www.shanghaimuseum.net/mu/frontend/pg/index．
[2] 资料来源于上海博物馆微信公众号。

展陈馆藏珍品；特展馆重点打造一流水平的精品展览，包括引进的外展和以院藏珍品为主的主题展览；非遗馆通过动态方式展示江苏省国家级非物质文化遗产名录项目，邀请传承人现场演示传统技艺；民国馆重点展示南京地区民国社会生活风情；数字馆以网络科技和现场互动相结合的方式，带给观众全新的古代文明体验。[①]另据南京博物院展览部研究人员表述，其展览品牌塑造为三大系列六项主题：一是"水韵江苏"系列，彰显地域文明，包括江苏地域文明探源、江苏历史文化和院藏文物研究等；二是"文化中国"系列，讲好中国故事，包括中华优秀传统文化与艺术、考古研究等；三是"对话世界"系列，倡导文明交流互鉴，包括对话古代文明、艺术发展的风格与流派等。

浙江省博物馆（浙江革命历史纪念馆）定位为综合性人文科学博物馆，成为包括之江馆区、孤山馆区、沙孟海旧居、黄宾虹纪念室、古荡文物保护科研基地等在内的集文物收藏、学术研究、陈列展示、宣传教育、对外交流、科技保护、文化创意、休闲体验和观众服务为一体的全国功能最齐全的博物馆之一。之江馆区设有"浙江一万年"通史陈列1个，青瓷文化、海洋文化、宋韵文化、书画文脉和名人文化等5个浙江文化专题陈列，功能拓展和体验陈列9个；孤山馆区设有"黄宾虹艺术陈列""漆器艺术陈列""雷峰塔文物陈列""文澜遗泽"等专题陈列。浙江省博物馆（浙江革命历史纪念馆）始终坚持以学术研究立馆，通过对藏品、历史文化以及博物馆学的研究，服务于博物馆的文物收藏与保护、陈列展示，从而更好地发挥了博物馆的社会教育、文明

---

① 南京博物院网站.https://www.njmuseum.com/zh/articleDetails？id=9064.

传承以及文化传播功能。[①]截至本书成稿，浙江省博物馆官网未见公布具体藏品数量。

山东博物馆是省级综合性地志博物馆，形成了以"海岱日新——山东历史文化陈列"为核心的展览体系。山东博物馆作为国家一级博物馆，是收藏、研究、展示海岱文明、齐鲁文化、儒家文化的重要阵地，发展成为富有地方特色的，包括历史、自然、艺术等多门类的新型省级博物馆，成为全省文物的收藏中心和展览中心，尤其在陶瓷器、青铜器、甲骨文、陶文、封泥、玺印、简牍、汉画像石、书画、善本书的收藏方面见长。[②]截至本书成稿，山东博物馆官网未见公布具体藏品数量。

河南博物院现有馆藏文物17万余件（套），尤以史前文物、商周青铜器、历代陶瓷器、玉器及石刻最具特色，是见证中华文明发展轨迹，展示中国历史发展脉络的文化艺术宝库。现开放有基本陈列"泱泱华夏 择中建都"展和专题陈列"明清河南""中原古代石刻艺术展""丹淅吉金——中原楚国青铜艺术""巧工遗珍——院藏明清珍宝展""出彩中原——河南红色文化陈列"及"国宝特展"，并有与展览相配套的"社会教育体验厅"和"华夏古乐厅"。河南博物院以"发扬固有文化、提倡学术研究、增长民众知识、促进社会文明"为建院宗旨，以建设世界著名博物馆为目标，精心打造公益文化服务品牌，是领略中原文化、黄河文化、华夏文脉的重要窗口，是弘扬社会主义核心价值观的重要阵地，是增进文化交流合作的重要平台。[③]

湖北省博物馆现有藏品46万余件（套），其中国家一级文物

[①] 浙江省博物馆网站.https://www.zhejiangmuseum.com/cn/#/Survey/Introduction.
[②] 山东博物馆网站.https://www.sdmuseum.com/col/col277635/index.html.
[③] 河南博物院网站.https://www.chnmus.net/ch/institution/index.html#des.

1095件（套），共有"十大镇馆之宝"。此外，还拥有国家级非物质文化遗产项目1项，省级非物质文化遗产项目6项，馆藏曾侯乙编钟入选第五批中国档案文献遗产名录。在其发布的2023—2025年三年发展计划中确定了"12345"的总体发展方略，即1个目标、2个体系、3个维度、4个指标、5个任务，具体指创建"中国特色、世界一流"博物馆的核心目标，国家一级博物馆运行评估指标体系、央地共建国家级重点博物馆评估指标体系，传承力、影响力、创新力3个维度，总观众量、未成年观众量、境外观众量、文创销售额等4个指标，场馆建设、开放服务、保护研究、展示传播、交流互鉴等5个任务，力争在"十四五"期间建成"中国特色、世界一流"博物馆，更好地发挥示范、引领和带动作用。湖北省博物馆紧紧围绕"五位一体"总体布局、"四个全面"战略布局以及全省经济社会重大发展战略区域布局，按照"建设全国构建新发展格局先行区"的目标定位和新时代文物工作方针，深入学习贯彻习近平文化思想，赓续荆楚文脉，坚定文化自信，把牢发展方向，建设现代文明，深化国际合作，促进交流互鉴，统筹推进博物馆事业高质量发展，推动荆楚文化更好传承发展，为全省加快"建成支点、走在前列、谱写新篇"贡献博物馆力量。[①]

　　湖南博物院现有院藏文物57万余件（套），尤以马王堆汉墓出土文物、商周青铜器、楚文物、历代陶瓷、书画和近现代文物等最具特色，精心打造了"长沙马王堆汉墓陈列"和"湖南人——三湘历史文化陈列"两个基本陈列和青铜、陶瓷、书画、工艺4个专题展馆来展示人类优秀文化遗珍。此外，湖南博物院还通过不断引进和推出内容丰富、形式多样的临时展览，向国内外公众

---

① 湖北省博物馆网站. https://www.hbww.org.cn/gaikuang/p/4885.html.

理想之城
博物馆历史类陈列展览策划的理论与实践

全面地展示与传播湖湘文化，介绍世界文明与优秀文化。湖南博物院将自身定位为一座承载和反映湖湘文明的大型历史艺术博物馆，明确其使命在于立足于文化遗产的保护，致力于优秀文化的传播，以激发公众的参与和热爱，"这是一处欣赏与创新交融的公共文化空间……这是一所文化遗产保护和利用的珍宝库……这是一个不断交流与创造的思想平台"，因此致力的是"打造一座共有、共建、共享的我们的博物馆"。[1]

广东省博物馆（广州鲁迅纪念馆）馆藏集岭南文物之大成，汇聚历史、艺术、革命、自然等诸多种类于一体，是华南地区藏品数量最多、品类最丰富、特色最鲜明的博物馆。现有藏品总数32万余件（套），包括自然标本、化石等5.3万余件（套）。其中，古代书画和陶瓷两类文物的数量和质量居于全国博物馆前列，外销艺术品、出水文物、华侨文物、潮州木雕、端砚等特色文物收藏在全国首屈一指。站在"两个一百年"奋斗目标的历史交汇点上，广东省博物馆（广州鲁迅纪念馆）正以"平安粤博、优美粤博、学术粤博、品质粤博、创新粤博"为发展理念，助力广东文化强省建设，持续推动中国特色世界一流博物馆建设，向世界讲好广东故事、湾区故事和中国故事。广东省博物馆是国家设立的公益性文化事业单位，其宗旨是收藏、保护、研究、传承、弘扬人类优秀历史文化成果和自然环境发展的代表性实物；向公众提供公益文化服务。[2]

重庆中国三峡博物馆是一座集巴渝文化、三峡文化、抗战文化、移民文化和城市文化等为特色的历史艺术类综合性博物馆，

---

[1] 湖南博物院网站.https://www.hnmuseum.com/zh-hans/content/ 概况.
[2] 广东省博物馆网站.http://www.gdmuseum.com/col6/index.

现有馆藏文物11.5万余件（套）（单件超28万件），珍贵古籍善本1.8万余册，涵盖23个文物门类，形成了"古人类标本、三峡文物、巴渝青铜器、汉代文物、西南民族文物、大后方抗战文物、瓷器、书画、古琴"等特色藏品系列。常设"壮丽三峡""远古巴渝""重庆·城市之路""抗战岁月""宋庆龄与保卫中国同盟文物资料陈列""白鹤梁水下博物馆基本陈列"等展览13个，年均推出临时展览20—30个，加以"重庆大轰炸"半景画演示、"大三峡"环幕电影、三峡大坝数字沙盘、互动展示魔墙四大展示亮点。①

四川博物院现有院藏文物35万余件，其中珍贵文物7万余件，拥有6个基本陈列展厅，包含"远古四川——史前时期""古代四川——先秦时期""古代四川——两晋南北朝至五代时期"3个通史类常设展，以及民族文物、工艺美术、汉代陶石艺术3个艺术史专题类常设展，另有4个临时展厅用于临时展览。四川博物院秉承"开门办馆、广泛交流、资源共享、深度合作"的办馆理念。②

陕西历史博物馆是一座综合性历史类博物馆，收藏着上起远古人类初始阶段使用的简单石器，下至民国时期以来陕西经济社会发展变迁的各类物证等170万余件文物，是展示陕西历史文化和中国古代文明的艺术殿堂，开展国民教育和对外交流的重要窗口，被誉为"古都明珠，华夏宝库"。陕西历史博物馆形成了一个"陕西古代文明"基本陈列、"大唐遗宝——何家村窖藏出土文物展""唐代壁画珍品馆"两大专题陈列和多

---

① 重庆中国三峡博物馆网站.https://www.3gmuseum.cn/#/home.
② 四川博物院网站.https://www.scmuseum.cn/sccms/node/240.

个临时展览互为补充、交相辉映的陈列体系,从多角度、多侧面向广大观众揭示文物背后的丰富文化内涵,展现中华民族博大精深的文明成就。[①]陕历博的另外一个场馆是2023年12月29日对外开放的秦汉馆。该馆是国内唯一一座以集中展示秦汉文明的缘起、发展和贡献为宗旨的博物馆,旨在以陕历博馆藏为基础、以考古资料为实证,重点展示秦汉文明对中华文明奠基作用,基本陈列为"天下同一——秦汉文明主题展"。陕历博"本部"与秦汉馆之间的关系,可能主要基于"本部"场馆空间有限而新辟的相关历史类主题陈列。

更进一步分析以上15家博物馆(院)的情况,可以看出它们的展览类型,主要是基于藏品条件和类型而定的。藏品转变成陈列展览中的展品,并被置于一定的语境或场景之中,从而被赋予一定的建构起来的意义。这种举办展览的方式仍是主流。不同的是以湖南博物院的新馆陈展体系为例,基本陈列由横向共时的"长沙马王堆汉墓陈列"和纵向历史叙事的"湖南人——三湘历史文化陈列"构成,而青铜、陶瓷、书画、工艺四大专题馆带有艺术馆定位的性质,类似于上海博物馆的艺术馆体例,主要针对不同类型和质地的馆藏文物进行展示,采用的也多是精品展的路子。值得比较和深入剖析的是,浙江省博物馆之江馆的常设展布局——"1+5"部分,即通史陈列"浙江一万年"和青瓷文化、海洋文化、宋韵文化、书画文脉、名人文化5个浙江文化专题陈列,几乎完全走的是主题展的模式,其"1"的展示事实上已经拉通了浙江百万年的人类发展史,延伸展示"站在浙江看世界""站在世界看浙江"的历史地位,而"5"选择的是在浙江历史文化

[①] 陕西历史博物馆网站.https://www.sxhm.com/about/detail/209.html.

发展进程中最突出的5大亮点，而非从文物类型学和艺术品类上对其加以区分析出的精品馆。浙江省博物馆这部分的构成与湖南博物院的基本陈列构成之横向共时的"长沙马王堆汉墓陈列"部分类似，只是前者更为多元，而后者受限于场馆的特殊设计和展厅面积不得不做减法。在其通史性质的基本陈列"湖南人——三湘历史文化陈列"的最后一部分，虽然通过以人带史、提炼精神的方式进行了简明扼要的展示，但因受篇幅和空间的局限，未能充分展开。

湖南博物院自20世纪70年代以来，也就是马王堆三座汉墓出土的3000余件（套）文物（2024年8月对外发布新摸清"家底"的主要门类有26937件文物）全部入藏进馆之后，马王堆汉墓文物收藏及其陈列成为该馆最具标志性的内容，甚至很长一段时间在去往长沙的火车上播报的都是"美丽的湖南长沙欢迎您……这里十分值得游玩的景点有马王堆汉墓博物馆"这类宣传口号，事实上并没有名为"马王堆汉墓博物馆"的机构，所谓的"马王堆汉墓博物馆"指的就是当时的"湖南省博物馆"。在第二轮改扩建完成（2017年）之前，湖南博物院一直都没有一个从地志角度出发全面反映湖南历史文化发展进程的综合性陈列。因此，在2012年启动的第二轮改扩建工程中，湖南博物院搭建陈展体系之时，尤其考虑了通史陈列的基本性，而马王堆汉墓文物又是湖南博物院最引以为傲的核心收藏，也是观众最感兴趣的卖点，于是基本陈列的"横向＋纵向"一点一面的模式形成了。但笔者坚信湖南历史远不止"马王堆"这么一个亮点和重点，还有更多底蕴深厚、内涵丰富的有待将来拓展。一次座谈会上，笔者曾建言，因"湖南人——三湘历史文化陈列"的策展理念和落地实施是特定时期为了避免和解决"千馆一面""千展一面"主要矛盾所作出的历史性选择，事实也证明开展之后获得了业界和学界的高度反响，并将之视为新型通史类展陈的创新案例，成为学术研究范例，那么为了解决该陈列面积有限、叙事体例导致的部分内容兼顾和延展不够的问题，可以以该陈列为纲，检索其中的亮点和重点，在专题馆中单辟一馆做"旁白注脚"，并以主题展而非强调文物质地的精品展展开叙事。这样做的好处，既可以锻炼专业策展的青年人才团队（因现有的四个专题中的工艺馆与其余青铜、陶瓷、书画三类并非一个体例，且面积为400平方米左右，适合作为青年策展人的训练场），又可保持基本陈列常看常新，不失为拓展"一点一面"到"多点一面"的基本陈列结构的好思路。

综观上述15家中央地方共建国家级博物馆的陈展体系，我们可以得出不同展览类型可以在同一馆中有机地组成统一的常设展览体系结构，如基本陈列+专题陈列。陕西历史博物馆、辽宁省博物馆、南京博物院等的常设展体系搭建模式与此类似。至于什么是基本的定位，什么是专题的定位，则取决于该馆的性质与藏品特色。当然，也并不是所有的馆都一定要采用这种"二元一体"的结构来搭建常设展，上述多家博物馆比如上海博物馆、湖北省博物馆、山西博物院、河南博物院、河北博物院、山东博物馆、四川博物院等更多采用的是并列式的平行结构。在陈展体系的顶层设计中，平行结构对于很多中小型的综合馆而言，更易于借鉴和操作。

此外，临时展览（即特别展览）的布局也是陈展体系建设中需要关注的重点内容。值得参考的是苏州博物馆通过多年的努力，实现了特别展览体系化，分为小主题书画系列、中国世界文化遗产系列、世界文明史系列、中国古代文明系列、"苏艺天工"大师系列、"苏韵流芳"青年手工艺展暨大赛、"向美而生"长三角非遗系列、女性系列展览、近代大家9个系列。在《湖南省博物馆五年发展规划（2010—2014）》中，湖南博物院将特展体系分为"区域文明"和"重大考古"两类，而在《湖南省博物馆发展规划（2016—2020）》中演变为"中华区域文明""世界艺术""世界历史"三大序列，而最新的《湖南博物院"十四五"时期事业发展规划纲要（2021—2025年）》明确指出：策划推出世界文明系列，中华文明系列，区域文明系列，湖湘文化系列，院藏文物系列，中外艺术系列，党史，新中国史，改革开放史及社会主义发展史系列展览。[1]湖南博物院对举办系列的特别展览思考逐步深化，是一个好的发展趋势，我们期待将来能够看到更加体系化、结构化、可行性的基于博物馆定位和性质而设计规划的特展序列。

与湖南博物院同城且相距不远的长沙市博物馆非常注重对自身博物馆未来发展的规划设计，曾于2020年组织省内外行业专家对其中长期发展规划进行研讨、制定与出台，形成了《长沙市博物馆发展规划（2021—2030年）》（以下简称《规划》）。《规划》内容分为"正稿"和"规划编制附件"两部分。在其《规划编制附件》中，编撰了调研资料，内容涉及国内省会城市省馆与市馆定位的调查，国外同城内博物馆定位的调查等，并在其发展成就、存在问题与发展机遇、前景分析的基础上，在谋划解决与湖南博物院同质化的问题方面，重新明确了该馆的定位，梳理了"同城错位发展"的案例和必要性[2]。

---

[1] 湖南博物院"十四五"时期事业发展规划纲要（2021—2025年）[EB/OL].[2022-11-14]. https://www.hnmuseum.com/en/node/9531.
[2] 资料来源于《长沙市博物馆发展规划（2021—2030年）》之"规划编制附件"部分。该规划课题研究由长沙市博物馆委托，李建毛牵头，组织舒丽丽、喻燕姣、刘春作为课题组成员完成编制。

综观国内外同城博物馆错位发展，有以下几种类型：

（1）以时间为界分段设馆，如巴黎有三大世界著名博物馆——卢浮宫、奥塞、蓬皮杜，分别收藏、展示世界古代、近代、现代艺术，观众能清晰得知自己所要参观的博物馆，同时也因内容不重复，各自展览均不可替代，三个馆均是巴黎著名文化景点，参观热度高；（2）以地域划分设馆，以柏林博物馆为代表，在总馆之下按收藏及展示地域设有埃及馆、中国馆、中东馆、欧洲艺术馆和美国馆等，每个馆都有自己的特定观众群，是其他馆不可取代的，形成错位发展之势；（3）以区域与主题结合区分，如美国华盛顿D.C.，有国家艺术馆、天文馆、亚洲艺术馆、自然馆、印第安馆、非洲馆等不重复的十余个博物馆；（4）综合与专题，如纽约有综合性的大都会艺术馆及MOMA现代艺术馆，伦敦有综合性的大英博物馆及以装饰设计艺术为特色的维多利亚及阿尔伯特博物馆、泰特美术馆。

从国外看，同一城市博物馆分界清晰，因定位不同，藏品、展示及发展方向差异较大，专业人才的知识结构也不一样。每个馆有各自观众群和粉丝，各具特色，不存在同质现象。但在中国，同一城内因不同层级行政机关所设博物馆，多是行政级别上的差异，没有在收藏、展示上错位而同质发展，由于省馆在平台、藏品资源、资金等方面的优势，市馆多难以抗衡，在观众方面往往形成两极分化。市馆要发展，必须突破省馆藩篱，获得自身发展的空间，定位上应有所调整和转向。

《长沙市博物馆发展规划（2021—2030年）》将长沙市博物馆定位为"城市文化窗口·都市文化风尚标""市民博物馆""无边界的博物馆""长株潭一体化的中心博物馆"，并相应对其陈展体系建设的五年、十年目标进行了规划，指出要以陈列展览引领城市文化发展，以展示作为城市风向标，建构反映本馆发展宗旨的陈展体系；以陈列展览带动博物馆业务的整体发展；创新展陈理念及运行机制，以此为突破口，带动整体博物馆机制的改革与创新，提质改造基本陈列；加强文化交流，不断引进和推出高质量展览，让博物馆成为各种文明交流对话的平台，文明在交流中互鉴，文化在碰撞中发展；与区县、街道、社区、企业合作，将展厅延伸到馆外，留住长沙记忆，秉持县镇有乡愁、街道社区可怀旧的建设宗旨；策划反映长沙历史文化的线上通史展览；线上、线下观众人数持续增长，预计到2030年观众总量达800万人次。①

长沙市博物馆的定位和陈展体系规划值得借鉴，让我们看到博物馆建设过程中"错位发展"的重要价值，对于借鉴思考博物馆的定位和"差序化"发展具有显著意义。所谓"差序化"不同于"错位"，它是一个涉及社会学和公共服务的概念，它涉及多样性、社会主体的参与以及资源配置的精准化。② 面对大量的博物馆实践，我们对大中型、经济发达地区的地市级博物馆的思考较多，但是对中小型尤其是县级博物馆的关注远远不够。在博物馆事业蓬勃发展的黄金时期，越来越多的中小型博物馆建设拉开序幕。然而，亟须引起重视的是博物馆不是简单建造一栋房子、分配一个院子，而是要在建设过程中充分考虑到事业运行和运营

---

① 资料来源于《长沙市博物馆发展规划（2021—2030年）》。
② 资料来源于 https://answer.baidu.com/answer/land？params=GVR9bMvqv%2FcCBegahzLjQ8R5uDbOHlD74aRK2iFPxeuwWfQE4783WfUg5J3j07N5TjbKPmNBZaIXTWUIASoAQ5VEdmyBHiXJcQSYHvrAYf7J%2B4h%2B4GHjoO9yK3dyIJiS95bkXOrL6LFBfaiHXdos4YgtGdz3B485YqTTK2hiANmTi0dhQ2C5hqJ3JsrDr4QEWRCZJMG1FeAKruWA6oMyIg%3D%3D&from=dqa&lid=97fe987d01005326&word=差序化。

的综合性问题，考虑到"差序化"发展中的资源配置问题，综合来看就是要深入思考博物馆的顶层设计。

　　博物馆的顶层设计首先需要考虑清楚其定位与性质、宗旨与使命，以及发展目标，还要进行观众预测分析，以便在规划和设计中充分将观众需求融入博物馆建设当中，这也是契合当前博物馆转型时期以"公众为中心"的诉求。世界著名建筑师贝聿铭曾言："建筑的目的是提升生活，而不仅仅是空间中被欣赏的物体而已。"对于博物馆而言，它不仅仅是一幢建筑，应该具有一定预见性、用发展的眼光去看待和满足博物馆的各项功能需求。从博物馆"物的中心"角度出发，要想建成一座好的博物馆，必须先了解这座博物馆的藏品和陈列展览，必须了解该博物馆的每项功能及其对空间的要求，必须了解该博物馆如何运转，然后才能形成满足需求的建筑设计。[1]可见，对博物馆的顶层设计仍需兼顾"物的中心"和"人的中心"，前者引出的是与藏品的收藏、保管、保护、研究、展示等有关的内容，而后者关联的"人"在前文中已将之分为博物馆人和以观众为代表的社会公众两大类。与"博物馆人"有关的顶层设计需要关注博物馆内设机构与岗位设置、办公场地、后勤保障等，而与"观众"有关的则需要规划满足公众需求的各类设备设施，如咨询台、导览、寄存、餐厅、商店、休息区、洗手间等。在"物"与"人"之间，链接的桥梁是博物馆推出的以陈列展览为核心的系列产品，因此对陈列展览的体系化设计、教育空间规划、分众流线设置等也都是博物馆顶层设计的重要组成部分。

　　建设和运营博物馆是一项综合而复杂的系统工程，它不同于

---

[1] 陈建明.湘博志：湖南省博物馆年鉴2011[M].长沙：湖南美术出版社，2014：338.

很多"交钥匙"工程项目，对其开展顶层设计十分必要。博物馆顶层设计对于保障博物馆的专业性，并在交付使用时能够令人感到"好用"起到至关重要的作用。而如何进行博物馆的顶层设计？则需要建设者在充分调研的基础上，开展定位与性质、发展目标、观众预测、功能布局、流线（包括观众、员工、贵宾等）、展陈区、人性化服务（包括票务、寄存、租赁、导览、无障碍、标识、信息化、购物、餐饮、洗手间、茶水间等）、教育空间、文物库房（含周转库房）、保护修复室、安防监控室、接待室、会议室、办公区等诸多方面的整体化和系统化设计，并且还要提前思考有关博物馆的运营与开放模式，科学设计组织结构和规划人员配备，以及提前进行博物馆的会员和志愿者体系建设。同时，博物馆的陈展体系是其顶层设计中十分关键的内容，需要有针对性地从准确性、生动性和先进性方面着手布局，按照当前主流的基本陈列、专题陈列、特别展览三大分类进行构思，坚持特色化、差序化、专业化，打造中国式现代化的博物馆新形象。

三、内容策划流程与文本编撰

在博物馆的全流程中，一项十分重要的直接决定陈列展览水平和质量高低的就是内容策划。内容策划是博物馆展览策划设计的核心环节[1]，更是陈列展览的灵魂。科学、合理、经得起学术论证和检验的内容策划是整个策展系统工程中最重要的子系统，常被誉为是一项创意工程，是展览形式设计得以升华的根本依据[2]。国家于2019年1月31日发布、2019年6月1日开始实施《博

---

[1] 陆建松.博物馆展览策划：理念与实务[M].上海：复旦大学出版社，2016：66.
[2] 湖南省博物馆.博物馆陈列展览指南[M].长沙：岳麓书社，2020：63.

物馆展览内容设计规范（WW/T 0088—2018）》（以下简称《规范》），从行业标准的角度规定了博物馆展览内容设计的原则、设计的流程及各阶段的具体要求，对于从事博物馆陈列展览内容设计与实施的单位和个人，具有实践指导意义。这里的内容设计指的就是内容策划。事实上，博物馆从业者更习惯采用内容策划来指代内容设计，设计常常意味着更加微观和细节的要求，需要具体到更多精确的数据和脚本，而当前大多数的博物馆内容策划还需要第三方团队来完成细节设计的工作。在实践操作过程中，业界对行业术语的不统一，这在一定程度上制约了博物馆事业的发展。本文在没有特别说明的情况下，内容策划和内容设计可视为具有同样内涵的专业用语。

《规范》将陈列展览的内容设计流程分为选题提出、前期准备、展览大纲、展品确定、展览文本、延伸设计6个步骤。本节内容将重点对上述行业标准所规定的流程，结合笔者多年积累的案例进行剖析，并对其中部分环节采用发散的表述方式，同时对其进行适当修正，以便实践工作者建立更适合自身的操作规范。

（一）选题提出

博物馆作为非营利性机构，既是人类文明进步的标识，同时也是传播有益于社会进步的思想道德、科学技术和文化知识的窗口，而陈列展览是博物馆的核心业务之一，也是连接博物馆从"藏品中心"到"公众中心"重要桥梁之一。博物馆通过陈列展览进行传播，其选题必然由博物馆的性质和定位所决定。《博物馆管理办法》（中华人民共和国文化部令第35号，2005年12月22日审议通过，自2006年1月1日起施行）规定博物馆举办陈列展览，应当遵循以下原则：

（一）与本馆性质和任务相适应，突出馆藏品特色、行业特性和区域特点，具有较高的学术和文化含量；（二）合理运用现代技术、材料、工艺和表现手法，达到形式与内容的和谐统一；（三）展品应以原件为主，复原陈列应当保持历史原貌，使用复制品、仿制品和辅助展品应予明示；（四）展厅内具有符合标准的安全技术防范设备和防止展品遭受自然损害的展出设施；（五）为公众提供文字说明和讲解服务；（六）陈列展览的对外宣传活动及时、准确，形式新颖。

以上管理办法的第一项实质上是对博物馆陈列展览的选题范围进行规定。"与本馆性质和任务相适应"，强调的是博物馆的非营利性和宗旨、使命、任务，指出博物馆的陈列展览要回应"为什么要建这座博物馆"的问题；"突出馆藏品特色、行业特性和区域特点"，划定了博物馆陈列展览的范围边界，尤其限定了其基本陈列和专题陈列的内容范畴是"突出馆藏品特色"，也就意味着对于一馆之基本陈列和专题陈列而言，可供选题的范围已然相对确定。需要以本馆自己的藏品为主，而"行业特性和区域特点"给予博物馆举办展览更加宽泛的范围，比如可基于行业特性、区域范围内的文化特色甚至区域内博物馆联盟的共通性等来举办不同选题的临时性展览，当然跨区域文化对比的临时展览也可以举办；"具有较高的学术和文化含量"，应是对所有的博物馆陈列展览而言的，也是博物馆作为教育机构甚至如今纷纷挂牌成为科研事业单位的专业性和学术性要求所在，博物馆进行文化输出和知识生产一定是科学而严谨的，并且符合社会主义核心价值观所倡导的文明话语体系。

"题好事半功倍"，如何做好博物馆的选题具有十分重要的意义。《规范》设定"选题提出"分为"初拟选题""选题确定""策展人确定"三个步骤，分别指代：结合馆藏资源特点和目标宗旨，由业务人员提出选题；根据博物馆的宗旨、特色，经管理团队讨论，确认选题；选题确认后，确定策展人，策展人在展览团队中起核心作用。这样的设定主要是从工作流程上去区分的，然而在实际操作中，选题一般都是由具备一定研究能力和学术素养的专业人员提出，也意味着确定选题后再来明确策展人这个步骤不是必须要有的。除非不是原创性的展览，比如领导层已经商谈好需要引进某项展览，此时需确定主题，然后指定策展人承担相应的工作。

对于原创性陈列展览的选题而言，我们可以将《规范》中的"初拟选题""选题确定"理解为划定展示对象和主题范围。在策展人本身为某领域的专家的前提下，关于博物馆陈列展览的选题，首先要做到对文物转变为展品的资源条件有清晰的认识和研究，以确保可获得的展品及其所蕴含的信息量足够支撑选题的成立，还要关注学术研究的热点、观众感兴趣的焦点，以及当下的审美理念、流行文化、时政时事等有关的内容。以上诸多方面，都是博物馆策展人在日常生活、学术追求与领域研究中，有意识地、主动地、自觉地培养选题能力和挖掘陈列展览题材库的活水源泉。

2024年上半年，湖南省尝试推行全省博物馆"省市联动"的博物馆体系化建设，拟通过全省博物馆展陈资源协同共享共建的机制，着力解决部分市州"有馆无展""有文物摆放而无深度阐释和展示"等严重制约全省文博事业发展的关键性问题，在省文旅大会于衡阳召开之际，首推衡阳市博物馆进行试点，采取"一馆一策"的方式，力图通过三年行动计划覆盖全省市州级博物馆。基于这样的背景，为贯彻项目的初心，结合衡阳市博物馆的文物、文化、文旅资源优势，在考察该馆基本情况及市场分析的前提下，项目组提出以湖南博物院所藏青铜、陶瓷、金银、玉石器等10件珍贵文物作为引子，以物说史，挖掘深藏于衡阳市博物馆库房内和仅简单摆放于展柜内的文物的故事。可见，陈列展览选题的提出，除受制于前述基本陈列、专题陈列、临时展览等类型与展品条件外，举办动机和目的也是需要重点考虑的因素。

综上，展览"选题提出"从不同维度出发，尤其是基于"陈列"与"展览"性质的区别，具有差异化和针对性的特点。若从"陈列"类型出发，则受限于藏品、展品的资源情况以及归属单位；若为"临时展览（特别展览）"，则无须考虑展品的定向来源，可在更广阔的领域中从主题出发框定选题范围，如时事、社会热点、艺术等方向。需要注意的是陈列展览的选题是从较为宽泛的层面划定展示对象及其范围，与之后将要阐述的"展览大纲"中的"主题确定"的聚焦性具有极大的区别。总而言之，从宏观上讲，一个选题只要符合社会需要并具备了陈列展览运作的基本条件，就可以成立。其类型主要包括：政治性项目、社会热点项目、专业项目、娱乐项目、专题项目、名人项目等。[①]

此外，还有一个值得关注的与选题有关的现象是当前业界以杭州博物馆、广东省博物馆为代表，尝试推行"公共策展人"与"全员策展人"模式。杭博在举办"百万收藏：一座博物馆收藏一座城"特展前，向杭州市民发出一份策展邀请函，征集30位市民加入策展中来，一起策划这场展览。杭博在2021年推出藏品征集计划，它以"大杭州"为视野，积极征集、收藏与

---

① 齐玫.博物馆陈列展览内容策划与实施（修订本）[M].北京：文物出版社，2015：8—16.

展示反映近现代以来杭州城市建设变迁、工业文化发展、生活方式转变等方面的时代物证，践行"为杭州的明天收藏今天"的理念。这次展览算是该计划的成果展示。这场展览虽然采用了邀约公共策展人的形式，但选题主导权仍然把握在专业的博物馆人手中，最终对选题起决定作用的仍然是专业策展人。还有广东省博物馆不对策展人进行身份限制，不同专业背景和岗位的在职员工均可提出自己的展览选题，经相关决策部门评审后确定是否立项。这种"选题提出"的创新尝试值得学习，不仅为博物馆展陈选题提供新思路、新方法，有助于博物馆展览贴近群众、贴近生活，而且通过广开言路、吸纳不同领域的人员参与策展，能有效激发博物馆活力，同时也是吸引更多人关注博物馆的好办法。

（二）前期准备

《规范》规定的第二个流程是"前期准备"，包括"观众调查""资料收集""资料研究"三方面内容。该流程指的是有了第一阶段的选题范围之后，进入实质性的资料收集、整理及研究阶段，并且开展观众调查工作。先来看资料收集与研究，只有在深入整理和消化与选题范围有关的资料基础上，才能设计和编制出针对性强、适用性好的观众调查提纲、手册、问卷等，并采用恰当的调查方式进行分众化调查与分析，最终将调查结果运用到展览策划中。

1. 资料收集

《规范》指出，资料收集应围绕展览主题，广泛收集相关藏品信息、论著、图片等。笔者认为资料收集越充分，越能筛选出更多有效的资料，越容易激发策展的灵感。因"资料收集"应理解为最大范围内收集与展览选题有关的各种资料,包括但不限于:学术研究资料(各种与展览主题有关的学说理论、专业研究成果、历史文献和档案资料等)、展品资料、形象资料、新闻与热点资料。[①]展品资料和形象资料可归为一类,包括文物标本、户外文物史迹、图片声像资料、档案资料等,是展览文本策划的重要物质基础。[②]新闻与热点资料包括但不限于新闻报道、流行文化趋势等。目前我国策展人对此类资料关注不够,但其非常重要:它对于构建展览文化枢纽,搭建历史与现实、过去与未来的桥梁,对开展前置调查也是十分有效的。西方博物馆学者就十分关注流行文化对展览策划的启发作用。

我们也许会问:"目前的流行文化对这个问题有什么样的看法?"答案有可能是:"完全没有什么看法。"然而,电影、博客、电视节目、网站、常见的误解、新闻头条、图书、学校课程等也有可能让我们深入了解不同年龄、爱好各异的不同人群是如何获取有关此内容的想法的,以及他们可能带着哪些文化印记进入展览。举例来说,如果很多人对于古代玛雅文明唯一了解的是,他们"预言了世界末日",那么无论其多么虚假,都可能为展览提供一个吸引观众的卖点,或者至少是一个信号,表明展览可能需要消除什么样的误解。最终,流行的信息源可以提供如下的见解:作为外行的观众觉得有吸引力的主题是什么,以及哪些起点可能最有用?[③]

[①] 陆建松.博物馆展览策划:理念与实务[M].上海:复旦大学出版社,2016:79.
[②] 陆建松.博物馆展览策划:理念与实务[M].上海:复旦大学出版社,2016:79.
[③] 波利·麦肯娜·克雷斯,珍妮特·A.卡曼.博物馆策展:在创新体验的规划、开发与设计中的合作[M].周婧景,译.杭州:浙江大学出版社,2021:92—93.

"文化潮流"研究者认为：历史频道或《国家地理》正在播出什么？畅销书排行榜上有哪些书？有没有什么名人死亡或者诞辰的周年纪念日？此时，网络显得特别有用，它可以告诉我们围绕该主题存在哪些滑稽和严肃的问题。[1]

综合来看，展览资料的获取可分为两类：一类是通过各种学术网站、论坛会议、期刊、著作等，只要掌握了信息资料搜索方法并熟悉各类平台软件（包括时下很火热的AI工具），这类资料获取难度相对较低。另一类且更重要的是策展人长期积累而建立的个人图书馆或信息库里的珍藏资料，包括多年来的学习心得和感悟。好的策展人必然是注重积累的学者。"书到用时方恨少"，若日常没有积累，仅依赖临时搜集资料，难免显得捉襟见肘。日常积累可通过多种方式获得，比如持续关注专业领域学术前沿，并有意识地随看随记，养成日常记笔记的习惯，再如保持与业界的联系度，哪里开了新展就去看，并有意识地拍摄整理展览中的展品与形象资料，长期如此将形成自身关于该领域的系统资料数据库，一旦遇到类似选题则可以很快地进入策展人角色。资料类型多种多样，策展人只要把身份角色真正做到"外化于行，内化于心"，就能像艺术一样，既来源于生活，又高于生活，逐渐培养出策展所需的文化悟性和通感，也将可以熟练使用博物馆展览的语言，实现学术研究成果到展览空间呈现的专业转化。

2. 资料研究

《规范》指出，资料研究是指对收集的资料进行深入研究，

---

[1] 波利·麦肯娜·克雷斯, 珍妮特·A.卡曼.博物馆策展：在创新体验的规划、开发与设计中的合作[M].周婧景, 译.杭州：浙江大学出版社, 2021：100.

为展览内容设计提供的学术支撑。其主要任务是通过对收集来的全部展览资料进行系统梳理和研究，弄清每件展品形象资料的名称、时代、使用背景和文化意义等，以此作为确定展览传播目的的基础。[①]对展览资料的研究可借鉴学术论文撰写研究综述的方法，通过分析展览选题的可行性和突破点，进而对下一阶段的"展览大纲"提供直接帮助。通常情况下，资料研究需经历从繁到简、从泛到精，从海量信息到核心聚焦的梳理过程，进而把握各类资料的要义，形成展览策划的基本逻辑和思路，最终拟定展览大纲。

3. 观众调查

《规范》指出，观众调查内容是对展览选题的范围、展示内容、展品以及观众的基本信息、文化背景、参观预期等进行调查收集，旨在研究观众的兴趣点和审美需求。调查方法主要有大数据分析、既有调查成果应用，以及电话访问、问卷调查、讨论会等形式。博物馆坚持"以公众为中心"的理念，以观众为服务对象。开展观众调查的重要性在于准确把握观众的观展需求，因为每位观众参观博物馆展览都怀有特定需求。有学者将博物馆观众需求分为三大基本类别：认知的需求（或智能、教育和（或）教学的需求）、情感的需求（或感性的需求）、体验的需求（或身体、行为或社交的需求，但有些人会认为"社交"应该是一个单独的类别）……并确定有三个观点无可争议[②]：

第一，观众在参观时，带着他们自己的世界，包括对这个主题的误解以及由亲朋好友构成的真实的社交世界，他们往往和展

---

① 陆建松.博物馆展览策划：理念与实务[M].上海：复旦大学出版社，2016：79.
② 波利·麦肯娜·克雷斯，珍妮特·A.卡曼.博物馆展：在创新体验的规划、开发与设计中的合作[M].周婧景，译.杭州：浙江大学出版社，2021：96—97.

览一样，是观众关注的重要焦点。

第二，在博物馆学习，是出于自愿或"自由选择"。没有人因为观看和记得一个展览的要点而获得奖品、文凭或者加薪，因此观众只会看在你所创造的展览中吸引他们并让他们感兴趣的东西。

第三，学习只发生在特定观众的情感和认知相遇的地方。如果你不关心它，你就不会记住它。而这个结合点就是我们通常所强调的要寻找主题与人的"相关性"。

因此，我们可以而且必须想方设法去询问我们的观众，他们知道什么，想知道什么，以及他们对于主题的看法。

进入21世纪，博物馆界纷纷重视观众研究数据。就具体的某一项展览而言，观众的数据可以分为两大类，一类是之前积累的关于博物馆的泛化调查分析数据，这方面有观众研究传统的大馆是占据优势的；另一类是针对特定展览的观众调查分析数据。《规范》流程中的观众调查主要指的是展览前置调查。前文已对此有所阐述。以笔者曾负责引进策划的一项国际合作展览——"神话国度　璀璨爱琴海——古希腊文明史诗"为例，该展率先在湖南博物院开展特别展览的前置调查。因是引进展览，虽展览选题和文物展品清单是既定的，但考虑到长沙作为一座新一线城市兼网红城市，且首次举办古希腊文化主题展览，观众群体具有特殊性，故结合湖南博物院新馆2017年重新开放后所作的历次观众调查积累下来的丰富数据，全新的策划了专门针对本次古希腊展览的前置性调查，并要求在展览开展前至少三个月形成完善的调研报告。这一规划是与策展工作推进流程和时间相匹配的，我们至少需要在开展前45天确定内容设计，需预留至少20天的艺术设计时间,并安排15天用于消化和吸收调研报告成果,将其充分运用于展陈的内容策划。同时,策展人需要将这些来自观众的第一手资料同步给与展览有关的各个项目组,尤其是设计、制作、出版、教育、宣传、公众服务等专项组。有的放矢,这将非常有助于践行"以公众(观众)为中心"的理念,构建高效对话的阐释系统,实现信息加工与传播方式优化。对古希腊展的前置调查,以内容策划为首,联合公共服务与教育、展览设计等业务人员积极参与。调查设置了专业问题,针对潜在观众(普通观众、文博爱好者、专业人士)的不同类型和特点,采用问卷调查和半结构式访谈两种方式,重点考察观众对希腊历史文化的认知和兴趣程度、对展览及其配套活动的关注和需求情况。问卷调查为定量分析,用数量特征、数量关系和数量变化进行分析阐述;半结构式访谈为定性分析,运用归纳与分析、抽象与概括等方式对材料进行加工。根据两种方式的不同特性,先开展问卷调查,收集观众意见,归纳总结观点,再设置半结构式访谈提纲确定探讨的方向(见表7)。[①]

表7 古希腊展前置性观众调查设计

调查方法	调查对象	抽样/组织方式	调查内容
问卷调查	现场观众	间隔随机抽样	以观展体验感和获得感为核心,主要内容包括:不同类别观众对希腊文化的兴趣点、认知度,希望了解希腊文化的关键点;观众在意的展览要素、展陈方式、展品说明牌和配套活动的需求等。
	文博爱好者	简单随机抽样	

---

① 段晓明.神话国度 璀璨爱琴海——古希腊文明史诗[M].长沙:湖南美术出版社,2023:252—280.

续表

调查方法	调查对象	抽样/组织方式	调查内容
半结构访谈	本地大学生	通过学校、社区走访邀请的方式进行访谈	对展览内容、宣传途径的兴趣点以及提升展览体验的关注点。
	本地市民/亲子家庭		吸引其来我院观展的因素、宣传途径、期待的展览内容、参与方式和教育活动内容。
半结构访谈	现场观众	通过对来湖南博物院参观和参加活动的观众进行现场邀请访谈	展览要素、展示方式、现场服务以及展览配套活动的需求。对希腊文化的兴趣点认知、希望了解希腊文化关键点、重点关注的展览要素。

  观众调查是一项系统性的专业工作，亟须进一步开展理论研究和总结实践成果，可借鉴传播学等其他分众调查研究做得比较好的学科经验。当前策展工作的核心问题在于"如何在物及其所承载信息的研究、人的研究及传播技术研究的基础上，构建有效对话的阐释系统"，简言之，即如何进行有针对性的信息传播。当代博物馆已历经从追求器物欣赏到传授相关知识再到构建自身意义的发展过程。除继续研究"信息的加工与传播"外，更需探究如何通过信息加工，激发观众身心参与，最终实现成功传播。①

（三）展览大纲

  《规范》流程中的"展览大纲"主要指的是内容大纲的编撰

---

① 段晓明. 神话国度 璀璨爱琴海——古希腊文明史诗[M]. 长沙：湖南美术出版社，2023：248.

和评估阶段。这一阶段分为主题确定、展览定位、展览结构、大纲评估四个方面。

1. 主题确定

"主题确定"指的是根据研究成果及评估意见,确定展览名称、主旨及传播目的。相较于第一个流程中提到的"选题确定",此处的"主题确定"指代内容更加聚焦,"选题"表现的是范围,而"主题"实质上就是指展览的中心思想,需要思考和阐述清楚展览希望通过展示什么,告诉观众什么,采用什么样的方法和路径,试图传授什么,起到什么作用,最终达到什么目的。在选题范围与主题聚焦之间,笔者非常认同的一种观点就是:我们需要在什么样的展览能有效且吸引人地呈现给观众,与海量专业知识和信息及多到令人生畏甚至烦人的支撑材料之间寻找一种平衡……尽管物件及其反映的事实仍然很重要,但是在当前的展览策划中,优先考虑的对象变成了通过物件和事实以及观众所引发的想法和唤起的情感……我们要建立情感连接,而非仅仅是事实或知识的连接……展览更多地被认为是激发外行或"初学者"(刚刚学习该主题的人)产生兴趣,而不是为外行提供百科全书式的课程。[①] 宋向光先生认为主题展是以特定现象(或事件)为基本线索,整合相关领域知识、观点和认知,系统揭示该现象的实质、演变及其与人类发展关系的展览形式。通俗地说,主题展是以话题、事件的逻辑为主导线索,在特定的时间、地域、过程、事件的语境中,将相关知识以生动、鲜活的生活形象或语言表述出来;而根据展览内容素材和展览目的的特点,主题展可以划分为知识

---

① 波利·麦肯娜·克雷斯,珍妮特·A.卡曼.博物馆策展:在创新体验的规划、开发与设计中的合作[M].周婧景,译.杭州:浙江大学出版社,2021:70.

理想之城
博物馆历史类陈列展览策划的理论与实践

性主题、现象性主题、事件性主题和话题性主题等类型。

如何确定展览主题，策展人还需要充分考虑以下问题，并找到连接观众情感和兴趣的一题（统一的主题）多点。问题主要有：如果要看这个展览，观众需要具备哪些基本知识？最有趣和感人的点是什么？对这类题材的误解有哪些？展陈的目的是什么？展陈内容的剪裁与表达方式是什么？展陈的观众是什么人？博物馆陈展体系中展陈的位置在哪里？展陈与社会发展的关系是什么？选择展品的标准有哪些？展品的知识联系有哪些？

笔者曾作为项目负责人参加"东方既白——春秋战国文物大联展"。在进行展览主题的思考时，团队经历了多次的讨论。"春秋战国"时期被誉为中华传统文化奠基、区域文化形成、男耕女织生产方式定格的伟大时代，既往展陈多从诸侯列国、区域角度出发，如"呦呦鹿鸣——燕国公主眼中的霸国""燕燕于飞——燕国历史文化展""争锋——晋楚文明特展"等，而对这样一个时代进行整体性、综合性甚至是深入挖掘其时代文化价值与意义的展示仍是空白。梳理近年来所举办的历史类展陈，也是鲜见对这一时段的集中展示。究其原因，春秋战国时期鲜明的时代性，及其承前启后的历史枢纽作用，或在于博物馆在展示方面尚未充分重视。基于此，我们立足新湘博的定位与展陈体系规划，突出原创性，承担起博物馆集中展示中华传统文化优秀资源的重任。尝试将春秋战国时期视为一个整体，置于历史长河中，确定坐标，并进一步探讨整个春秋战国时期对中国历史、中华传统文化所具有的意义。基于以上想法，此展览致力于较为全面而深刻地解读这一时代，通过有目的的意义建构及展品组织，给观众传达明确的价值主张。

"东方既白——春秋战国文物大联展"的策展过程中，主题选择历经三大阶段的深化研究。首先是平铺式，涵盖政治、经济、文化、艺术等方面展示这个时代的兵器、礼器、生活用器、文化艺术品等。其次是从世界范围来看，这个时代被誉为"轴心时代"，即以公元前 500 年为中心，从公元前 800 年到公元前 200 年，是奠定了人性之精神基础的时代，这个时期产生了我们至今仍在思考的各种基本思想[①]。因此我们想要站在世界视野的宏大叙事上，综合性地展示轴心时代的东方世界，尤其落脚在以春秋战国时期的中国为代表的精神文明的辉煌和深邃。但遗憾的是，部分评审专家对"轴心时代的东方"这个表述，持坚决的反对意见，认为容易让观众误解成"第二次世界大战时期的轴心国与同盟国"。最后，我们采用的是集中展示和解读这样一个"革旧鼎新、孕育新生机"的"定格、创新、启蒙、奠基时代"。

  该展览的主题，策展人最初想要突出的是"思想大时代"，即在全球视野背景下，通过解读这个时代特殊的政治环境、生产力发展水平以及新的生产方式、人们自身意识的强化、人文意识的觉醒、对美的追求等，最后落脚于这个时代何其成为历史的轴心——如此多的社会思想家产生于此，而最终成为中华传统文化奠基的重要时代。在这样的主题牵引下排列展品，却发现有很多缺环，切入点太小，难以凝练时代精神，而且在视觉效果分析上，与展览定位初衷相去甚远。不得不夸张地说，展览策划就是在展品与建构的历史知识之间求圆满的妥协艺术。展览"以物见史"，以"物"为核心，向观众传达策展人的思想。对"物"的了解，是策展人的基本功。展品清单要围绕同一个展览主题，主题范围不能太大，亦不能过小，同时还要严格符合建构的历史。最后，

[①] 吕文郁. 春秋战国文化史 [M]. 北京：东方出版中心，2007：1.

展览选定"革旧鼎新、孕育新生机"这样一个主题,既能契合时代寓意,又不违背春秋战国时期的历史事实。最终采用的展品也全部围绕"新生机""新活力"等概念。将春秋战国时期与之前社会比较而产生的新变化作为主线贯穿整个展览,有重点地集中反映那个时代政治、经济、文化等方面的重要特征,并通过辅助图、背景介绍等方式诠释展品的内涵,突破展品按质地分组分类的模式,强化展品与主题的内容关联性。

2. 展览定位

"展览定位"指的是根据前期调研确定目标观众,根据目标观众确定展览类型,根据展览内容、展品数量、展览经费、展厅空间等,确定展览规模。仍然以"东方既白——春秋战国文物大联展"为例。这一展览我们没有开展专门的展前调研,但好在主办单位湖南博物院有着数十年的展览举办经验,尤其是自2008年以来积累了丰富的观众调查研究数据。据此,策展团队确定本次展览的核心受众群体是受过高中教育水平的普通观众,为其提供能看懂的文物中的春秋战国简史。这一展览的面积是1200平方米,文物展品数量超过300件(套),属于比较大型的原创特展。这一展览定位为希冀"全面而深刻"地解读一个时代,要求策展人不仅仅停留于对当时的社会事实进行铺陈,更重要的是挖掘其背后的意义,尤其是剖析其在整个中国历史乃至整体史观下全球发展进程中的重要历史与现实意义。这无疑是一种无比宏大的叙事体例。

3. 展览结构

"展览结构"指的是展览结构应符合整体性、逻辑性、关联性、层次性、均衡性等特点。"展览结构"要逻辑分明,起到起承转合的作用,能凸显展览的内在逻辑,要循着艺术品的特点和策展人想表达的观念或研究心得,形成内在理路——如何开头,先说

下　篇
博物馆陈列展览的实践流程与操作

什么，再说什么，几部分之间是什么关系，什么是最亮点，什么是核心，如何串起来，如何烘托，如何结尾又前后呼应、首尾相衔。①展览结构一般分为三层：第一层为部分，第二层为单元，第三层为展品组或展品。各部分、单元展品组或展品有机联系，统一并服从展览主题。部分和单元需拟定标题，标题应能体现展览主题和内容，标题文辞风格应相互统一，同一层次的标题应对仗呼应，整齐美观。

在搭建"东方既白——春秋战国文物大联展"展览的结构时，策展团队开展了详尽的史料和学术研究成果的梳理工作，厘清了历史学及其相关学科知识是怎么描述这个时代的。历史知识告诉我们春秋战国时期的初印象——这是一个战乱频繁、政治无序的时代。令人惊奇的是，与此同时，春秋战国时期的社会生产力仍然有质的飞跃。这一时期，伴随着冶铁技术的进步，农业得到发展，社会分工细化，城乡差异拉大，商品流通加强，商品经济开始繁荣，形成了"农、工、商"的行业区分。思想文化上，出现了"诸子百家"，对中国古代思想和文化产生了深远的影响。显然，在建构的历史事实中，春秋战国是中国历史上一个大动荡、大变革、大发展、大融合的时代。我们很容易就能找到一些词语来直接或间接描述当时的情况，直接的有：春秋五霸、战国七雄、礼崩乐坏、征伐自诸侯出、变法图强、私学兴起、士阶层的崛起、诸子百家、民族大融合、华夷之辨等；间接的则是：哲学的突破、人性的觉醒、思想解放、革旧鼎新、定格时代、奠基时代等。而且这一时代产生的成语也是不胜枚举，被誉为历史上产生成语最多的时代，相关历史故事更是经久相传。基于此，策展团队将这一

① 海蔚蓝. 策展哲学[M]. 南宁：广西美术出版社，2021：181—182.

149

展览分成四大部分加尾声组成：第一部分"礼崩乐坏　诸侯混战"，主要介绍时代背景，通过诸侯、卿大夫超规格用器与军事装备等器物来展现，分为"礼制下移""争霸兼并"两个单元。第二部分"革旧鼎新　焕发生机"，主要介绍这一时期生产力的大发展，商业和都市的繁盛，分为"铁器的推广""天下熙攘"两个单元。第三部分"神技天工　人性张力"，主要从新工艺、新器类、新器型，以及部分极具时代审美艺术特点的器物出发，分为"百工之巧""器以载道"两个单元，诠释这一时期"物"的创作，更多赋予了人本新意，偏重世俗情致，而区别于商周更为强调神性的庄严肃穆与厚重印象，以期展现的是这一时代人性的张力和人本主义精神萌芽的状态。第四部分"思想绽放　文化奠基"，主要介绍春秋战国时期思想能量的大迸发。尾声是整个展览的最后一部分内容，也是展览主题的最后呈现部分。这部分取意"华夏认同　文化融合"，实则也是点题"东方既白"展标的收口部分。第一至第四部分，全面系统且重点突出地展示春秋战国时期政治、经济、思想文化等方面具有定格性、创新性、奠基性的诸多事项，才有最后尾声的展望，并寓意一个时代的终结，将开启由乱到治、由离析到认同的新时代。

在策展实践中，与"展览结构"相关的内容要求"文辞风格应相互统一，同一层次的标题应对仗呼应，整齐美观"，这其实在实际操作中比较难做到。当前存在的误区在于将"对仗呼应""整齐美观"简单理解成字数一致、词汇结构统一，导致"四字箴言""八字对称"式的展览主标题加副标题的模式化现象，还有单元标题千篇一律地采用四字结构，常见的有文明起源、文明曙光、秦汉一统、大国一统、大唐盛世、宋元时尚、明清繁华、民族觉醒等，普遍没有体现策展的特色化和个性化。

由此造成历史类陈列展览的内容策划在一定程度上的"千展一面""千馆一面",好在当前业界越来越重视展陈内容策划的重要性,并投入更多的精力和经费到内容设计的领域。从近年来全国博物馆陈列展览十大精品的评选结果可以看出,对"展览结构"搭建的要求正变得精益求精。

4. 大纲评估

"大纲评估"是由专业人士对展览大纲的主题、定位、结构等进行评估。如通过,则进入下一阶段;未通过,则修改大纲或取消选题。这里的"专业人士"包括但不限于:对展览选题和内容具有较深研究的专家和学者、精通博物馆展览语言的专业学者、艺术设计师、教育学和传播学领域专业人士等,甚至还可以邀请少数年轻人代表参与评估。这对后续流程中的"展览文本评估"的专家组构成要求同样适用。

根据《规范》约定,涉及评估的流程有两项,即"大纲评估"和"展览文本评估"。而在实践操作中,评估的过程常被省略,或将二者合并,亦或在"大纲评估"阶段被内化为展览组织方的工作行为,也就是放在了展览立项阶段,只有到了形成相对完善的展览内容文本阶段,组织方才会举办扩大范围的评估评审会议,即所谓的第一阶段的内容设计评审会。事实上,从工作的细致性、合理性和科学性角度出发,开展"大纲评估"十分必要,这对确保展览策划的严谨性、逻辑性、适用性、可行性等方面具有显著作用。

对于展览大纲评估,需要从以下方面着手:一是政审。这一点在当前备受重视。展览的政治站位和意识形态方面的要求是首要的。二是专业性。要保障展览大纲的学术逻辑和内容科学合理,优先采用广泛认可的学术观点,"一家之言"或没有定论的内容应谨慎使用,即便要用也要有甄别地使用,并注明出处。三是转化效果。大纲评估还需要对学术研究内容转化成展览大纲的效果进行评估。任何展览都有特定的核心观众群体,即便有些展览就是针对专业人士的也要避免过度使用专业术语和艰深晦涩的学术语言,尽量采用通俗易懂的表述,这是基本要求。同时还需注意,所谓通俗易懂的语言并不代表语言文字就不需要具备美感,好的展览大纲一定是使用了极具感染力和容易让人共情的文字。

(四)展品确定

根据《规范》,展览大纲确定之后,进入"展品确定"阶段。前文概述了展览策划的两种模式,即依题选展品和依展品选题。显然,此处《规范》指的是前者。

《规范》将"展品确定"分为展品遴选、展品征集或借展、特殊展品、重点展品、辅助展品、展品组合6个方面,其中将"展品遴选"表述为:撰写展览大纲后,应对相关藏品作调研,遴选符合展览主题的藏品作为展品;评估藏品的现状是否适宜展出;遴选展品时,收集、记录展品的名称、年代、尺寸、来源、图片及特点等信息,作为编写展览文本和展品说明牌的资料;在展览文本撰写过程中,应寻找展品的组合关系;展品确定包括实物展品的遴选和非实物展品的设定。

《规范》将"展品征集或借展"表述为:如馆藏展品达不到展览要求时,可视情况从其他收藏机构借展或征集一定数量的展品;需要借展的展品,应依据国家相关法规及行业标准,办理借展手续,签订借展合同,确保包装运输以及点交过程安全规范。

《规范》将"特殊展品"表述为:地图、宗教、民族以及人体、器官等特殊展品的遴选,要严格按照国家相关法律法规和博物馆职业道德规范执行。

《规范》将"重点展品"表述为：挑选承载重要传播目的的展品作为重点展品；重点展品应具有典型性和代表性；重点展品应置于展览的重要位置，或以独特的形式展示。将"辅助展品"表述为：根据展览需要，拟定一定数量的复制品、模型、沙盘或创作的书法、绘画、雕塑等作为辅助展品；辅助展品要与展览主题密切相关，制作精良，艺术效果良好；辅助展品的使用应恰当、适度。将"展品组合"表述为：通过研究，寻找展品的相互关系，设定展品组合，诠释展览主题；展品组合要科学、合理、美观，便于传递展览信息，易于观赏和接受。

对于以上有关"展品确定"的内容，其不是先后逻辑关系，而是可以分成具有递进和并列关系的3个层次，即第一层准备展品，可以将"展品遴选""展品征集或借展"看成一类关系，包括厘清展品与主题的直接关系、展品展出的可行性、展品的基础资料、展品的组合研究以及展品的类型；第二层"特殊展品""重点展品""辅助展品"则可视为从不同特性出发对不同展品进行分类，有助于为后续工作划出重点和提示设计师予以格外关注；第三层"展品组合"实际上在"展品遴选"的词条中已经提到，并指出"在展览文本撰写过程中，应寻找展品的组合关系"，这里再次将"展品组合"单独专门提出，在于强调其研究的重要性。前文已经就"展品组合"有单独的篇章进行论述，笔者也将之分为原生境组合、研究型组合、叙事型组合三大类型，于此不再赘述。

继续回到《规范》所示流程中的"展品确定"环节，非常遗憾的是并没有说清楚如何明确展品，也没有就这一环节进行秩序性的梳理和概括。笔者认为"展品确定"可以从两个层级来看，第一个层级是完全没有划定范围的"展品确定"，即在上一阶段"展览大纲"部分完全没有涉及展品的范围,策展人需要根据大纲所确定的主题、定位、结构等去"海选"。事实上这样的情况非常少见,多数情况下,专业策展人在制定展览大纲时,就已经做到心中有数——基本明确了展品范围,而到"展品确定"这一阶段只是需要确定展品清单,签署借展协议,推动展览内容方案(即展览文本)和形式设计精准到位。第二个层级则属于大多数情况,即策展人已经基本厘清展品范围,在此基础上需要敲定具体的展品清单。于是,这样的"展品确定"应该分成下列步骤:通过摸底列出策展人心中完美的展品清单—与展品来源单位进行谈判—对于不能谈妥的展品商定替代方案、拟定辅助展品清单—敲定展品清单—开展展品深入研究(包括但不限于研究展品的文化内涵、搭建展品组合、区分重点亮点展品等)。从本质上来看,此处的最后一个步骤已经过渡到《规范》所规定的"展览文本"阶段了。

此外还需说明,策展人划分展品范围的方法,除了通过经年累月对相关领域的关注所攒下的经验和眼界之外,还有一个可行的"笨办法"——利用文献资源尤其是展览图录。展览图录所列举的展品通常具有一定代表性,而且近年来所出版的图录普遍印刷质量优良,图片清晰辨识度高,能够清晰呈现主体纹饰甚至部分细节,这些对于我们确定和深入研究展品具有十分重要的帮助。

(五)展览文本

根据《规范》,展品确定之后,进入"展览文本"阶段,也即我们通常所说的形成展览内容方案阶段。《规范》将"展览文本"所包括的要素进行了罗列,并对各要素的主旨、内容、范围、体例等从不同角度进行了限定。《规范》提到的展览文本要素主要有展览名称、前言、部分单元及展品组、知识窗、展品说明牌、译文、结束语七类，而罗列在后的关于展览文本要求的文本格式、行文规范、展览文本评估三类则并不需要外化于具体文本的编撰中，仅是作为一种通用体例格式的内在要求和操作流程要求。

1. 展览名称

具体来看，《规范》将"展览名称"概括为应准确反映主题，简洁凝练，高度概括，富有文化底蕴，并将之概括为主标题加副标题的复合标题和单一标题两种模式。"展览名称"即展览标题，简称为展标，与展览的关系密切。展标的选择不是漫无边际的，而是要紧扣主题，一言蔽之就是"展览主题提炼的结果往往反映在展览标题（展览名称）上，展览标题是展览主题的集中表现"，"一个展览的名字，要各方面都妥帖，又必须触及展览的本质，才能真正体现展览的灵魂，而为展览点题，明确表述重点，则为观众指南"。[1] 除了展示对象和展览内容上的准确传达，一个好的展览标题还要可以激发观众的参观欲，这就是标题的力量，所谓"标题党"正好贴切地概括了展览传播的旨趣。展标对于各部分、单元、展品组及展品起到统揽全局、提纲挈领、纲举目张[2]的作用。题目的重要性，无论对于展览的组织或创作，还是对于艺术品的构思和创作乃至陈列装置的美学设计，都是具有前导性质的。如此重要的一步，常常也是很难一步到位的，需逐步完善。一般有了展览的立意，便先有了初步范围和走向，此时可拟定一个临时的题目，通过不断推敲，找到最贴切且有冲击力

---

[1] 海蔚蓝. 策展哲学 [M]. 南宁：广西美术出版社，2021：196.
[2] 海蔚蓝. 策展哲学 [M]. 南宁：广西美术出版社，2021：190.

的标题。而且，越简洁越好，言简意赅，既击中要害，又富有诗意，还要提供明确信息，并且具有创新性，这应该是给自己寻找展览题目的定位。这种推敲过程，在实践中表现得都很具体。[①]有学者概括了展览起名的六种类型[②]：中规中矩型——就是非常直白地告诉观众展览的内容，简单粗暴，没有任何修饰词，比如"古代佛像艺术精品展""安徽文明史陈列""鲁迅生平陈列"等；四字箴言型——这是展览标题最常见的一种形式，如"凤舞九天""大唐遗宝""衣冠大成"等，也有将"四字箴言"组合起来的方式，如"山高水阔 长流天际""江汉泱泱 商邑煌煌""明德至善 家国天下"等，但观众只看主标题，很难了解展览内容，于是需要一个副标题，而这个副标题通常采用"中规中矩"型；诗文名句型——选择古代诗文或者名人名句、民间俗语等，如"花重锦官城""直挂云帆济沧海""谁调清管度新声""人民的好总理""新中国从这里走来""江山如此多娇"等；浓缩提炼型——一般字数比较少，两个字或者三个字，言简意赅，但耐人寻味，比如"晋魂""读城""圆梦""山语""湖南人""平天下"等；诙谐幽默型——这种标题"不着调"，但很好玩，如"乾隆花园的秘密""燕国公主眼里的霸国"等；分隔符号型——一般采用几个并列的词汇，中间用分隔符隔开，具有对比或者递进的含义，比如"法老·王""都市·生活""温·婉"等。以上多数展标类型为增加指向性，一般都会加上指代区域、馆际、材质、风格等的副标题。另外，有学者还根据展览标题的取法及内涵引申区分类型，将之分为"直白易懂型""传统典籍型""提炼升华型""谐

---

① 海蔚蓝.策展哲学[M].南宁：广西美术出版社，2021;190.
② 陈晨.如何看懂一座博物馆？[M].北京：北京燕山出版社，2023：218—219.

音表意型""历史地理型""明星文物型""器物特质型""宏大范围型"等①。

笔者印象比较深刻的几项展览起名案例是"东方既白——春秋战国文物大联展""根·魂——中华文明物语""美俗于斯——木雕里的桃源印象""神话国度 璀璨爱琴海——古希腊文明史诗"。这些展览的主标题较为概括而凝练,副标题则相对实指,其中后3个展览还在有意识地跳出副标题常被冠以"某展"的传统模式,比如"木雕里的桃源印象"之"桃源"是地名桃源县,而"木雕"则代表桃源木雕这类物质文化载体,主标题"美俗于斯"加上副标题"木雕里的桃源印象"很容易让观众理解这是一个以木雕展示地域民俗文化的展览,因此对应的部分框架设置为"图案·野趣里的淳美之情""器用·家居承载家风""物礼·馈赠间的和合文化""手作·刀笔凿出的凹凸艺术"4个部分,便显得顺理成章且与主题高度统一。

"神话国度 璀璨爱琴海——古希腊文明史诗"的标题则将展览主题和思路以时间为轴,通过解读石器时代、青铜时代、古风与古典时期、马其顿崛起带来的希腊化等内容,勾勒出古希腊文明发展的历史图卷,希冀观众参观展览、穿越古希腊之际,能够触动于人类多元文明昌盛过程中那坚定的步伐……对此策展人将展标取题为"神话国度 璀璨爱琴海——古希腊文明史诗",旨在以此简短的16字来彰显古希腊文明的高度。其中主标题"神话国度 璀璨爱琴海"既在于展现古希腊留给世界的艺术和哲学遗产——神话与众神世界(后世西方诸多文化艺术作品以此为灵

---

① 南风尉明. 博物馆里的展览标题,真的难出新意了?[EB/OL].[2024-08-13].https://mp.weixin.qq.com/s/-3pvP_cl7bfkVrgLEueXRQ.

感源泉和素材来源），又在于点明地理区位，强调绚烂多姿的丰富性，道出古希腊海洋文明的特性——兼收并蓄、敢于拼搏、自强不息的精神。这恰也是我们所应推崇的时代主流价值观。副标题确切指出古希腊文明是恢宏壮阔、气势磅礴、英雄辈出、明星耀眼的史诗般存在，也有借世人对《荷马史诗》熟稔度的巧力，植入勾连主副标题的"画外音"。

"东方既白——春秋战国文物大联展"确定以"革旧鼎新、孕育新生机"为主题，并由此确定策展思路——将春秋战国与之前社会比较而产生的新变化作为主线贯穿整个展览，从而有重点地集中反映那个时代政治、经济、文化等方面的重要特征。针对这一展览展标的选择与各部分命名，我们主要结合该时代相关的成语、俗语、名言或耳熟能详的词语作为标题。展标我们选定"东方既白"，取其昭示未来之意，春秋战国时期鼎新革故、孕育新生机，不仅开启了诸多方面的新时代，造就出华夏认同的多元一体文化格局雏形，并为秦汉大一统奠定了思想与政治基础，同时，也希冀借此题给人强烈的画面感，令人遥想"天亮之后又是怎样一幅画面"，充分留白，以悬念吸引观众。"东方既白"典出苏东坡《前赤壁赋》："客喜而笑，洗盏更酌，肴核既尽，杯盘狼藉。相与枕藉乎舟中，不知东方之既白。"从这一角度出发，"东方既白"也寓意时间飞逝，希望我们的展览呈现给观众的是丰盛的饕餮大餐，如果多少能让观众在欣赏展览之时，忘记时间、忘记自我，也便是另一种成功了。

"根·魂——中华文明物语"展览标题的起名与这一展览举办的背景息息相关。2019 年 5 月 18 日，国际博物馆日中国主会场在湖南博物院，配套展览的策划初心是要紧扣"作为文化中枢的博物馆：传统的未来"这一主题。党的十八大以来，习近平总书记多次强调要传承和弘扬中华优秀传统文化。习总书记指出："中华文明源远流长，蕴育了中华民族的宝贵精神品格，培育了中国人民的崇高价值追求。自强不息、厚德载物的思想，支撑着中华民族生生不息、薪火相传，今天依然是我们推进改革开放和社会主义现代化建设的强大精神力量。"历史、文物不只是代表一去不复返的过去，更与今天保持着千丝万缕的联系。数千年来遗存的数以万计的文物，既是当今社会物质文明发展的基石，又是精神文明的载体，是民族的"根和魂"。它们持续影响着我们的生活与思维方式，渗入我们的血脉，成为推动社会发展的强大精神力量。当代社会的发展进步，仍旧需要我们吸收优秀的传统文化，以史明智，增强文化自信，继承弘扬古人的精神财富，为实现民族伟大复兴的中国梦贡献自己的力量。因此，我们展览的主标题取意"根·魂"，旨在通过博物馆陈列展览的方式，以物见史，并从传统物质文化中汲取营养、服务当下；以文化人，推动传统文化现代化，加深对传统的理解、传承及转化利用，为新时代建设培根铸魂。而展览副标题冠以"物语"二字，非延用日语所指"文学体裁"，而是希冀传达的就是直接的字面含义——用文物来说话，以物证勾勒中华文明的发展历程。该副标题采用平铺直叙式的用词，让观众对展览的主题和内容一目了然。

从2020—2023年度全国博物馆陈列展览十大精品（见表8）名单中可以看出标题的常用表现形式和体例。

表8 2020—2023年度全国博物馆陈列展览十大精品

年度	申报单位	获精品奖名单
2020年度	山西博物院（山西青铜博物馆）	吉金光华
	苏州市吴中区博物馆	吴中博物馆基本陈列
	中国丝绸博物馆	众望同归——丝绸之路的前世今生
	江西省博物馆	江西省博物馆新馆基本陈列
	和田地区博物馆	五星出东方利中国——和田历史文化陈列
	故宫博物院	丹宸永固——紫禁城建成六百年
	辽宁省博物馆	山高水长——唐宋八大家主题文物展
	山东博物馆 孔子博物馆	衣冠大成——明代服饰文化展
	湖北省博物馆	湖北省博物馆新馆基本陈列
	成都博物馆（成都中国皮影博物馆）	影舞万象·偶戏大千——中国皮影木偶展
2021年度	湖北省博物馆	中流砥柱——中国共产党抗战文物展
	延安革命纪念馆	伟大历程——中共中央在延安十三年历史陈列
	中国人民解放军海军博物馆	向海图强——人民海军历史基本陈列
	三门峡庙底沟博物馆	花开中国——庙底沟与中华早期文明的发生历程
	四川博物院	山高水阔 长流天际——长江流域青铜文明特展

续表

年度	申报单位	获精品奖名单
2021年度	澄江化石地世界自然遗产博物馆（云南省自然博物馆）	澄江化石地世界自然遗产博物馆基本陈列
	扬州中国大运河博物馆、南京博物院	扬州中国大运河博物馆常设展览
	北京鲁迅博物馆（北京新文化运动纪念馆）	鲁迅生平陈列
	宁波市奉化区博物馆	山海交响——奉化历史文明展
	秦始皇帝陵博物院	青铜之冠——秦陵彩绘铜车马
2022年度	中国人民革命军事博物馆	领航强军向复兴——新时代国防和军队建设成就展
	辽宁省博物馆	和合中国
	苏州博物馆	纯粹江南 技忆苏州——苏州博物馆西馆基本陈列
	南方红军三年游击战争纪念馆	南国烽烟举红旗——南方红军三年游击战争历史陈列展
	湖南博物院	王者归来——中国古代青铜器巡礼
	新疆生产建设兵团军垦博物馆	新疆生产建设兵团屯垦戍边历史展
	郑州商代都城遗址博物院	巍巍亳都 王都典范——郑州商代都城文明展
	陕西考古博物馆	考古圣地·华章陕西——陕西考古博物馆基本陈列
	东北沦陷史陈列馆	侵华日军第一〇〇部队细菌战罪证陈列
	杭州市临平博物馆	春风又绿——江南水乡文化展

续表

年度	申报单位	获精品奖名单
2023年度	山西博物院	晋魂
	陕西历史博物馆	天下同一：秦汉文明主题展
	山东博物馆	海岱日新——山东历史文化展
	浙江省博物馆	浙江一万年——浙江历史文化陈列
	洛阳古墓博物馆	葬制大观——洛阳历代古墓集萃
	韶山毛泽东同志纪念馆	中国出了个毛泽东
	云南省博物馆	追寻香格里拉——青藏高原东麓的迁徙史诗与流动对话
	安徽博物院（安徽省文物鉴定站）	山河安澜——淠史杭灌区主题展
	甘肃简牍博物馆	简述中国
	鄂尔多斯市博物院	黄河从草原上流过——鄂尔多斯历史文化陈列

2. 前言和结束语

"前言"和"结束语"可合并讨论。"前言"由展览主办单位撰写，篇幅精短，一般不超过500字，需阐述展览主题、重点内容和文化内涵等。"结束语"内容包括展览的总结、寄语、感谢等，一般不超过300字。在"前言"和"结束语"的写作中，常见结构是"总—分—总"和"分—总"，"总"的是高度概括展览的主题和中心思想，"分"的是整个展览过程中的重点和亮点内容，并且"结束语"中的语气更倾向于"展望未来""寄托衷心"。两者行文的文辞可以有不同风格，但总体的要求都是要文辞自然流畅、优美而有旋律、言之有情而非无病呻吟。对"前言""结束语"写作的文辞要求同样适用于"部分单元及展品组"。好的"前言"和"结束语"应该是开宗明义、言简意赅地向观众介绍展览主旨,最后再以一段文字为这场观展之旅留下一些遐想,同时给观众们留下一些意犹未尽的回味和想象空间"[①]。各地博物馆展览的"前言"和"结束语"频现"金句",写得比较走心,饱含策展人的深切情感,力求让观众共情。

湖南博物院"湖南人——三湘历史文化陈列""前言":

湖南,地处中南腹地,北饮森森洞庭之水,三面雄山峻岭相拥,湘资沅澧四水润泽,气候温和,土腴物丰,自唐号为"芙蓉国"。

自50万年以来,先民便在此繁衍生息,以包容开放之胸襟,融合历代移民,演绎成今天的"湖南人"。

从最早驯化野生稻、栽培人工稻,到当今培育杂交水稻,湖南自古以稻作农业著称。一代代湖南人,以其勤劳与智慧,追求仓廪丰实、协耕互助、舒适恬淡的诗意田园,将家园经营成"天下粮仓"。

从饭稻羹鱼,到食尚香辣,湖南人品味生活,器以载道,从祭祀神灵的商周礼乐青铜,彰显生活品质的楚汉漆木,深受大众喜爱的唐长沙窑瓷,到耕读传家的明清宗族村落,无一不是湖南风俗信仰与生活方式的凝结。

几千年来,爱国忧民思想的濡化,中原文化的浸染,书院教育的传承,近代思潮的激荡,造就了湖南人个性张扬、敢为人先、

---

① 成都金沙遗址博物馆副馆长王方认为,"前言"和"结语"是对展览主题和意义的高度凝练,也是非常考验策展人学术水平和文学素养的地方。

忠信担当、九死无悔的家国情怀。

谨以此陈列献给曾经、现在、将来在湖南这片土地上生活、游历，以及对湖南历史文化发展起推动作用的人！

湖南博物院"湖南人——三湘历史文化陈列""结束语"：

路漫漫其修远兮，吾将上下而求索！——屈原

在很多展陈中引用名人名言作为结术语，已有多项案例，观众共情和反响效果较好，比如曾在我国巡展多次的"叙利亚古代文明展"，结术语引用了叙利亚著名诗人阿多尼斯的诗句："当我把眼睛沉入你的眼睛，我瞥见幽深的黎明，我看到古老的昨天，看到我不能领悟的一切，我感到宇宙正在流动，在你的眼睛和我之间。"

山西博物院"且听凤鸣——晋侯鸟尊的前世今生"特展"前言"：

三千年前——

我，曾经被供奉于神圣威严的宗庙，礼天地，祭先祖，寄托着一代诸侯依恋故土、藩屏周室的政治情怀。

我，曾经被视作"凤凰来仪"的化身，引颈回首、双鸟和鸣，传达着诸戎环伺的晋国怀柔众邦、招徕贤臣的意愿。

我，曾经被奉为祥瑞和天命的象征，"民和睦，颂声兴"，激励着意气风发的第一代晋侯励精图治、奠定百年基业。

如今——

我，栖止于高雅的文明圣殿，

以尊贵仪容，吸引无数目光的流连，
以昂扬之姿，昭示一个时代的气象，
以一双明目，看尽三晋历史的跌宕。
我——
是晋侯鸟尊，
三晋文明的原点。
想了解我的前世今生吗?
且听我慢慢道来……

山西博物院"且听凤鸣——晋侯鸟尊的前世今生"特展"结术语"：

凤凰鸣矣
于彼高岗
三千年往昔如昨
我是鸟尊
古老的黄土地上
守望三晋文明
庇佑子孙万代
我是鸟尊
在此
和你相约
续写下一个千年传奇

苏州博物馆"纯粹江南——苏州历史陈列""前言"：

理想之城
博物馆历史类陈列展览策划的理论与实践

苏州，一座开放包容、风雅精致的城市，从远古款款走来。伴随长江裹挟着上游的泥沙，经年累月，冲积成陆，变得丰腴而美丽。

万年以前，三山先民点燃文明的火把，照亮了这片沃土。马家浜文化、崧泽文化、良渚文化之花，渐次绽放。商周之际，太伯奔吴，土著归化，遂成吴文化发祥之地。春秋争霸，吴国崛起，建都筑城，越承楚继，名留青史。

汉唐之间，由县升而为州，雄于江南，俨然三吴都会。两晋变乱之际，中原士族南迁，流风所及，气习竟趋雅驯。六朝烟雨，楼台繁峙；隋唐运河，贯通南北；五代迭更，文教昌明。诗意词境中，余响犹在耳。

宋元以降，平江所辖。山水清嘉，引沧浪之水于亭畔，园林肇始；人文蕴藉，延鸿博之士登讲席，府学初开。城坊纵横，市肆林立，物阜民丰，天下用足。谚云："天上天堂，地下苏杭。"堪称定评。

逮于明清，一府之地，工商繁兴；人才辈出，科第之盛，冠绝一时；诗书画印，开宗立派，一脉相承；小说戏剧，雅俗共赏，流播四方。士民生活，益趋精致，以至于今。

太湖之畔，名城苏州，鱼米之乡，纯粹江南。东海之滨，人间天堂。

苏州博物馆"纯粹江南——苏州历史陈列""结术语"：

一万年前，苏州从远古蒙昧中醒来。她风雨兼程，步履豪迈，走过茹毛饮血的石器时代，走过金戈铁马的春秋战国，见证了秦汉隋唐的天下一统，见证了宋元明清的锦绣繁华，饱经沧桑，历久而弥新，走进中华人民共和国这个崭新的伟大时代。

苏州如诗，是枫桥夜泊船，凌波过横塘；苏州如画，是姑苏台上月，人尽似神仙。且把吴钩看了，转瞬已是千年，但见水袖蹁跹，牙板轻拍，吴歈雅绝。天地悠悠，湖山点点，有一座城是苏州，是江南，既纯粹，又斑斓。烟波浩渺的太湖，是她的胸怀；奔流不息的长江，是她的血脉；山清水秀的江南，是她的舞台。立足中国，放眼世界，既古典，又现代，生机勃勃，方兴未艾。

一万年的回眸，一万年的等待，一万年的苏州，继往开来。

浙江省博物馆之江馆"浙江一万年"陈列"前言"：

浙江，山川毓秀，历史悠久，人文荟萃。

一万年上山，稻作起源；五千年良渚，文明璀璨；两千年古越，精耕勤战；一千年两宋，东南乐土；一百年红船，辟地开天。

这里有王朝都城，是文明礼仪之邦；这里有海上丝路，是万方辐辏之地；这里有诗情画意，是江南风雅之所；这里有百工竞巧，是青瓷丝绸之乡。

自强不息、求真务实、勇于拼搏的传统，千百年来激励浙江人"干在实处、走在前列、勇立潮头"，谱写出中华文明发展史上浓墨重彩的绚丽篇章。

浙江省博物馆之江馆"浙江一万年"陈列"结术语"：

浙江，居华夏东南，屹东海之滨，历万年巨变，奏时代强音。

一代代浙江人继承弘扬历史积淀的"浙江精神"，谱写传颂与时俱进的"浙江故事"。

一代代浙江人赓续文脉、踔厉奋发、勇毅前行、开拓创新。
文明绵延不绝，创造生生不息。

湖南博物院"彼美人兮——两汉罗马时期女性文物展""前言"：

汉朝与罗马作为东西方遥相辉映的两大文明，对古代社会进行了一次结构性重塑。在随后的几个世纪中，两大文明凭依丝绸之路，开始了对彼此的想象，文明之间的共性也被一次次地确认与阐释。

繁盛之下，女性生命图景也呈现出新的风貌。她们，慧心巧思，用指间经纬编织出连接两大文明的桥梁；她们，颠覆刻板，在各个领域挑战新的角色，塑造新的传统；她们，神采奕奕，于平凡中点亮不凡，寻找着万物可爱的小确幸。

她们，鲜活而昂扬。

她们，存在；我们，寻觅。

让我们走入历史的另一种叙事，与当时的她们相遇。去见证，当文明的星光弥漫历史的苍穹，她们是如何在璀璨却脉脉难言的生命历程中，于须臾之间，为我们留下永恒的力量。

此时，星汉灿烂，终与君见。

湖南博物院"彼美人兮——两汉罗马时期女性文物展""结术语"：

行步至此，已近尾声。
是否感受到温和与热烈、细腻与坚韧、内敛与博大。

但此刻，"物"是她们活过的痕迹，"思"是她们亘古的苍穹。在历史的回声中，她们抓住每一段丝线、每一粒细沙、每一缕往风，将美好的情感铭记，将自己的过往镌刻。

继往的她们，即如现在的我们
——

既是唯一，也是万象。

"you who are one and all."

3. 部分、单元及展品组

"部分、单元及展品组"指的是展览的内容结构，一般由部分、单元、展品组或展品等多层级构成，对应为一级、二级、三级展版。"部分"各有标题，标题下有一段提炼该部分展示内容和文化内涵的文字，称为"部题文字"或"部题说明"，一般不超过 250 字；"单元"各有标题，标题下有一段介绍该单元展示内容和特色的文字，称为"单元文字"或"单元说明"，一般不超过 150 字。"展品组或展品的介绍文字"应体现展品组合关系及展品价值，一般不超过 100 字。在这一阶段，仍然需要策展人高度概括的能力，而且"部分单元及展品组"的文字表述要在展览主题思想之下确保不同层级内容的逻辑性和独立性，也就是既统一又相互区别。总结来看，其文字表述呈现出从抽象到具体的规律：结构层级越低，文字表述的内涵越具体；反之则是结构层级越高，文字表述的内涵越抽象。以上《规范》虽限定了不同结构层级的文字数量，但通常情况下，越具体的文字越容易书写和表达，故初学策展者多从展品说明文字入手练习。还需要注意的是：同一结构层级的文字表述风格要趋于统一，策展人在统稿时可以有意识地将同一层级的文字单独拎出来进行风格写作，让表达方式和营造的意境达到相辅相成，而不至于"出戏"。对于历史类陈列展览的写作风格，一般包括但不限于语言风格、专业术语、纪年表示以及字体、字号、字间距等。其中"语言风格"是最重要的部分，一般历史类陈列展览，语言风格应突出庄重、内敛、含蓄等特点；而专题类陈列展览，应根据陈列展览内容的特点具有相关专题的典型风格；涉及与人们日常生活关系密切的民俗类陈列展览，则应相对轻松、通俗。在陈列展览大纲的写作中，语言风格要始终保持统一，并且特色要鲜明，除对一些十分重要的文物，需要用较大的篇幅进行特殊说明之外，应该追求简洁的基本原则，避免繁缛、拖沓。同时，本着为广大观众服务的宗旨，陈列展览语言应尽可能通俗化，避免使用太专业的词汇，让观众能够看懂陈列展览，要追求精心修饰的陈列展览语言。①

4. 知识窗

"知识窗"以展版、多媒体等形式展示，以简洁的文字配合图片、表格等组成，一般不超过150字，是对展览和展品知识、信息的补充和阐释。"知识窗"涉及的内容面比较广，与展览的深入阐释息息相关，一般以"拓展知识""辅助资料""辅助背景"等方式出现。前文所说的阐释六原则及"根·魂——中华文明物语"展的"深描"解读八方面就是十分有效的"知识窗"。《规范》对字数的约定也并非绝对。在强调信息定位型的展陈中，"知识窗"内容越丰富，也就意味着输出的背景信息越多，有效性越大，对于观众的参观体验感和引导效果也就越佳。当然，凡事都有一个度，"知识窗"信息的边界，不能超出展览主题及其部分、单元的子题。所谓信息定位型展陈主要指的是有明确的主题统领、

---

① 齐玫. 博物馆陈列展览内容策划与实施（修订本）[M]. 北京：文物出版社，2015：40.

严密的内容逻辑结构及合理的结构层次，"信息定位型展览所引发的，不只是博物馆展览的一场革命，也是博物馆组织与经营的一场革命"①。信息定位型展览"以实物图片、模型、沙盘、雕塑等造型为艺术手段，结合多媒体、幻影成像等信息传播装置进行设计，不满足于向观众传授知识、展示展品，而是向观众传播特定的信息、价值、主题，以期产生观念上的影响"。②

5. 展品说明牌

"展品说明牌"一般包括名称、年代、尺寸、来源、收藏单位等。对较为特殊的展品，要作相应的说明。如书画、碑帖、服饰等，要注明质地；不易识别的纹饰或文字要进行解释；创作的展品要注明创作时间、作者等。展品说明牌的撰写被认为是"陈列大纲写作中文字量最大的部分。文字风格除了要与陈列展览大纲总体风格保持一致外，应该侧重对文物本身特色进行描写，突出文物的价值及工艺特色。内容包括主项、副项、辅助项、类目项等"③。同时，撰写展品说明牌也有一定的技巧，英国 V&A 博物馆倡导的展品说明写作十法为：为你的观众而写；注意说明等级与文字数量；组织好信息；密切联系展品；不回避"存疑"之处；建立与人的生活的联系；提供必要的社会历史要素；像说话那样去写；注意语法；遵循简洁、生动、通俗的英语写作法则。美国博物馆联盟（AAM）列举多个当代美国博物馆说明牌的出色写作，鼓励以小说、诗词及短文形式撰写展览说明牌。一些澳大利亚博物馆则强调展览及其说明文字需具备向导性。当我们在用中文写展品说明的时候，重点要把握基于相关性、选择性、启发性和趣

---

① 严建强.信息定位型展览：提升中国博物馆品质的契机 [J].东南文化，2011（2）.
② 周进.我国博物馆陈列设计思想发展研究 [D].上海：复旦大学，2013.
③ 陈晨.如何看懂一座博物馆？[M].北京：北京燕山出版社，2023：223.

味性文化阐释的四大基本原则，做到：信息准确、丰富；通俗易懂，避免使用生僻的专业词汇；整体逻辑、术语前后一致；宜使用短句；文字表述要有美感、生动，要能引发共情；有意识地去计算观众阅读和记忆时间，避免造成参观负担。虽然"展陈的内容在本质上是理性的，但理性的语言需要情感、美感的表达，才能直指人心、激发观众的想象、启发观众的思维、鼓励观众与展览开展对话"。①

在展陈内容设计的实践中，策展人需要时刻牢记影视戏剧与博物馆展陈最大的区别就是：前者是观众固定坐在一定的位置上，流动的只是故事线；后者恰恰相反，观众是流动的，固定不动的是展品。展陈策划"以公众为中心"，就是要留意观众参观行为的独特性和局限性，以及观众本身的群体复杂性。在前文"博物馆新定义下的展览阐释"章节，笔者举例了"神话国度 璀璨爱琴海——古希腊文明史诗"展览在进行展品说明文字写作时采用的三种方法：展品名称采用短句；文明同时空的联系；成人版和青少年版两套说明牌系统。这是比较有用的技巧之一。

6. 译文与文本格式

《规范》指出，展陈内容设计中的"译文"指的是举办重要或涉外的展览时，通常应将展览名称、前言、部分标题及部题文字、单元标题、展品说明牌等配上译文。译文应根据展览举办地的实际需求而定，以英语为主；在少数民族地区举办展览，应增加当地少数民族文字译文。译文坚持文字精练、内涵准确、用词优美等原则。

---

① 中国博物馆协会陈列艺术委员会.大道同心 无远弗届:中国博物馆协会陈列艺术委员会四十周年回顾与展望文集[M].北京:机械工业出版社，2024：124.

此外，展览的"文本格式"包括目录、正文、附件等，在"展览文本"的最后呈现上也较为重要，可以用电脑的相关应用程序排版。不同的策展团队可以有自己行之有效的独立文本格式，在团队组建后开始策划时，需要各成员周知并遵从，以便统稿人能高效的合成格式和统一规范内容设计文本。

湖南博物院曾推行的展览内容设计方案格式要求如下：

一、封面
1. 展览正标题：一号黑体，居中。
2. 展览副标题：前加"——"，三号黑体，居中。
3. 单位：三号黑体，居中，偏页面下方。
4. 部门：三号黑体，居中，偏页面下方。
5. 时间：三号黑体，居中，偏页面下方。

二、目录
1. 标题："目录"二字三号黑体，居中。
2. 目录内容：自动生成，小四宋体，1.5 倍行距。

三、展览内容方案策划与设计人员名单
1. 标题：小三黑体，居中，一级标题格式。
2. 内容：包括总策划人、策划人、审稿人、方案执笔人员（按照内容方案的设计先后顺序）、统稿人、支持单位或个人，小四宋体，1.5 倍行距。

四、前言 / 结束语
1. 标题：小三黑体，居中，一级标题格式。

2. 内容：小四宋体，1.5 倍行距。

五、正文

1. 部标题：小三黑体，居中，一级标题格式。

2. 部说明：小四宋体，1.5 倍行距。

3. 组标题：小四黑体，居左标出（一、二、三……）序号，二级标题格式。

4. 组说明：小四宋体，居左，1.5 倍行距。

5. 小组标题：加粗小四宋体，居左，三级标题格式。

6. 小组说明：小四宋体，居左，1.5 倍行距。

7. 文物说明：

（1）包括名称、时代、出土地点、收藏单位与内容描述。

（2）文物名称前面标出"【文物】"标识，名称用加粗小四宋体。

（3）时代、出土地点、收藏单位与内容描述，字体小四宋体，居左，1.5 倍行距。

8. 辅助展品：

（1）辅助展品类型包括辅助图片、模型以及其他形式设计手段。

（2）辅助展品说明内容包括名称、时代、出土地点、收藏单位与内容描述。

（3）在名称前用"【】"标识辅助展品类型，例如"【辅助图片】秦朝"。

9. 参考资料：

（1）包括名称、时代、出土地点、收藏单位或来源。

（2）在名称前用"【】"标识参考资料类型，例如"【参考图片】秦朝疆域图",名称为加粗小四宋体。

(3)可以提出形式设计建议。

7. 行文规范

《规范》指出,展览文本行文规范内容应准确可靠、简练易懂,按照 GB/T 15834—2011、GB/T 15835—2011、GB/T 30234—2013、CY/T 118—2015、WW/T 0019—2008、WW/T 0064—2015 的要求执行。

在实际操作过程中,笔者理解的行文规范更多的是对文字系统进行约定,比如字数篇幅的限制以及对文字表述的规定。展览文本的文字信息占据非常大的比重,而文字表达普遍被认为是最隽永和最有力量的工具,尤其需要锤炼和利用好展陈内容设计这一武器。"信、达、雅"是展陈文字的基本要求,即可读、精练和具有文采,要有感染力、激发性、引导性、召唤力,能引起或激发观众阅读的兴趣。[1] 自 1998 年以来,欧美等地发表了许多有关博物馆展览文字说明的导引类文章(见表9)。早在 1989 年,Paulette M.McManus 发表了一篇题为《哦,是的,他们这样做:博物馆观众如何阅读说明牌并与展览文本交流》的文章,探讨博物馆展览说明牌文字的语义深浅、表达方式和内容设计及其与观众参观习惯的关系,指出说明牌的文字应当简洁,尽量使用通俗易懂的词语,适当运用日常生活用语以便更有效地吸引观众反复阅读;内容方面可多提供有关展品的来源、用途等观众有疑问或感兴趣的信息,以响应观众需求[2]。美国博物馆联盟自 2009 年起

---

[1] 陆建松. 博物馆建造及展览工程管理[M]. 上海:复旦大学出版社,2019:137—138.
[2] Paulette M. McManus. Oh, Yes, They Do: How Museum Visitors Read Labels and Interact with Exhibit Texts [J]. Curator: The Museum Journal, 1989(3).

设立"展览说明文字写作卓越奖"[①],旨在认可与鼓励优秀的展览说明文字撰写者,从而为高质量的说明文字写作提供标准或启迪。据统计,2019年的参赛申请书共240份,每份由4—6名成员组成,共吸引千名来自美国、加拿大、澳大利亚等西方国家的博物馆从业人员参加,得奖作品仅10余份。

表9 欧美等地发表有关博物馆展览文字说明的部分导引类文章[②]

年份	国家	出版机构/博物馆	文字名称	内容要点
1998	法国	文化部属下法国博物馆董事会	《标签、说明牌和展示板》	2页。扼要点出撰写通俗式说明牌的重要性。
2010	英国	格拉斯哥市议会	《格拉斯哥博物馆展示指引》	38页。就展览及展示方法给予技术性建议,比如展示板字体大小、设色、设计、灯光等。第六节详细描述博物馆展览说明的字数限制、文字大小等技术性细节,强调撰写内容需精要、具有故事性。
2011	美国	盖蒂博物馆	《具诠释式的展厅文字和图像设计:针对成年观众参考指引》	41页。按各藏品部门情况详细介绍展厅展示板、说明牌、海报小册子等的撰写和设计技巧。

---

① "展览说明文字写作卓越奖",由美国博物馆联盟策展人专委会、美国博物馆联盟教育专委会、展览开发与设计专委会、华盛顿大学博物馆学研究生课程等联合主办,参赛作品范围广泛,地域不限美国,语言不限英语,地点不限室内。

② 黎婉欣.论博物馆展览文字说明的撰写——国际博物馆界对展览文字说明的讨论与启示[J].中国博物馆,2020(1).

续表

年份	国家	出版机构/博物馆	文字名称	内容要点
2011	美国	现代艺术博物馆	《艺术展品说明：撰写要略》	18页。幻灯片讲稿，以瑟雷尔的著作为基础，为博物馆工作人员提供展览说明撰写训练。
2013	英国	维多利亚和阿尔伯特博物馆	《V&A展厅文字：10点法则》	40页。按各藏品部门的情况提供写作技巧，并加入修改前后的说明牌作为分析例子。
2015	美国	国立航空及太空博物馆	《展示牌文字导引》	13页。列举了十二项写作要点。内容偏重于统一馆藏编号以及与航空、太空机器相关的数据展示。
2016	美国	美国博物馆联盟	《打破资料主导权：释放说明牌》	6页。列举多个当代美国博物馆说明牌的出色作品，鼓励以小说、诗词及短文形式撰写展览说明牌。
2019	澳大利亚	澳大利亚博物馆	《撰写文字说明和说明牌》	16页。文本以瑟雷尔等专家的著作为基础，强调展览及其文字说明需具备导向性；并附上写作小技巧和书目。
2019	加拿大	加拿大历史博物馆	《撰写说明牌》	5页。教育学习资源，指导初中生为加拿大移民文物撰写具有诠释性的说明牌，并附上例子说明。该馆各收藏部门均附设类似撰写说明牌的学习活动。

我国博物馆学者同样关注到这一方面，并系统梳理和总结了欧美各大博物馆在优化博物馆文字说明的讨论中涉及的内容，主要包括"可及度""互动""诠释"三方面，还引荐了"直述式""引

用典故式""代入式""提问式""客串撰写人"[1]五个当代国际博物馆界推荐的展览说明撰写方法,并且对我国博物馆展陈文字说明以及相关内容设计提出改进要求:一是要求展览文字说明求尖、求精、求细;二是按展品类别建立及采用不同的文字说明方式;三是由文博界牵头推动展览文字说明多元化。[2]

8. 展览文本评估

关于评估,前述"展览大纲"已有所提及,与此处的"展览文本评估"有着相似之处,但后者更加强调的是:能否准确阐释和体现展览主题并成为观众喜爱的展览;结构是否合理,文字是否精练,与展品是否契合;是否具有可操作性,并对形式设计、教育活动、文创产品开发等起到指导作用;由专家组进行评估。展览文本评估日益重要,甚至对展览参与各种评奖具有加分的意义。因而,业界也出现一些怪现象,比如展览已然落地,却为了得到一份好看的专家评审意见而滞后地组织召开评审会议。

总而言之,"展览内容文本,特别是叙事型主题展览的内容文本,作为展览形式设计和制作的蓝本,应该是一个详细的展览内容脚本。它至少要包括:展览的前言、序厅的规划、展览主题的提炼、展览内容的三级主题结构(故事线)、各部分和单元的传

---

[1] 五个撰写方法的内涵分别是:"直述式"即平铺直叙,是博物馆说明牌的主流方式,尤其在历史文物和考古类展品的说明文字写作中普遍使用;"引用典故式"指引用历史名著、名人或与展品相关人士的第一手文字材料作为辅助说明,最为适用于历史故居的文字说明撰写;"代入式"是引导观众投入展品的背景包括其年代和所处地域,让观众设身处地与展品相关人士产生情感上的交流;"提问式"是自然科学类展览常用的方法,近来亦有不少人文学科类展览效仿,一般来说提问以后必须清楚地交代答案,同时问题不能过于浅显,也不能太难,以免令观众失去思考的兴趣;"客串撰写人"是近年来较为流行的写作方式,邀请馆外与展品相关人士为展品撰写说明,让其以第一身份的角度解说展品的来源和社会意义。
[2] 黎婉欣. 论博物馆展览文字说明的撰写——国际博物馆界对展览文字说明的讨论与启示[J]. 中国博物馆, 2020(1).

播目的设定、各部分（单元、组合、小组）及展品展项的说明文字设计、各部分或单元的重点和亮点提示、展品组合说明、辅助展品的设计要求及其创作依据等"[1]。一个好的展览内容文本，至少应该符合以下基本要求：第一，展览文本要有明确、准确的展览传播目的；第二，一个好的展览内容文本必定有一个高度提炼的主题；第三，一个好的展览内容文本必定有一个清晰、合理的叙事逻辑结构；第四，一个好的展览内容文本必须突出重点和亮点；第五，一个好的展览内容文本必定是善用展品形象资料支撑的文本；第六，一个好的展览内容文本必定为辅助展品创作作出提示并提供创作依据；第七，一个好的展览内容文本必定有规范、准确、精练和具有文采的各级说明文字。[2] 毋庸置疑的是，展览文本设计得越详细到位，则越有助于后续形式设计和制作工作的开展，并且在《规范》中"延伸设计"阶段的全部内容也都是需要在此展览文本阶段予以体现。笔者认为《规范》将之分为两个不同的阶段，一方面凸显了"延伸设计"在整个展陈项目内容设计上的重要性，另一方面指更加详细的列举和脚本编撰，类似于电影的分镜头脚本。事实上，在展陈的实践工作中，一部分的延伸设计工作并非是完全由策展团队独自或亲自完成的，而是在策展团队的专业指导下，聘请相关的第三方团队进行完善，比如辅助展品的设计与制作、音视频内容的编撰与制作等。

（六）延伸设计

《规范》将展陈内容设计的最后一阶段流程约定为"延伸设计"，指出延伸设计应基于展览文本，服务于展览主题，并将之

---

[1] 陆建松.博物馆展览策划：理念与实务[M].上海：复旦大学出版社，2016：75—76.
[2] 陆建松.博物馆建造及展览工程管理[M].上海：复旦大学出版社，2019：132—138.

分为：形式设计建议、辅助展品设计建议、多媒体制作建议、展览互动建议、教育活动及文创产品建议五方面。其中"形式设计建议"包括：风格——根据展览主题、地域文化特点、观众需求及展品特色等，对展览色调、装饰元素、背景图案、环境氛围等设计提出建议；空间——根据展览结构、展品组合及重点展品，对展厅空间及空间关系提出设计建议；展线——根据展览结构、展品特色、重点展品等，对展品位置和参观流线提出建议；环境——对展厅温度、湿度、照明、安全等要求提出建议。"辅助展品设计建议"指根据展览需要，提出辅助展品的设计建议，并指导实施；对辅助展品的参考原型、组合方式和制作要求等提出建议，并提供可参考的图片和资料。"多媒体制作建议"指对展览中的多媒体制作提出建议和说明，并提供相关资料。"展览互动建议"指对展览互动项目提出建议和说明，满足观众趣味性、参与性、体验性要求。"教育活动及文创产品建议"指对展览宣传和推广等活动提出建议；展览文本可提供给相关部门，作为展览图录和讲解词的基本内容；根据展览主题、特色和重点展品等信息，对文创产品提出建议。

　　以上五方面的延伸设计虽然名为建议，实质上对于展览的形式设计和施工布展至关重要，而且也体现出对策展人综合能力的高度要求。策展人就如同大总管，与展览有关的都要考虑和负责，要求策展人不仅是内容研究方面的专家，而且应该具备空间化思考展览语言的能力，能够最大、最深程度地对风格、空间、展线、环境等形式设计方面提出指导性意见，并且对开发设计与制作有针对性的辅助展品、多媒体、互动展项、教育活动及文创产品等相关内容具备甄别、鉴赏与指导能力。

　　"延伸设计"的相关建议通常在展陈内容方案中同步表述，

并在内容设计团队组织的"内容交底会"上,面向形式设计团队、制作施工团队、教育团队、延伸服务团队进行详细解读,以助力各相关团队在后续工作中找准方向、重点和亮点。

(七)内容设计与形式设计、施工布展的衔接

上面所提到的"内容交底会",就在于推动内容设计与形式设计、施工布展的衔接。通常情况下,在重要的节点性的策展会议上,形式、教育、文创、制作等领域的人员最好能够都参加会议。湖南博物院在进行原创性展览的策划之时,曾经形成了要求至少教育和形式设计人员需要在场的惯例,这对于展览空间和教育活动能有效传达展览主题、紧密围绕展览内容铺陈十分有帮助。"内容交底会"带有西方国家博物馆界的"释展"的意味,尤其是在我国展览策划中没有独立的"释展人"角色的背景下,需要策展人承担这一职责,这就对策展人的职业素养提出了更高要求,要求他们具有更广的知识面。优秀的文博策展人必然是复合型的人才。

《规范》在最后部分要求内容设计与形式设计相衔接,指的是在形式设计开始前,策展人将展览文本和延伸设计提供给设计师,并介绍展览主题、结构和特色;在形式设计的过程中与设计师保持沟通;应提前告知设计师特殊展品的展示方式和效果;根据设计师的反馈意见,对展览文本进行调整。除了上述之外,还需要意识到:策展人将展览文本和延伸设计提供给设计师之后,需要留出一个时间差,以便形式设计团队有足够的时间理解和消化内容方案,之后再召开"内容交底会"的效果才更佳,形式设计人员也才能提出更多需要与策展人进行思想碰撞的"火花点",甚至对于有争议的问题可以从设计角度提出更具技巧性和艺术性的处理方式，从而有助于展览最终效果的呈现。很多成功的案例说明了从形式设计的角度也可以倒推内容策划的完善和质量提升。在形式设计的过程中，策展团队要起到内容审核和逻辑把关的作用，尤其是要明确展线的先后关联，因为观众在展厅里参观只可能是单向性的，以先看什么、再看什么的时间先后顺序参观。

我们经常遇到的具体设计问题就是因受到空间的限制，部分展品、信息组团和展品组合不得不做与展线有关的"先后"调整，这需要内容设计与形式设计人员共同商议。尤其对于历史类展陈来说，遇到同类问题，应该保障内容策划的话语权。除一般展品的常规性展示之外，一些特殊展品的展示方式和展示效果，比如展台、展托、文物支架的定制要求，灯光的照射角度等都需要策展团队做到心中有数，并及时反馈给形式设计团队。在内容设计与形式设计的充分沟通、相互适应和磨合之下，内容方案必然会有所调整和完善，这时候就需要内容团队及时更新到文本中去。这一点非常重要，因为大多数时候我们都是在设计图纸和设计版面上直接进行修改，却没有及时将修改的相关内容誊录到展览文本中去，导致的直接后果就是展览完成之后，策展团队手上可能都没有展览内容方案的最终稿。当然最好的做法是将这种及时性誊录贯穿到整个展览展期，因为我们常见展览开展之后还能不断发现问题，需要进行必要的调整与修改。

《规范》在最后部分还要求与施工布展相衔接，指出：在施工布展开始前，策展人应向施工布展人员介绍展览主题、结构和特色，并与施工布展人员保持沟通，确保展览主题思想得以贯彻；策展人应参与展览布展，根据展览主题结构和参观流线，指导布设展柜位置、展版、展品及照明等；根据施工人员的反馈意见，对展示方式、展品位置等进行调整。俗语说"计划赶不上变化"，一切的纸上谈兵都需要及时跟上可能的现实变动。这也就是指在陈列展览落地实施的最后时刻，即便已经有了完美的艺术效果图、审核通过的打样稿等图纸、文件，仍然需要策展人保持沟通对接和"在场"参加施工布展。

这种"在场"分为施工时起到督导和决策作用的在场，以及策展人动手参与布展两个层面。在第一个层面，当前的策展人养成计划相对缺乏对建筑和场馆物理施工、空间改造的专业技术积累，所以多数情况下解决办法就是在策展人召集的策展团队中包含这部分的技术力量支撑。第二个层面，策展人本身是某一领域的研究型专家或学者，尤其对于历史类展陈来说，策展人的综合素养积累中包括了对文物知识的熟稔，比如涉及文物的拿取操作、支架固定、温湿度环境控制、病理状态状况、灯光照度等。具有博物馆工作经验的策展人会深刻领会贯彻"文物安全第一位"的精神，因此这种"在场"布展除了把握展陈主题、内容与形式效果的实施到位之外，还肩负着维护安全尤其是文物安全的重任。布展中，面对比较多的文物安全问题，诸如支架与文物接触面或点、文物固定角度、文物共振、观众参观行为习惯带来的潜在安全问题等。总之，策展人是展陈工作的领袖和灵魂，他的工作始终贯穿整个展陈变"现"的全流程。

（八）展览归档

《规范》以"归档"作为整个内容设计规范的结尾，指出展览实施以后，应将展览文本、延伸设计、展览评估及相关资料、图片等进行整理，纳入展览档案。有条件的单位可编写、出版展览报告。这一要求扩大来看，是对整个陈展项目提出的综合性要求。"归档"的最终呈现是陈展档案，应包括以下资料的原件和电子文件[①]：

（1）前期策划方案或称为概念方案；
（2）总体方案及各子方案；
（3）展品目录（含文物目录、复制品及其他辅助展品目录）及照片；
（4）各子方案实施过程文字、影像记录；
（5）展览图录及相关海报、黄页、折页等宣传、教育读物印刷资料，为展览专门设计印刷的门票、请柬等；
（6）观众调查材料；
（7）平面、电视、电台、网络等媒体报道情况，以及影像和报刊资料原件；
（8）观众留言；
（9）与展览相关的报告、文件、审批件；
（10）创意产品的设计稿及样品；
（11）展览影像资料；
（12）展览总结、结项报告。

四、历史类主题陈列展览的三种模式与实践案例

博物馆历史类主题陈展的实施常采用两种基本模式，一类是按时间顺序分为多个专题分别进行展示，以突出重大考古遗址或地域重大事件、特色文化等内容，另一类是以王朝更迭的时间轴为主线的通史模式。前一模式以河北博物院的常设陈列、山西博

[①] 湖南省博物馆. 博物馆陈列展览指南[M]. 长沙：岳麓书社，2020：39—40.

下 篇
博物馆陈列展览的实践流程与操作

物院"晋魂"基本陈列等为代表,后一模式则以国家博物馆"古代中国基本陈列"、南京博物院"江苏古代文明展"、浙江省博物馆之江馆"浙江一万年——浙江历史文化陈列"等为代表。

第一种模式以河北博物院的常设陈列为例来看。河北博物院在其官网上称之为常设陈列的,实质就是本文所说的基本陈列,所采用的是专题展模式,选取了河北 200 万年历史中较为精彩的几个篇章,制作成 6 个常设陈列,包括[①]:

(1)"石器时代的河北"(展示面积 873 平方米),分"旧石器时代的泥河湾(距今约 200 万年的泥河湾马圈沟遗址、距今 10 万年的泥河湾人的生产生活、旧石器时代向新石器时代的过渡阶段)"和"新石器时代的文化遗址(南庄头遗址、北福地遗址、磁山遗址)"两部分,每部分各 3 个单元,选取河北石器时代最具代表性的几个时间节点和文化遗址加以表现。

(2)"河北商代文明"(展示面积 972 平方米),通过铜铸文明、中国最早的铁器、木盘水井、先民用陶、厚葬习俗、最早的平纹绉丝织物、古老的医疗器具、原始瓷的出现、高超的漆器工艺、台西先民的房屋建筑和中国最早的食物酒曲 11 个单元,以藁城台西商代遗址为中心,展示河北商代先民创造的灿烂文明。

(3)"慷慨悲歌——燕赵故事"(展示面积 1845 平方米),重现战国时期燕、赵两个诸侯国可歌可泣的历史,追寻燕赵文化的源头,体现河北慷慨豪爽、诚信忠义地方风骨的形成脉络。"燕国故事"分为燕国故都、礼仪之邦、金戈铁马、铁器时代、金色

---

① 上海博物馆,中国博物馆协会博物馆管理专业委员会.智造展览:博物馆馆长讲博物馆 2[M]. 北京:北京大学出版社,2014:60—77.

185

理想之城
博物馆历史类陈列展览策划的理论与实践

记忆 5 个单元。该部分还点缀了 7 组 26 个画面的绘画作品，分别表现了棠下问事、子之之乱、齐桓别燕、昭王求贤、乐毅伐齐、秦开却胡和荆轲刺秦等 7 个脍炙人口的燕国历史故事。"赵国故事"，除了展示赵国墓葬出土的铜器、玉器和陶器以外，在展厅中设置了多媒体影院，演示赵国寓言故事，表现赵国多姿多彩的历史文化。

（4）"战国雄风——古中山国"（展示面积 1845 平方米），展示战国时期狄族鲜虞部在河北中南部建立的中山国的历史和带有鲜明游牧民族风格的文物。分上、下两部分，上部分为"古国风貌"，分为序、国史、国都、经济、文化、征战、王陵等 7 个单元，全面讲述中山国历史。下部分为"王室宝藏"，分青铜器、陶器、玉石器等 3 个单元，展出中山国精美文物。

（5）"大汉绝唱——满城汉墓"（展示面积 1845 平方米），展示西汉第一代中山国王靖王刘胜和王后窦绾墓出土的精美文物，使观众通过文物了解刘胜其人及西汉历史片段。分上、下两部分 21 个单元，上部分包括惊天发现、陵山古墓、刘胜其人、棺具、金缕玉衣、玉器、玻璃器、人俑、车马、帷帐 10 个单元，下部分包括灯具、炉具、日用杂器、文具文玩、医疗器具、钱币、兵器、铁工具、烹饪饮食、石磨、陶器 11 个单元，全面展示满城汉墓出土的巧夺天工的珍贵文物，使广大观众对汉代科技、文化、工艺水平有一个较为全面的了解。

（6）"百年掠影——近代河北"（展示面积 1300 平方米），分上、下两部分，上部分为鸦片战争中的直隶总督与总督署、李鸿章与直隶洋务运动、直隶新式学堂、直隶实业、詹天佑与京张铁路、直隶义和团运动、保定军校、吴禄贞与燕晋联军、北洋人物、使观众晏阳初与平民教育、留法勤工俭学、李大钊与五四运动等单元，展示从 1840 年至抗日战争前河北近代政治、经济、文化、教育等方面发生的重大历史事件。下部分为长城抗战、华北事变与一二·九运动、卢沟桥事变、日军暴行、河北敌后战斗、伟大胜利等6个单元，展示河北人民在敌后建立抗日根据地、开展多种形式的人民战争、与日本侵略者进行殊死斗争的可歌可泣的历史。

第二种模式以南京博物院于2013年11月6日开放的"江苏古代文明展"为例来看。它通过大量的文物和标本"直接说话"，分为[1]：第一部分"天地造化 史前神韵"，介绍江苏旧石器时代、新石器时代遗址以及古城（国）的诞生；第二部分"列国风云 吴越春秋"，介绍夏商周至春秋时期，江苏方国林立、吴越争霸的历史进程和文化遗存；第三部分"郡国华章 汉家故里"，以两汉时期江苏的诸侯王陵文物反映当时社会的政治、经济、文化面貌；第四部分"江东风流 六代迭兴"，介绍以南京为都的三国吴、东晋、宋、齐、梁、陈等六朝文明；第五部分"东南都会 隋唐华彩"，介绍隋唐时期江苏空前繁荣的经济社会和兼容并蓄的文化空间；第六部分"江淮多姿 宋元气象"，讲述宋元时期全国经济重心的南移，江苏的手工业经济和社会市井生活；第七部分"盛世江南 明清辉煌"，讲述作为中国封建社会高峰期的代表，江苏经济发达、文化鼎兴的"盛世江南"景象。

第二种模式在我国博物馆历史类展陈中曾最为流行，直到今天仍然是博物馆举办通史类、地志性展陈的首选方式。两个非常好的案例就是湖南省长沙市内的两座博物馆——长沙博物馆和湖

---

[1] 上海博物馆，中国博物馆协会博物馆管理专业委员会.智造展览：博物馆馆长讲博物馆2[M]. 北京：北京大学出版社，2014：130.

图11　长沙市博物馆"湘江北去——长沙古代历史文化陈列"序厅

南博物院在举办各自的通史性陈列之时所作的考量与最终选择。两馆院距离相差不过5公里,一个是市馆城市馆的定位,一个是区域性的省级馆的定位,两者都是2010年后开始建设和落成的"新馆",长沙市博物馆新馆开幕于2017年5月18日,湖南博物院新馆开幕于2017年11月29日,两者推出基本陈列的时间也临近。

具体来看,长沙市博物馆基本陈列"湘江北去·中流击水——长沙历史文化陈列"分为古代篇"湘江北去"(见图11)和近代篇"中流击水"(见图12)两个篇章。湖南博物院基本陈列由"湖南人——三湘历史文化陈列"和"长沙马王堆汉墓陈列"构成,其中"湖南人——三湘历史文化陈列"相当于通史性陈列,诸多内容与长沙市博物馆基本陈列存在交叉甚至重合。长沙作为湖南省的省会城市,在很长一段时间里都是现今湖南省域的

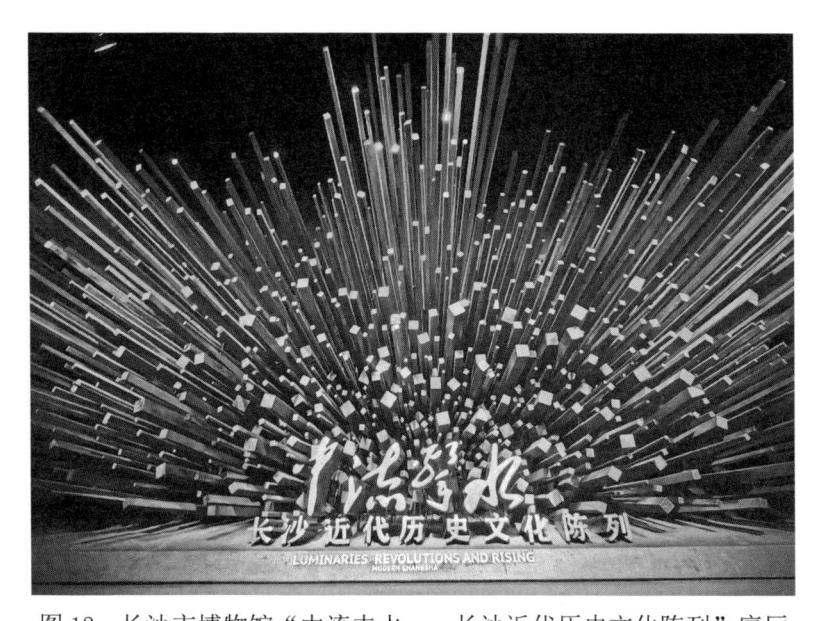

下 篇
博物馆陈列展览的实践流程与操作

图 12　长沙市博物馆"中流击水——长沙近代历史文化陈列"序厅

政治、经济和文化中心，而根据中华人民共和国成立后考古与文物的顶层设计，长沙考古发掘出的文物多数入藏长沙市博物馆，这是市博的先天优势。同时，展陈策划必然不能忽视的就是在整体视野格局下去看待区域文化的"各美其美、美美与共、天下大同"，因此无论是长沙市博物馆还是湖南博物院的历史类基本陈列内容，都会涉及在中国乃至全球视野格局下的地方历史的书写与叙事。因此，很容易产生两馆对于地方历史文化的表述高度一致。2017年4月19日，习近平总书记在视察广西时，参观合浦县博物馆（合浦汉代文化博物馆）提到："博物馆建设不要'千馆一面'，不要追求形式上的大而全，展出的内容要突出特色。"长沙市博物馆的"湘江北去·中流击水——长沙历史文化陈列"以时代为序列，采用编年体的叙事方式，总面积约5000平方米，

理想之城
博物馆历史类陈列展览策划的理论与实践

利用1250件（套）文物，综合运用场景、艺术品、新媒体展项80余处，围绕重大历史事件、著名历史人物、城市发展变迁这三条故事线，分别展示古代篇6个部分、近代篇7个部分，共计13个部分。其中，古代篇把古代长沙划分为史前、商周、春秋战国、两汉、三国至元、明清几个大的历史时期，围绕各时期长沙政治、经济、文化和城市发展状况展开内容；近代篇则选取近代长沙倡导经世、维新运动、辛亥革命、长沙建党、秋收起义、长沙抗战及和平解放几个重大历史事件或历史片段，以人物为表现主体，展现近代长沙波澜壮阔的历史画卷。

古代史序厅：星空下的山水洲城。古人认为二十八星宿之中，南方七星宿中轸宿旁有一附星名为"长沙"，天上长沙星对应的地方称为"长沙"。在序厅设计中，我们以场景手捧"长沙"地名、多媒体互动的方式，讲述长沙地名由来的故事，表现古代长沙山水洲城的人文和自然环境。

第一部分：湘江晨曦（史前时期）。长沙历史悠久，文化源远流长。考古发现表明，长沙地区最早的人类活动可以追溯到20万年前的旧石器时代。进入新石器时代，长沙地区的人类活动更加频繁，留下了丰富的文化遗存，孕育出远古文明的曙光。分为三个单元：击石为器、农耕初兴、上古传说。

第二部分：青铜之乡（商西周时期）。商周时期，中原文化南播，长沙地区进入青铜时代。20世纪初以来，以宁乡黄材镇为中心的区域相继出土了四羊方尊、人面纹鼎等大批精美商周青铜器，被学术界誉为"南中国商周青铜文化中心"。21世纪初，宁乡炭河里遗址西周初期城墙、壕沟和宫殿基址的发现，表明西周时期长沙地区存在一个具有发达青铜文明的方国。分为四个单元：

商周南征、神秘方国、青铜神韵、铙乐悠扬。

第三部分：楚南重镇（春秋战国时期）。春秋战国时期是中国古代社会激剧变革的阶段。这时，百越民族的一支——扬越一直生活在长沙地区。春秋中期以后，楚国大举南下开疆拓土，至春秋晚期逐步控制了长沙及其周边地区。在楚人南下与越人的对抗中，长沙的战略地位不断提高，成为楚国南部的军事重镇。楚人的经营开发，促进了长沙地区社会经济的发展，并创造了独具特色的南楚文化。分为四个单元：百越杂处、军事要垒、经营开拓、南楚风采。

第四部分：大汉王国（秦汉时期）。秦汉时期，长沙纳入中央王朝政治版图。秦代设置的长沙郡和西汉初年建立的长沙国，为维护封建国家的统一，促进民族的交流与融合，推动湖南地区社会、经济、文化的发展发挥了重要作用。长沙历史由此开辟了新的篇章。分为五个单元：秦长沙郡、封藩建国、王国气象、渔阳王后、王国余脉。

第五部分：湖湘首邑（三国至元时期）。三国两晋南北朝时期，长沙风云际会，是江南政治军事的战略要地。隋唐一统后，长沙社会稳定，城市拓展，经济繁荣，人文荟萃。长沙窑釉下多彩瓷器奠定了唐代瓷器生产"南青北白长沙彩"的局面，是海上丝绸之路向外输出的重要商品。两宋时期，长沙城市格局确立，是全国重要的商业中心之一。随着中国古代经济重心的南移和封建科举制度的确立，长沙书院勃兴，文运昌盛，成为宋代理学的重要基地和湘学中心。分为五个单元：风云要地、盛世潭州、唐风妙彩、马楚王国、潇湘洙泗。

第六部分：明清府城（明清时期）。明清两代是古代中国由强盛走向衰落的转折时期。明代长沙为诸藩封王之地，藩府同城。

理想之城
博物馆历史类陈列展览策划的理论与实践

明清鼎革后，清雍正二年（1724年）两湖最后完成分治，长沙成为湖南省的政治、经济、军事、文化中心。分为两个单元：藩屏府治、湘省中枢。

近代史序厅：中流击水。序厅设计制作了"中流击水"大型艺术装置来表现近代长沙人的精神气质。该艺术装置用不同规格的方形钢管集聚，立体构成大浪冲击岩石激起千层浪花的瞬间造型，体现了近代长沙人在历次变革浪潮中发挥的中流砥柱的作用。

第七部分：倡导经世。这部分内容主要反映鸦片战争后，长沙籍的经世派、洋务派的代表人物，在倡导经世致用、唤醒民族自觉、推进中国近代化发展中的作用。分为三个单元：师夷长技、湘军的兴起、洋务先驱。

第八部分：引领新政。该部分主要表现在维新变法期间，长沙维新思想的传播、推行新政取得的重要成果、长沙人为维新变法作出的历史贡献。分为四个单元：维新号角、长沙新政、长沙近代教育的勃兴、血荐轩辕。

第九部分：辛亥首应。该部分全面展现了长沙开埠后，长沙社会矛盾空前尖锐，人民反帝反封建斗争形势持续高涨，最后一举推翻满清王朝统治的全过程。分为四个单元：长沙开埠、黄兴创建华兴会、辛亥革命前夕的长沙、武昌起义长沙首应。

第十部分：建党先声。这部分介绍了毛泽东、蔡和森、何叔衡、刘少奇等人在长沙的早期建党活动，中国共产党成立后中共湘区委员会领导的工人运动、农民运动等内容。分为五个单元：新文化运动在长沙、建立长沙共产党早期组织与中共湘区委员会、开展以长沙为中心的湘区工人运动、在大革命的高潮中、领导轰轰烈烈的长沙农民运动。

第十一部分：秋收起义。毛泽东领导的湘赣边界秋收起义是中国革命的转折点，中国共产党人高举武装反抗国民党反动派的大旗，开始了"农村包围城市，武装夺取政权"的革命新道路的伟大探索和实践，翻开了中国革命的新篇章。分为三个单元：霹雳一声暴动、红军两次攻打长沙、丰碑。

第十二部分：团结御侮。在十四年的抗日战争中，长沙经历了"文夕大火"、四次会战，为中国的抗战事业作出了卓越贡献。分为四个单元：同仇敌忾赴国难、烈火焚城惊寰宇、长沙会战铸忠魂、胜利受降慰英烈。

第十三部分：和平解放。这部分内容表现在中国共产党的领导下，长沙人民开展争取和平民主的革命斗争，共产党积极开展对国民党湖南当局军政领导人程潜、陈明仁的统战工作，争取其接受中国共产党的八项和平主张，程潜、陈明仁于1949年8月4日率部发表通电，宣布起义，实现长沙和平解放的历史过程。分为两个单元：反对内战、争取民主，和平起义、声震全国。

——以上资料来源于《中国文物报》2018年3月13日第7版

可以看出以上内容框架的搭建和叙事方式属于典型的第二种模式。同城两馆两展，在时代发展序列一致、内容相近、文物同类的背景之下，给湖南博物院进行基本陈列策划的挑战极大，尤其是要避免同质性展览的观感差异性要求，促使策展团队不停思考和不断打破以往的框架体例，因而在"湖南历史文化陈列"的档案资料包里能够看到相对成型的大纲框架不下20个。其中比较有代表性的而且最能反映当时策展心路历程的框架至少有3个，特摘录如下：

理想之城
博物馆历史类陈列展览策划的理论与实践

【展览框架之一】

回首潇湘——湖南通史陈列

一、史前时期

1. 破石为器

2. 混沌初开

二、商周时期的礼乐之乡

1. 居民与居住

2. 工具与食物

3. 军事与礼仪

4. 文化与信仰

三、秦汉时期

1. 地势饶食

（1）自然与气候

（2）生境

（3）行政区划

2. "蛮人"生息

（1）居民与人口

（2）农耕、渔猎与养殖

（3）千金之家

3. 湘地风习

（1）简牍时代

（2）荆楚巫术

（3）祭祀

四、三国至宋时期

1. 魏晋南北朝时期

（1）生态环境

（2）人

（3）文化

2. 隋唐五代时期

（1）生态环境

（2）人

（3）文化

3. 两宋时期

（1）自然生态

（2）社会生态

（3）人

（4）文化

五、元明清时期的融合发展

1. 家园变迁

（1）"秋风万里芙蓉国"

（2）安疆抚土

2. 盛世滋生

（1）北来东入

（2）九州粮仓

3. 通变求新

（1）理学之兴

（2）佛道并存

（3）西教传入

（4）艺文溢彩

六、近代湖南社会变迁

1. 近代湖南环境

（1）自然环境

（2）社会环境

2. 近代湖南生产与生活方式

（1）生产方式

（2）生活方式

3. 近代湖南文化

【展览框架之二】

第一部分　湘域——湖南自然生态

第二部分　湘民——湖南民族民俗

第三部分　湘史——湖南历史发展

第四部分　湘音——湖南方言、戏曲、喜剧

第五部分　湘魂——湖南近现代人物

【展览框架之三】

第一部分　家园

一、自然生态

（一）地形地貌的形成

（二）植被的变化

（三）动物的变迁

二、湖南行政沿革

第二部分 我从哪里来

一、原住民

（一）远祖

（二）早期族群

（三）原住民的变迁

二、外来移民

（一）商人南下

（二）楚人入湘

（三）北人南迁

（四）"江西填湖广"

三、民族大家庭

（一）民族全貌

（二）视频展示区

（三）实物展示区

（四）信息数据库

第三部分 洞庭鱼米乡

一、稻之源

（一）野生稻

（二）人工栽培稻

（三）水稻种植

二、兴地力

（一）铁器

（二）牛耕

（三）水利

（四）肥料

（五）粮食产量与加工

三、天下粮仓

（一）水利兴修

（二）耕地开发

（三）品种引入

（四）粮食交易

（五）杂交水稻

四、物产丰饶

第四部分 生活的足迹

一、吃出来的湘味

（一）从生食到熟食

（二）食之有礼

（三）席地分餐

（四）围桌共食

（五）湘菜飘香

二、穿出来的华韵

（一）服饰之源

（二）深衣之尚

（三）胡服南渐

（四）改朝易服

（五）洋装入湘

三、蓬荜变奥堂

（一）栖身洞穴

（二）构木为巢

（三）青砖瓦房

（四）宗族聚居

（五）独院洋房

四、入湘问俗

（一）敬祖好巫

（二）乐舞戏曲

第五部分 湘魂

一、济世忧人终不悔

（一）百死百生来

（二）只为苍生不为身

（三）哀民生之多艰

（四）民者，万事之本也

（五）先天下之忧而忧，后天下之乐而乐

二、忠信担当为己任

（一）吾道南来，原是濂溪一脉；大江东去，无非湘水余波

（二）六经责我开生面，七尺从天乞活埋

三、有胆敢为天下先

（一）师夷长技以制夷

（二）见他人之长，则勇取而不惑

（三）于无声处听惊雷

四、我以我血荐轩辕

（一）四万万人齐下泪，天下何处是神州

（二）新栽杨柳三千里，引得春风渡玉关

（三）我自横刀向天笑，去留肝胆两昆仑

（四）莫使真心堕尘雾，要将热血洗乾坤

五、敢教日月换新天
（一）苍茫大地谁主沉浮
（二）独有英雄驱虎豹
（三）雄鸡一唱天下白

以上三类框架，第一类是较为明显的以编年为主导的通史陈列，第二类是以专题为主导的突出地域文化的陈列，第三类日益趋近表述作为主体的"人"与自然的关系、人的生存、人类社会发展等内容。从关注"人及其行为"最终演变成展示"人及其行为"的博物馆行为，在湖南具有渊源性和情结性。湖南人引以为豪的是清代中期之后直到中华人民共和国成立的这段历史中所涌现出的一批批时代弄潮儿，他们搅动历史风云，用血肉书写丰碑，于是怎么树立起"湖南人"的陈列品牌，就成了湖南博物院策展团队主要思考的内容。从策展团队的"主位"角度来看，展示湖南历史发展进程中"人及其行为"的变化，并以第一人称"我"进行故事讲述，即采用狭义理解的文化人类学的方法进行策展，最终凝结成"湖南人——三湘历史文化陈列"的主题、展标和策展思路。经过多次讨论、反复修正以及调和来自诸多方面的意见，"湖南人——三湘历史文化陈列"最终分"家园""我从哪里来""洞庭鱼米乡""生活的足迹""湘魂"五大部分（见图13）。"家园"主要讲述湖南生态环境和动植物的变迁，及以时间轴的方式交代湖南不同历史时期的重要事件、遗址遗迹等。"我从哪里来"以第一人称追溯不同历史时期的湖南人，主要分为"先祖"——介绍最早的湖南人，"早期族群"——介绍可以追溯到的最早的土著族群，"商人南下""楚人治湘""北人南迁""江西填湖广"则主要介绍不同历史时期汇集至湖南的外地人，以与本地土著族

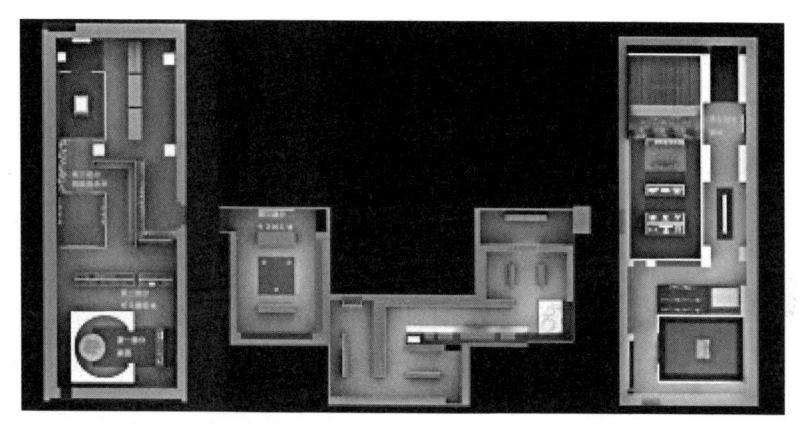

图 13 湖南博物院"湖南人——三湘历史文化陈列"展厅布局图

群相区别,也同时呈现因人口流动、族群融合、文化交流互动,最终造就出的绚烂多姿的湖湘文化、多族群和谐共生的"民族大家庭"格局。"洞庭鱼米乡"基于湖南自古以来在稻作农业方面具有的天然优势,主要介绍湖南人如何获取生活资料,以满足种族的繁衍和个体生命的存续,从"稻之源""稻之兴"到最终"天下粮仓"的发展历程,展现了湖南鱼米之乡的丰饶。"生活的足迹"尽量从普通大众的生活角度,在更宏大的时空背景下,分为商至西周、春秋战国、秦汉、晋至唐、宋至明、清至民国等时段,取题"青铜时代的南方礼乐""湘楚风情""大一统下的小农家居""多元文化交融的社会风尚""重心南移后的品质生活""从宗族社会到近代化",既表现共性中的特殊性,又以个案的方式折射共性面貌,如浏城桥楚墓、西晋刘弘墓和长沙金盆岭墓、咸嘉湖唐墓、会同高椅唐家老屋等的整体展示,从而呈现出湖南主体人群"和而不同"的生活方式与风俗习惯。当然,这部分对时段、内容体系的划分,很难有严格且整齐划一的标准,我们尽量找出同一时段中的题材主线,甚至可能因主线的关联,而相对超越时代的区

201

隔。"湘魂"部分分为"忧乐观的濡化""书院教育的传承""百折不挠的家国情怀""敢教日月换新天"四个单元,通过追溯湖南人数千年来性格的形塑过程,重点突出屈贾爱国忧民思想的洗礼、书院教育主导士人精神的传承、近现代仁人志士的家国情怀,从而可圈可点地呈现出湖南人开拓创新、血性担当的性格特点。[1]

这一陈列一经正式对社会公众开放,便引发学界和业界的广泛讨论,其不同于以往两大基本模式的框架体例搭建,成为探讨的焦点。不同学者从"客位"角度以此为研究对象,部分学者指出该陈列利用在主题阐释、文物阐释等方面具有信息可视化手段的独特优势,拓展了知识的广度和对文物阐释的深度。[2] 还有学者认为该陈列探索了寻求展览叙事在时间和社会维度上作出平衡的可能性,指出这一陈列与其他同类型、同等级的常设展览相比,有着明显的特殊性。这种特殊性最直接的表现为该展览在一定程度上放弃了惯有的叙事模式,时间线不再作为唯一、连贯的线索串联整个展览,其放弃了以长时间线串联整个展览而带来了展览叙事和物的意义上的转变,该学者对该陈列作出如下总体评价:"我们看重的正是它(即湖南人——三湘历史文化陈列)在放弃了传统长时间线串联整个展览的叙事模式之后在时间和社会维度所力图探索的这种平衡。这种做法,我们更愿意将其理解为是传统史学与地方性、社会史、历史社会学 / 人类学思想的一种混杂。这种混杂或是由策展团队犹豫、展览叙事模式自身的限制所导致,也或许如刘永华所说,历史学本位向社会性的转型和社会学、人类学自身对历史学的回溯在当代学

---

[1] 舒丽丽.宏大叙事背景下的族群历史与文化多样性——兼谈"湖南人——三湘历史文化陈列"的策展[J].中国博物馆,2018(2).

[2] 王欣洁.探析信息可视化对博物馆信息定位型展览的阐释作用——以湖南人:三湘历史文化陈列展为例[J].上海工艺美术,2024(1).

科发展史中本身便是混杂在一起的。"①

　　以上案例介绍了历史类主题陈展的三种模式，那么新世纪博物馆展陈策划就只有这三种模式吗？显然，答案并非如此。博物馆展陈及其策划、知识输出、信息传达等日益向着多元化趋势迈进。甚至，博物馆可以在一个展览中提供完全不同的、有差异甚至是相互矛盾的叙述，或者鼓励人们在形形色色的展览中发现更多的差异化叙述，如胡珀·格林希尔在《博物馆与视觉文化的诠释》中所言："全世界各种文化的共同空间，它们在参观者的注视和记忆中相互抵触，同时展现它们的异质性，甚至是不协调性，像网络一样联系，相互交杂和共同存活。"在一个文化多样性的世界中，人们早已学会在不同的偏见之中穿梭，最终形成的理解不会来自任何一个权威叙述，而是一个对多种个性叙述进行综合之后的整体结果。②因此，把文化权力从"文化的掌管者"（the curators of culture）移交给"文化的创造者"（the creators of culture）；瓦解统一而稳定的叙事，鼓励个性及多元视角的叙述；打开由精英把持的叙事过程，允许更多人参与叙事建设；打开博物馆的"围墙"，充分发挥知识与文化促进社会发展的能动性……通过这一系列主动适应知识社会的改变，与之前的博物馆相比，之后的博物馆将会是截然不同的新事物。③

---

① 王思渝.展览叙事与物的意义——以"湖南人——三湘历史文化陈列"为例[J].博物院，2019（1）.
② 李德庚.流动的博物馆[M].北京：文化艺术出版社，2019：52.
③ 李德庚.流动的博物馆[M].北京：文化艺术出版社，2019：54.

五、形式设计的基本原则与要求

《博物馆陈列展览形式设计与施工规范（WW/T 0089—2018）》（以下简称《规范》）于 2019 年 1 月 31 日发布，2019 年 6 月 1 日实施，从博物馆陈列展览工程流程、陈列展览施工标准用语定义、主要技术手段的定义和解释、艺术品创作加工、价格认定和参照标准、文物保护应用、观众服务理念、非标准化施工的解决方式和监理验收等方面，为博物馆陈列展览工程提供了一套科学可行的，符合目前博物馆陈列展览工作特征的操作规程。所谓"形式设计"是"一项将展览内容文本、展品、展陈空间结构进行分析后所形成的展览施工工程设计与辅助展品设计的工作"[1]。《规范》指出：形式设计包含视觉形象设计和施工设计两方面，是根据已有的内容设计（陈列展览大纲等）、展品和建筑设计图纸，对展览的空间构成、视觉艺术形态、内容的逻辑关系呈现和展品的组织、排列、安置方式，以及承载环境的施工和各种辅助技术手段的实施方法进行总体设计，重点在于对陈列展览大纲的理解、整体表现对策和提出解决方案，充分考虑展品安置、文物保护、陈列展览流线和观众安全舒适等方面的要素，以创造科学、良好的陈列展览效果。形式设计包括概念设计和深化设计两个阶段，均应有设计说明和资金概算/预算，在各阶段完成后特别是深化设计完成后均应有严格的审定程序。图纸的绘制应执行或参考 GB/T 50104 和 JGJ/T 244 的规定。图册装订以 A3 幅面为宜。对于概念设计，《规范》进一步指出：要根据陈列展览大纲的要求，对陈列主题和效果总体把握，提出初步意向性设计方案，以艺术表现为主，兼顾可行性，既有感性和探索性特征，

---

[1] 湖南省博物馆．博物馆陈列展览指南 [M]．长沙：岳麓书社，2020：73．

又有设计原则的体现。概念设计宜由建设单位自行提出，亦可通过社会征集、委托或招标方式获得。概念设计应有设计说明、平面图、效果图和资金概算，其他可以根据需要来确定设计深度。概念设计应明确表达以下设计意图：

陈列展览空间构成，含总平面布局设计和立体设计；
陈列展览流线设计；
基本造型风格设计；
总体环境色彩的拟定；
照明方式拟定和光源选择；
重点展项的意向性设计；
拟定施工和陈列展览主要技术手段，并对技术难度进行评估；
拟定施工主要材料和施工技术要点；
明确消防疏散通道；
编制资金概算。

概念设计是设计的第一阶段，确定的是创意设计，主要确定形式设计的大方向和技术路径。设计者在实操过程中，可以不断设问[1]：设计方案对展览传播目的的把握是否准确？对展览的主题和内容理解是否正确？展览内容在展示空间的点、线、面的布局是否合理？重点和亮点是否选准和有效表达？展览艺术表现的逻辑是否清晰？艺术表现元素与展示主题和内容是否吻合？展示艺术的工艺和技术是否可靠？造价是否合理？展示空间的艺术氛围营造是否贴切？方案是否具有进一步深化的发展前景等？如果

---

[1] 陆建松.博物馆建造及展览工程管理[M].上海：复旦大学出版社，2019：345.

回答好了以上提问，则可以被视为是合格的概念设计。

对于深化设计，《规范》进一步指出：深化设计阶段是对概念设计的扩充、修改、完善和具体化，应与前期概念设计保持一致性。概念设计确定后，与内容的逻辑关系对应的各种陈列展览形式要素的具体设计，包含环境造型、色彩、平面设计、标题版系统、展品标牌、展具、辅助展项、照明设计、文物保护等，其设计应符合人体工程学的要求。图纸包括两类，效果图、轴测图、艺术创作草图画稿等属于表现性图纸，平面图、立面图、大样图、节点图等属于施工图纸，制图标准见GB/T 50104、GB/T 18229和JGJ/T 244。

根据博物馆展览设计与制作布展的实践，深化设计任务主要包括：展厅基础装饰工程设计（顶、地、墙及电器工程）、展示内容空间布局设计、观众参观动线设计、展品展项设计、艺术辅助展品设计、图文版面设计、多媒体规划与设计、观众互动体验装置设计与研发、展示家具和道具设计、展示灯光设计等方案。对应的相关图纸应该包括：展览总平面图和各分平面图，观众流线图，各展厅全景透视图，展示空间环境氛围效果图，典型展品组合效果图（包括序厅和各个部分、单元重点和亮点效果图），展示家具和道具的造型图（包括展柜、壁龛、展台、展墙设计图），展项的平面、立面和剖面图，图文版面的设计图，展示灯光设计效果图，多媒体和互动展示装置设计图，施工图以及展览施工预算书等。[①]

博物馆陈列展览的形式设计，是形式设计人员在策展人或者内容设计者的帮助之下，通过艺术再创作而形成的关于内容的

---

① 陆建松.博物馆建造及展览工程管理[M].上海：复旦大学出版社，2019：345.

具体化、视觉化表现。前文已经论述过"内容设计"与"形式设计"之间的关系,那么就展陈形式设计本身而言,以不同形态区分,有封闭式陈列、动态陈列、复原陈列、全露置陈列;以风格区分,有情节型、唯美型、参与型、交流型四种设计流派。后者这四种设计流派展示了西方国家博物馆陈列设计语言注重文字性说明——强调展品自身说话——重视观众自身对陈列中隐含的知识的探索——关注用平等的氛围与观众进行交流的发展轨迹。[①]但显然这并非单线型的取代或替换的关系。以上"设计流派是针对陈列设计的功能性,并非形式构成的实质呈现,亦非真正的风格发展分析……在博物馆形式设计的区别系统中,有些特征是易被归类的,也有一部分元素处于分类框架之外。例如,对同类展品展陈内容叙事与视觉策划的审美取向、陈列设计呈现的不同手法等。无论是否有意为之,风格问题是博物馆展陈系统必然涉及并且呈现的。视觉与感官形态问题主要表现在审美区别系统的比对中,而不是针对设计师或设计团队的个体研究,也不是简单针对某个机构某类藏品的单向研究……博物馆展陈设计风格作为展示效果的整体感知与可视化呈现,各设计元素相互作用以发挥效应……对于设计方与观众来说,展厅设计的风格效应包括'对形式的感知'与'对意义的感知'两个层面。所谓'对形式的感知',是人们通过视觉等方式感知,有意识地对空间风格建立的直观印象;'对意义的感知',是在形式感知的基础之上,结合展示主题,综合设计处理,进行更综合、立体的判断、评价与思考。有些设计细节未必被观众第一时间察觉,但它们也参与了风格搭建并发挥了效应,如对隐藏门的处理、界面围合划分的空间形态等。这

[①] 俞敏敏. 陈列设计中的几个流派及启示 [J]. 中原文物, 2003(1).

些因素辅助形成对展厅意义的感知"。① 但遗憾的是,"博物馆展陈的学术研究与实践脱节、滞后,从一定程度上影响了博物馆展陈设计的发展。首先,博物馆展陈设计的研究应该是多层面的,笼统地讲几套放之四海而皆准的理论、说几个案例并不能深入到展陈设计研究的实质层面中去。艺术史、人类学、环境心理学均能从特定的入口切入到博物馆陈列研究中,对博物馆展陈设计形态进行观测,博物馆展陈设计研究不仅仅是形式的问题,还是文化形态的问题。博物馆展陈设计的理论与风格研究可以从宏观的角度观测现当代历史博物馆发展的现状与问题,对新馆建设有一定的助益与指导,也丰富了博物馆学研究的内涵与外延,使博物馆学人、博物馆方与设计方均能够对发展中的博物馆建设全局进行基本的分析与把控"。②

可以确定的是,在博物馆从"物的中心"到"公众中心"转变的过程中,对服务对象在参观展览时实际的感知和体验日益重视,反过来助推的就是在策划和设计中有意识地充分考虑观众的需求。这一点在历史类展陈的实践中表现得最为明显。过去,多数历史类展陈也就是以文物为主导的展示活动,注重的是策划者的主位视角,内容策划团队较为直接地将研究成果简化为内容大纲,形式设计人员则按照内容文本将以文字为主导的展览方案"搬进"展厅。对应的展品说明牌最直接的写作方法就是从器物学的角度,对其器型、纹饰、铭文等进行直观描述,展品的命名也完全采用考古学和器物鉴定所规范的命名方式。那时的展陈形式设

---

① 李倩倩. 从空间到风格——历史类博物馆展陈设计研究[M]. 北京:中国建筑工业出版社, 2017:95—99.
② 李倩倩. 从空间到风格——历史类博物馆展陈设计研究[M]. 北京:中国建筑工业出版社, 2017:375—376.

下 篇
博物馆陈列展览的实践流程与操作

计尚未上升到独立的流程环节,也未被艺术设计门类的专门学科所关注。"三部一室"制之下,老一辈的展览部工作人员,变成了既懂内容又兼设计的"全才"。但伴随着现代博物馆的不断发展,业界逐步重视作为展览信息接收方的观众,关注他们在感知和接收博物馆传达历史信息、情感信息过程中的反应。历史博物馆具有了更加明显的信息、娱乐与审美诉求。现代投影、成像等交互式技术为历史博物馆从视觉、听觉、触觉等多种角度全方面传递信息提供了技术支持。观众从视、听、感、触等多角度立体地认知信息,主动参与并吸收信息。另一方面,观众审美情趣的提高是博物馆展陈模式演变的驱动力,多媒体技术的演进进一步促使博物馆加强了对陈列美感的追求,博物馆在关注陈列器物的安全与内容大纲的合理性基础上,提高对展陈形式设计的要求,从而使观众访问博物馆不仅是智识的过程,也是审美的过程。[①]在这样的形势之下,博物馆展陈的明细分工、术业专攻、流程化发展已是必然。一切的发展都是"以人为本",观众需求引导设计,对应的形式设计基本要求除了遵循内容设计的前提,还要实现良好的空间艺术转化,在注重知识性、引导性、趣味性和审美性的前提下,激发观众的参与性和体验感。这恰恰也是博物馆最新定义所涉及的内容——为教育、欣赏、深思和知识共享提供多种体验。恰如海蔚蓝先生所言:"展陈艺术也可谓观念艺术与装置艺术的结合。就每个展览而言,都是在一个约定的空间,于所有细节的交融中来呈现各个展品的个性,又使之通过内容的整合与重构,成为浑然和谐的一个整体,来表现展览想说的事儿。这是一

---

① 李倩倩.从空间到风格——历史类博物馆展陈设计研究[M].北京:中国建筑工业出版社,2017:105.

个脑与手、材料与技术的结合。"[1]

综上,对于博物馆展陈尤其是历史类展陈的形式设计的基本要求在于以下几点:

一是形式设计以文物展品为核心。苏东海先生认为:"如果一个陈列不是靠文物说话而是靠附加的展品说话,那就失去了博物馆的特征,也就失去了陈列的灵魂。"[2]这里所涉陈列尤其指代的是历史类文物陈列。也就是说,不管我们用多少现代手段、技术、材料进行陈列设计,针对这类展陈进行形式设计的本质还是以文物为中心。那么,随之而来的则是要在保障文物安全第一位的前提下,形式设计师要对文物展示环境所需的温湿度、灯光、展具等安全要求做到心中有数,并在设计稿及施工布展中落实到位。

二是形式设计要准确理解展陈主题和内容方案。从此出发,形式设计师才不至于偏离策展人想要传达的信息和传播目的;要坚持艺术表现元素与展陈主题和内容的高度吻合,切忌形式大于内容,要始终坚持形式是为内容服务的,而不要喧宾夺主;在营造空间氛围之时,切忌"出戏",要做到逻辑清晰、动线流畅,令观众尽量不走或少走"回头路";在空间布局和"点、线、面"的整体设计上,做到疏朗有度,通透绵延,富有韵律和节奏感。

三是形式设计要突出展陈内容的重点和亮点。要重点思考、巧妙进行信息组团,在合理分配空间的基础上对重点和亮点内容有所倾斜,并有创意地设置"打卡点"和"拍照点",但形式设计需要把握度,切忌为了作秀而"秀",要紧扣"秀"的目的是

---

[1] 海蔚蓝.策展哲学[M].南宁:广西美术出版社,2021:234.
[2] 苏东海.博物馆的沉思——苏东海论文选(卷三)[M].北京:文物出版社,2010:134.

为了增强观众参观展览的理解力和参与性、趣味性，从而实现形式设计传播目的。

四是形式设计要遵循观众参观行为的基本习惯，注重人性化设计。比如大多数时候，观众从左到右的阅读习惯，也就是顺时针的动线，但也有例外的就是中国古代书法、书画习惯是从右到左，也就是逆时针的动线；要注重展陈信息的分层级设计，以便观众"阅读"和感知到最重要的内容点；因目标观众群体的差异化，要有意识地设置符合人体工程学、视觉聚焦的最佳观展视距和驻足点，从而尽量满足人体体验的舒适感；还要留意灯光设计、无障碍设计、安全设计等与观众切身利益紧密相关的诸多方面内容。

除基本要求之外，博物馆展陈形式设计还有一些关键性的技巧和方法，其中"一图抵千文"就是一种特别符合博物馆视觉传达的设计技巧，在以古代文物为主导的历史类展陈中十分好用。这一技巧的总结仍然源自对观众参观行为的思考与关照。文字是最经典的信息媒介，拥有隽永而深刻的力量，但博物馆观众却是在站立与行走交替运动中阅读文字的，因此参观博物馆变成一种体力活。怎么将"长篇累牍"和高度提炼的文字变得生动和易于阅读，形式设计人员可以发力的点就在于图示化和形象化，可以利用插图、图表、地图、剖面、模型等方法削减密集文字的篇幅。做得比较好的展览案例就是2019年湖南博物院推出的原创性展览——"根·魂——中华文明物语"展，之后这样的做法变得普及，比如新改陈的四川广汉三星堆博物馆基本陈列普遍采用这样的图示化方式，通过增加众多图示化篇幅来铺陈和丰富与三星堆文化有关的背景知识，令观众参观之后具有较强的获得感。

最后，笔者认为非常值得推荐的标签撰写者和设计者的十大要诀[①]如下：

1. 把你的主要想法说清楚，并用简略的标题予以传达，以便路过的人可以一目了然。

2. 使用主动语态，生动的动词和对话的语气。

3. 将文本设置成短小、易处理的段落。

4. 具有足够大的字体和高对比度。

5. 采用易识别的字体和字形。

6. 采用干净的布局，具备很多空白区域。

7. 确保标签放置得当：在观众的视野范围内，离地面3英尺—6英尺（0.9米—1.8米）……

8. 靠近文物、场景和活动……

9. 按照瑟雷尔（Serrell）的说法，标签放在哪里，观众的眼和手就自然跟到哪里………

10. 将一般大小的标题和大的粗体标题置于合适的位置，以便人们路过或是排队等位时都可以透过人群阅读它们。

六、陈列展览的评价与评估

什么样的陈列展览是好的？衡量陈列展览好与坏，成功与否，至今尚未有统一的标准。

海蔚蓝先生用"经典"来谈论陈列展览，认为具有高标准的"经典"陈列展览一定是"智性展"，必定有其艺术、学术、思

[①] 波利·麦肯娜·克雷斯、珍妮特·A.卡曼.博物馆策展：在创新体验的规划、开发与设计中的合作[M].周婧景，译.杭州：浙江大学出版社，2021：127—128.

考的深度，发人之所未见，论人之所未及，并总结了"打造经典"的十个要点[①]："意在笔先的展览立意""好题难找需把舵""搜尽奇峰打草稿""以形象之物表达抽象之观念""古往今来的考量""根深才能叶茂""寻找展览的'眼睛'或灵魂""展览的空间与色调""雁过留声的著作""恰如其分的展览说明"。一个成功的展览是在"熟悉"与"陌生"之间对话，是在博物馆提供的权威知识与大众的认知局限之间搭建理解的桥梁。[②] 无独有偶的是，G.Ellis Burcaw 在其《博物馆工作指南》（Introduction to Museum Work）中持类似观点，认为："（博物馆）最终的目的不在于收藏或展示，甚至不在于参观者观看展示。这些不过是手段而已。最终目的在于给人们心理带来变化，这才是博物馆存在的目的，而衡量博物馆有多成功的标准，是这些精神上的改变的总和在多大程度上促进了博物馆的目的和目标的实现。"陆建松先生进一步总结了以叙事型博物馆展览[③]为代表的"好展览"的判断标准，指出一个好的展览，必定是一个有着明确传播目的，并且按照传播目的来系统组织、规划和设计的展览；反之，没有明确传播目的的展览必定是一个不成功的展览……一个好的展览必定是一个主题高度提炼的展览……一个好的展览必定是点、线、面结构规划清晰的展览……一个好的展览必定是展览重点和亮点突出的展览……一个好的展览必定是符合博物馆展览目的和宗旨

---

① 海蔚蓝.策展哲学[M].南宁：广西美术出版社，2021：188—232.
② 沈辰.众妙之门：六谈当代博物馆[M].北京：文物出版社，2019：88.
③ 所谓叙事型展览，是指这类展览以叙事的方式表达展示意图、达成教育目的，它们是讲述一段历史或故事，一个人物或事件，一种自然现象或科学原理等。这类展览往往有明确的传播目的和主题思想，有严密的内容逻辑结构及其结构层次安排。根据故事意识流选择和组织相互关联的展品，强调展示元素（实物图文版和辅助展品）之间的联系。叙事型展览不同于以审美为导向的文物艺术品展览。

的展览……一个好的展览必定是符合"科学性和真实性"原则的展览……一个好的展览必定是符合"观赏性和趣味性"原则的展览。[①] 沈辰先生则认为，展览的评估与五个关键词有关，即精神遗产、观众人数、预定目标、媒体评议、学术评论，并总结了观众喜欢和看得懂的展览应该是既有思想、有创意的；也是既有代入感、体验感的；既有吸引人的主题，也有经典的展品（文物或艺术品）；既有深度的研究，也有通俗的表达；既有故事、有亮点，也有新视角的阐释。[②]

从以上论述可知，好展览的评价体系非常复杂，这可能也是至今未能达成一致的原因所在。笔者认为，可以从三个方面进行审视：一则是对博物馆而言，评估其是否符合博物馆定位与陈展体系的设定；二则是从策展角度而言，是否立足博物馆性质并能达成传播目的；三则是对受众而言，观众是否能因观看展览而受到触动，是否有启发、有收获。前两方面主要针对的是博物馆自身，至少是博物馆策展人及其团队需要自省和检视的。第三点在当前博物馆以公众为中心的转型趋势中，恰如安来顺先生曾在中国江南水乡文化博物馆作关于"博物馆展览开发策略的探讨"讲座时所说："要避免把博物馆的陈列展览趋同于其他文化展示项目，要注意不同受众群体的个性，观众在博物馆学习的特征，区分博物馆展陈类型，突出展览体验的服务性，拓展沉思式、主题式、环境式、互动式的展览多样化体验。"

以评促建、以评促改、以评促管、以评促强，推动我国博物馆展陈水平的高质量发展，吸收和借鉴西方国家博物馆界流行

[①] 陆建松.增强博物馆的公共服务能力：理念、路径与措施[J].东南文化，2017（3）.
[②] 沈辰.什么是观众喜欢和看得懂的展览？[J].科学教育与博物馆，2020（6）.

下　篇
博物馆陈列展览的实践流程与操作

的评估模型和方法十分有效。"就评估的真正价值而言，迪恩指出评估的结果能作为评判该展览是否达到预期目标的标准，利于反思展览工作的改善空间，从而激发未来展览的新想法，提升下一次展览执行效能。"[①] 那么，展览评估什么，何时评估，怎么评估值得探讨。部分学者认为"有效性"对于展览评估具有重要意义，丹尼洛夫借用美国博物馆评估研究先驱 C. G. 斯克里文（C. G. Screven）提出的"目标指向式"（goal-referenced）研究来说明评估展览的理想方式，即以展览的预期目标为基准进行评价，指出在设计展览评估方案之前，首先必须明确三个基本问题：人们希望展览达到怎样的效果？如何通过展览及展品达成预期效果？有没有办法衡量展览是否达到预期效果？唯有界定清楚展览目标、思考清楚上述问题，才能着手开展切实有效的展览评估。[②] 另一些学者则认为"评估需围绕博物馆观众、展览流程、展览效能三方面开展；评估的三个基本问题为展览应该对观众产生怎样的影响、展览目标如何实现，以及怎样了解所设立的展览目标对目标观众的影响"。[③] 在被誉为最早的将展览理论与实践进行综合阐释的博物馆学经典教材之一的《博物馆展览的理论与实务》（*Museum Exhibition: Theory and Practice*）中，迪恩总述了展览评估的三个重要时间段——展览概念形成时期、规划与展览生产的过程中、展览完成时并对外开放后，它们分别对应前置性评估（front-end analysis）、形成性评估（formative evaluation）、总结性评估（summative testing）。三种评估类型环环相扣，贯穿展览策划、实施过程的始终，它们最大的挑

---

① 尹凯.20世纪西方博物馆研究著作指南[M].南京：江苏凤凰文艺出版社，2024：320.
② 尹凯.20世纪西方博物馆研究著作指南[M].南京：江苏凤凰文艺出版社，2024：48.
③ 尹凯.20世纪西方博物馆研究著作指南[M].南京：江苏凤凰文艺出版社，2024：320.

战是判断展览能够实现怎样的传播效果，但各有侧重：前置性评估奠定展览目标设立的基础，形成性评估促进展览规划的调整，总结性评估判断展览规划是否成功，且后两种评估更偏向于测评展览的效能。[1]

有类似观点指出[2]：前置性评估可以使用调查、访谈或观察特定行为模式等方法，也可以利用历史数据、档案资料（如照片）以及与类似机构或项目进行比较的内容。前置性评估的目的是在策划项目或展览之前了解观众，以更好地了解项目开发后观众的最终反应。从本质上讲，前置性评估中搜集到的观众信息可以运用到项目策划中。形成性评估能帮助了解一个项目或展览效果如何、向目标受众传递信息效果如何，以及如何产生更好的效果。形成性评估通常在项目制作过程中进行，评估观众对项目、展览的计划或"模型"的反应。形成性评估能在最终布展之前改进展览或项目的设计。形成性评估也可在展览刚开幕时进行，有助于排查现场问题——博物馆工作人员和设计师能利用评估信息进行简单改进以便最大限度地提升游客体验感，也可以解决在项目或展览制作过程中无法预见的问题，如灯光、人流或指示牌等。实际上，很多机构对于展览或项目的评估是全周期的、持续的、重复的反馈和改进过程，因此，形成性评估是一项持续不断的工作。总结性评估尝试了解项目完成后所产生的影响，一般在展览向公众开放、完成迭代设计后开展。如果是社会教育项目，也是在项目面向公众后进行。总结性评估可以较简单地记录展览观众或项目参与公众；也可以较复杂，了解展览体验如何改变观众对于某

---

[1] 尹凯.20世纪西方博物馆研究著作指南[M].南京：江苏凤凰文艺出版社，2024：320.
[2] 朱迪·戴蒙德，迈克尔·霍恩，大卫·尤塔尔.实用评估指南：博物馆和其他非正式教育环境的评估工具（第三版）[M].邱文佳，译.上海：复旦大学出版社，2022：3—4.

一主题的认知。总之，总结性评估通过对现有项目的了解提高未来活动的质量。

近年来，中国博物馆业界和学界日益重视评估研究工作。中国学者将整个现状分为四种情况[①]：第一，一部分博物馆理念上不重视，不开展观众研究。情况多见于三级馆。第二，一部分博物馆出于业务的应用性目的，以方便为前提开展调查评估。比如说会在博物馆日、文化遗产日、五一和十一期间开展普查式的调查，或者针对负责部门所开展的业务，用一个观众问卷调查的方式来进行统计，或者偶尔让志愿者、博物馆讲解员到现场和观众做一个非正式的交流，这样的研究也非常好，不强调具体的方法，只是以"方便"为前提开展，却也非常实用。第三，一部分博物馆出于业务的应用性目的，员工采用严谨的研究法对实务进行评估。在招聘时有部分员工懂社会学、统计学，有相关的受训背景，让他们来做相应的观众研究。如重庆红岩革命历史馆也做了问卷、访谈等。还有重庆中国三峡博物馆做观察法研究，中国科技馆使用 PMM（个人意涵图）、语义分析等开展研究。第四，少量博物馆出于业务的应用性目的，内部员工通过与高校、企业等合作进行评估。当然，有全权委托的评估，比方中国科技馆（2015年后）、中国国家博物馆（部分委托，即技术层面委托，而内容设计自己做）。可喜的是，包括展陈在内的越来越多的博物馆专业评估正在进行中。

笔者负责的展览"神话国度 璀璨爱琴海——古希腊文明史诗"，在实施过程中，为了有针对性地对国际文物交流展进行

---

① 周婧景.国际比较视野下略论——中国博物馆的观众研究问题[EB/OL].[2022-04-06].https://mp.weixin.qq.com/s/WXNPtDOhngK8dDQiaUs7Pw.

"在地化"策划，我们将博物馆加强"阐释"的功能进一步落实，实施了类似于前置性、形成性和总结性的调查分析与评估。而我们在制定评估计划时，主要思考的几个问题是：评估的目的是什么？评估结果将如何运用？评估受众是谁？评估结果与谁共享？谁来做这个评估调研？评估预算多少？评估成果的形式与推广如何？

前置性调查对应展览概念形成时期，甚至包括长期以来形成的观众调查数据和分析结果，这也是专业办展机构和有稳定策展团队的博物馆的优势。"神话国度 璀璨爱琴海——古希腊文明史诗"是策展团队有意识地将之前数十年积累的对观众的认识和理解运用到展览中，并据此将想要深入了解的问题植入问卷调查和半结构式访谈研究之中。在我们的案例实践中，前置性评估与形成性评估融为一体，直接进入规划和展览生产的过程中。这一融合调研报告对策展及整个展览项目运行的指导意义在于明晰观众的直接需求，比如观众对展览资讯深度和广度的需求，对文字系统传达信息的通俗要求，对重要知识点的展示需求，对中西文化对比坐标体系的需求，以及对展示方式、形式设计、说明牌、门票、参观路线、环境、配套教育活动、文创商品、不同类型观众（性别、年龄、专业、亲子家庭等）参观等诸多方面的需求。[①]当前条件下，有些观众的需求可以在内容策划和板块设计时解答，有些需要在形式和艺术设计时予以高度关注，还有一些则是延伸教育和服务需要积极解决的，这也间接说明博物馆的展示必然是一项综合性、协作型的输出。还有部分可能是博物馆存在的通病，

---

① 段晓明.神话国度 璀璨爱琴海——古希腊文明史诗[M].长沙：湖南美术出版社，2023：276—280.

需要更长时间才能得到正视和有效解决，那么至少也给我们博物馆人一个提示，对于观众所提需求应该审慎对待，坚持"有则改之，无则加勉"的态度。综上，积极合理地利用展览前置和形成性的观众调查报告，有助于进一步贴近观众，引导参观，从而激发观众兴趣，启发观众思考。对应展览完成后的总结性评估，我们对"神话国度 璀璨爱琴海——古希腊文明史诗"展览进行了展中调查研究，收集了观众对此展的评价和建议，既包括好评，又包括批评性意见。我们对于后者非常重视，甚至专门组织人员进行分析和讨论，如有必要也会对提问者进行回应。

针对"神话国度 璀璨爱琴海——古希腊文明史诗"展览，我们最终形成了两份调查评估报告：前置观众调查报告和观展体验调查报告。两份观众调查报告对应了展览的前置性评估、形成性评估和总结性评估。总之，要进一步构建符合我国博物馆发展实际的系统化操作方法，以及形成特色化的理论体系，还有很长的路要走。我们所作的尝试，也旨在为学界和业界提供一点探索的经验，故特将以上两份观众调查报告放入附录，希冀可以推广给更多的读者群体。

结语

我们不难看到，我们这个时代是一个新时期的降生和过渡的时代。人的精神已经跟他旧日的生活与观念世界决裂，正使旧日的一切葬入过去而着手进行他的自我改造……现存世界里充满了的那种粗率和无聊，以及对某种未知的东西的那种模模糊糊的若有所感，都在预示着有什么别的东西正在到来。

——［德国］黑格尔

21世纪的博物馆，正处在新时期的降生和过渡的时代，这是最好的时代，也是充斥着怀疑和不确定性的时代。近期有两篇文章备受关注，引发讨论。一篇是宋向光先生十几年前写作的《历史类博物馆"艺术转向"的隐忧》，一篇是严建强先生2021年发表的《展览阐释：美术馆和博物馆策展比较——兼谈博物馆的美术馆化》。两篇文章都在关注博物馆的美术馆化、艺术化转向。就历史类博物馆和博物馆历史类陈列展览而言，在多元化发展趋势中，什么不可变，变的是什么，均值得我们时刻警惕和深入思考。

毋庸置疑的是，"博物馆的'不变'在于其收藏的经典性，'变'的部分则表现在'从诞生至今其定位作用乃至形态一直处在变化之中',追根究底要使博物馆适应社会历史情境的变化"。[①]"博物馆从有形之物到无形之物,物的系统运作支撑着博物馆的生产秩序,规定着文化边界。博物馆的文化认同都是通过物来体现和彰显的……博物馆物的每一次思维转向都揭示出博物馆价值建构的可能性。"[②] 在博物馆历史类陈列展览的策划中,如何坚守"以物为中心",联系到"以观众为中心"的双重中心的并重,从而支撑起经典的历史类博物馆的意义建构,是一代代博物馆人不断锤炼自身专业度及其在文化遗产领域服务的"高质量"追求。探寻历史类博物馆、历史类主题展的意义,永远需要通过"物"来建构新的关系模式,从而切入到人的思想深处,需要通过多维度的阐释来展示"物与人"的多种可能性。

传统以物为主导的博物馆,以及以信息主导、传播概念、强调体验感和沉浸式氛围的博物馆,共同见证了近几十年来中国博物馆建设理念的发展历程。当前越来越多的博物馆理念席卷而来,公众日益成为主导博物馆发展的一股中坚力量。有人到博物馆来乘凉,有人到博物馆来探究奥秘,有人到博物馆来学习知识,有人到博物馆来逛小商品卖场……观博物馆观众百态,领悟时代对博物馆的需要,博物馆人应积极理性地反思,才不至于陷入虚无主义的定位焦虑和恐慌之中。

我们到博物馆的实践中去,博物馆可以更为关注社会和大众,我们还可以运用传播学的理论与方法助力中国博物馆的高质量发展。通过汲取来自传统历史类博物馆的源泉滋养,有助于中国博物馆体系建设与发展理念的总结与创新,而有着中国特色、中国

[①] 杭侃. 博物馆的不变与变:致敬苏东海先生 [J]. 博物院,2021(4).
[②] 杨秋. 新博物馆学视野下物的诠释与建构 [J]. 博物院,2023(6).

风格的历史类博物馆亦可成就新的经典。拨开变幻万象的迷雾,迎接新形势下的各种需求和挑战,我们每一位博物馆人都在致力于用"馆舍天地"积极拥抱"大千世界",做好"中国故事"和"人类命运共同体"叙事的"博物馆展览表达"。我们积极探索打造一座有关博物馆的理想之城,既要超脱于有形、无形之"城"的格局和拘囿,又要于悠久历史与博大精深文明中点亮璀璨星光。

附录

附录 1

1992—2024 年国际博物馆日主题

年份	主题
1992 年	博物馆与环境 （Museums and Environment）
1993 年	博物馆与土著人 （Museums and Indigenous Peoples）
1994 年	走进博物馆幕后 （Behind the Scenes in Museums）
1995 年	反应与责任 （Response and Responsibility）
1996 年	收集今天 为了明天 （Collecting Today for Tomorrow）
1997—1998 年	与文物的非法贩运和交易行为进行斗争 （The Fight Against Illicit Traffic of Cultural Property）
1999 年	发现的快乐 （Pleasures of Discovery）
2000 年	致力于社会和平与和睦的博物馆 （Museums for Peace and Harmony in Society）
2001 年	博物馆与建设社区 （Museums: Building Community）

续表

年份	主题
2002 年	博物馆与全球化 （Museums and Globalization）
2003 年	博物馆与朋友 （Museums and Friends）
2004 年	博物馆与无形遗产 （Museums and Intangible Heritage）
2005 年	博物馆——沟通文化的桥梁 （Museums Bridging Cultures）
2006 年	博物馆与青少年 （Museums and Young）
2007 年	博物馆和共同遗产 （Museums and Universal Heritage）
2008 年	博物馆：促进社会变化的力量 （Museums as Agents of Social Change and Development）
2009 年	博物馆与旅游（Museum and Tourism）
2010 年	博物馆致力于社会和谐 （Museums for Social Harmony）
2011 年	博物馆与记忆（Museums and Memory）
2012 年	处于变革世界中的博物馆：新挑战、新启示 （Museums in a Changing World: New Challenges, New Inspirations）
2013 年	博物馆（记忆+创造力）=社会变革 ［Museums（Memory + Creativity）= Social Change］
2014 年	博物馆藏品架起沟通的桥梁 （Museum Collections Make Connections）
2015 年	博物馆致力于社会的可持续发展 （Museums for a Sustainable Society）

续表

年份	主题
2016 年	博物馆与文化景观 （Museums and Cultural Landscapes）
2017 年	博物馆与有争议的历史：博物馆讲述难以言说的历史 （Museums and Contested Histories: Saying the Unspeakable in Museums）
2018 年	超级连接的博物馆：新方法、新公众 （Hyperconnected Museums: New Approaches, New Publics）
2019 年	作为文化中枢的博物馆：传统的未来 （Museums as Cultural Hubs: The Future of Tradition）
2020 年	致力于平等的博物馆：多元和包容 （Museums for Equality: Diversity and Inclusion）
2021 年	博物馆的未来：恢复与重塑 （The Future of Museums: Recover and Reimagine）
2022 年	博物馆的力量 （The Power of Museums）
2023 年	博物馆、可持续性与美好生活 （Museums, Sustainability and Wellbeing）
2024 年	博物馆致力于教育和研究 （Museums for Education and Research）

附录2

中华人民共和国文物保护行业标准
博物馆展览内容设计规范

前 言

本标准按照 GB/T 1.1—2009 给出的规则起草。

本标准由国家文物局提出。

本标准由全国文物保护标准化技术委员会（SAC/TC 289）归口。

本标准起草单位：南京博物院

本标准主要起草人：龚良、陈同乐、田甜、欧阳宗俊、胡卫民、谢博。

博物馆展览内容设计规范

1 范围

本标准规定博物馆展览内容设计的原则、设计的流程及各阶段的具体要求。

本标准适用于博物馆展览的内容设计工作，其他展览可以参照执行。

2 规范性引用文件

下列文件对于本文件的应用是必不可少的。凡是注日期的引用文件，仅注日期的版本适用于本文件。凡是不注日期的引用文件，其最新版本（包括所有的修改单）适用于本文件。

GB/T 15834—2011 标点符号用法

GB/T 15835—2011 出版物上数字用法

GB/T 30234—2013 文物展品标牌

CY/T 118—2015 学术出版规范 一般要求

附 录

WW/T 0019—2008 馆藏文物展览点交规范
WW/T 0064—2015 文物出境展览协议书编制规范
3　术语和定义
下列术语和定义适用于本文件。

内容设计　　content design
根据展览主题和内容，完成从选题提出、前期准备、展览大纲、展品确定到展览文本和延伸设计的整个流程。

策展人　　curator
展览策划人
在展览项目中担任构思、组织、管理并起核心作用的专业人员。

展览主题　　exhibition theme
展览主要内容的概括。

目标观众　　target audience
预期设定的展览主要观众群体。

展览大纲　　exhibition outline
展览内容的主要构架。

展览文本　　content text
展览内容设计的完整文件。

展览名称　　exhibition title
展览标题
展览主题的提炼。

前言　　introduction
序言
简要阐释展览主旨的文字。

展品　　exhibits

227

展览所展示的物品和展项。

注：包括文物、标本、科技成果、当代艺术品、非物质文化遗产及其衍生品。

辅助展品　auxiliary exhibits

配合展览主题辅助展示的物品和展项。

注：包括沙盘、场景、图表、照片、模型、多媒体展示等。

展品组合　a group of exhibits

体现相互关系的一组展品。

展品说明牌　labels

布置在展品附近，帮助观众认识、解读展品的标牌。

展版　exhibition panels

展示与展览相关的文字、图表等信息的版面。

4　内容设计原则

导向原则

反映、揭示人类文明各个阶段认知的能力、方法和成果，传导正确的历史观和价值观。

科学原则

体现本领域先进和稳定的知识体系，坚持科学性和客观性，以科研成果作为展览学术支撑，准确揭示展品内涵，尊重历史事实，杜绝主观臆造。

传播原则

适应公众认知特点，传递易于理解和接受的信息。

创新原则

符合社会和博物馆事业发展阶段性要求，倡导展览的原创性和多样性。

审美原则

注重语言、故事、展品组合等艺术性，符合观众的审美需求。

5　内容设计流程

内容设计流程见图1。

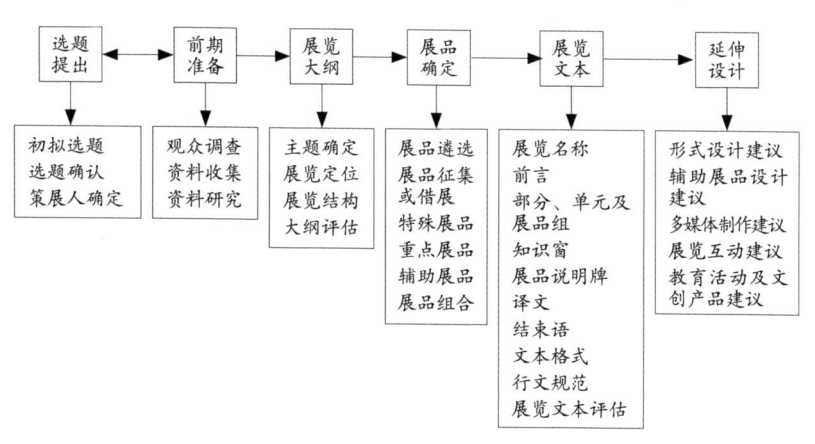

```
┌──────┐   ┌──────┐   ┌──────┐   ┌──────┐   ┌──────┐   ┌──────┐
│ 选题 │ → │ 前期 │ → │ 展览 │ → │ 展品 │ → │ 展览 │ → │ 延伸 │
│ 提出 │   │ 准备 │   │ 大纲 │   │ 确定 │   │ 文本 │   │ 设计 │
└──┬───┘   └──┬───┘   └──┬───┘   └──┬───┘   └──┬───┘   └──┬───┘
   │          │          │          │          │          │
┌──┴────┐ ┌──┴────┐ ┌───┴────┐ ┌───┴────┐ ┌──┴─────┐ ┌───┴──────┐
│初拟选题│ │观众调查│ │主题确定│ │展品遴选│ │展览名称│ │形式设计建议│
│选题确认│ │资料收集│ │展览定位│ │展品征集│ │前言    │ │辅助展品设计│
│策展人确定│ │资料研究│ │展览结构│ │或借展│ │部分、单元及│ │建议      │
└───────┘ └───────┘ │大纲评估│ │特殊展品│ │展品组  │ │多媒体制作建议│
                    └────────┘ │重点展品│ │知识窗  │ │展览互动建议│
                              │辅助展品│ │展品说明牌│ │教育活动及文│
                              │展品组合│ │译文    │ │创产品建议│
                              └────────┘ │结束语  │ └──────────┘
                                         │文本格式│
                                         │行文规范│
                                         │展览文本评估│
                                         └────────┘
```

图1　内容设计流程图

6　选题提出

初拟选题

结合馆藏资源特点和目标宗旨，由业务人员提出选题。

选题确认

根据博物馆的宗旨、特色，经管理团队讨论，确认选题。

策展人确定

策展人

选题确认后，确定策展人，策展人在展览团队中起核心作用。

组建内容设计团队

根据策展人的建议，组建包含相关业务人员参与的团队。

7　前期准备

观众调查

调查内容

对展览选题的范围、展示内容、展品以及观众的基本信息、文化背景、参观预期等进行调查，收集并研究观众的兴趣点和审美需求。

调查方法

主要有大数据分析、已有调查成果应用以及电话、问卷、讨论会等形式。

资料收集

围绕展览主题，广泛收集相关藏品信息、论著、图片等。开展研究。

资料研究

对收集的资料进行深入研究，以此作为展览内容设计的学术支撑。

8 展览大纲

主题确定

根据研究成果及评估意见，确定展览名称、主旨及传播目的。

展览定位

根据前期调研，确定目标观众。

根据目标观众，确定展览类型。

根据展览内容、展品数量及展览经费、展厅空间等，确定展览规模。

展览结构

展览结构应符合整体性、逻辑性、关联性、层次性、均衡性等特点。

展览结构一般分为三层：第一层为部分，第二层为单元，第三层为展品组或展品。各部分、单元、展品组或展品有机联系，统一并服从于展览主题。

部分和单元需拟定标题，标题应能体现展览主题和内容。

标题文辞风格应相互统一，同一层次的标题应对仗呼应，整齐美观。

大纲评估

由专业人士对展览大纲的主题、定位、结构等进行评估。如通过，则进入下一阶段；未通过，则修改大纲或取消选题。

9 展品确定

展品遴选

撰写展览大纲后，应对相关藏品作调研，遴选符合展览主题的藏品作为展品。

评估藏品的现状是否适宜展出。

遴选展品时，收集、记录展品的名称、年代、尺寸、来源、图片及特点等信息，作为编写展览文本和展品说明牌的资料。

在展览文本撰写过程中，应寻找展品的组合关系。

展品确定包括实物展品的遴选和非实物展品的设定。

展品征集或借展

如馆藏展品达不到展览要求时，可视情况从其他收藏机构借展或征集一定数量的展品。

需要借展的展品，应依据国家相关法规及行业标准，办理借展手续，签订借展合同，确保包装、运输以及点交过程安全规范。

特殊展品

地图、宗教、民族以及人体、器官等特殊展品的遴选，要严格按照国家相关法律法规和博物馆职业道德规范执行。

重点展品

挑选承载重要传播目的展品作为重点展品。

重点展品应具有典型性和代表性。

重点展品应置于展览的重要位置，或以独特的形式展示。

辅助展品

根据展览需要，拟定一定数量的复制品、模型、沙盘或创作的书法、绘画、雕塑等作为辅助展品。

辅助展品要与展览主题密切相关，制作精良，艺术效果良好。

辅助展品的使用应恰当、适度。

展品组合

通过研究，寻找展品的相互关系，设定展品组合，诠释展览主题。

展品组合要科学、合理、美观，便于传递展览信息，易于观赏和接受。

10 展览文本

展览名称

展览名称应准确反映主题，简洁凝练，高度概括，富有文化底蕴。

展览名称分为两种：第一种是复合标题，即主标题加副标题；第二种是单一标题。主标题一般提炼展览的精神内核和文化内涵，副标题说明展览的时间、范围、质地、特色等较为具体的内容。

示例1："千里江山——历代青绿山水画特展"（故宫博物院）。

示例2："江苏古代文明"（南京博物院）。

前言

阐述展览主题、重点内容和文化内涵等。

篇幅精短，一般不超过500字。

由展览主办单位撰写。

部分、单元及展品组

展览内容结构，一般由部分、单元、展品组或展品等多层级构成，展览中对应为一级、二级、三级展版。

部分各有标题，标题下有一段提炼该部分展示内容和文化内涵的文字，称为"部题文字"或"部题说明"，一般不超过250字。

单元各有标题，标题下有一段介绍该单元展示内容和特色的文字，称为"单元文字"或"单元说明"，一般不超过150字。

展品组或展品的介绍文字应体现展品组合关系及展品价值，一般不超过100字。

知识窗

知识窗是对展览和展品知识、信息的补充和阐释。

以简洁文字配合图片、表格等组成，一般不超过150字。

以展版、多媒体等形式展示。

展品说明牌

一般包括名称、年代、尺寸、来源、收藏单位等。

对较为特殊的展品，要作相应的说明。如书画、碑帖、服饰等，要注明质地；不易识别的纹饰或文字要进行解释；创作的展品要注明创作时间、作者等。

译文

举办重要或涉外展览时，通常应将展览名称、前言、部分标题及部题文字、单元标题、展品说明牌等配上译文。

译文应根据展览举办地的实际需求而定，以英语为主。在少数民族地区举办展览，应增加当地少数民族文字译文。

坚持文字精练、内涵准确、用词优美等原则。

结束语

展览可撰写结束语,内容包括展览的总结、寄语、感谢等,一般不超过 300 字。

文本格式

目录

包括前言、部分、单元、结束语及附件等,并标注页码。

正文

包括展览名称、前言、部分标题及部题文字、单元标题及单元文字、展品组及展品说明,知识窗,展品说明牌,译文,结束语等内容。

附件

包括展品清单、内容设计团队名单、延伸设计建议、专家座谈会纪要等。

行文规范

展览文本内容应准确可靠、简练易懂,按照 GB/T 15834—2011、GB/T 15835—2011、GB/T 30234—2013、CY/T 118—2015、WW/T 0019—2008、WW/T 0064—2015 的要求执行。

展览文本评估

能否准确阐释和体现展览主题并成为观众喜爱的展览。

结构是否合理,文字是否精练,与展品的契合是否得当。

是否具有可操作性,并对形式设计、教育活动、文创产品开发等起指导作用。

由专家组进行评估。

11 延伸设计

延伸设计应基于展览文本,服务于展览主题。

形式设计建议

风格

根据展览主题、地域文化特点、观众需求及展品特色等，对展览色调、装饰元素、背景图案、环境氛围等设计提出建议。

空间

根据展览结构、展品组合及重点展品，对展厅空间及空间关系提出设计建议。

展线

根据展览结构、展品特色、重点展品等，对展品位置和参观流线提出建议。

环境

对展厅温度、湿度、照明、安全等要求提出建议。

辅助展品设计建议

根据展览需要，提出辅助展品的设计建议，并指导实施。

对辅助展品的参考原型、组合方式和制作要求等提出建议，并提供可参考的图片和资料。

多媒体制作建议

对展览中的多媒体制作提出建议和说明，并提供相关资料。

展览互动建议

对展览互动项目提出建议和说明，满足观众趣味性、参与性、体验性要求。

教育活动及文创产品建议

对展览宣传和推广等活动提出建议。

展览文本可提供给相关部门，作为展览图录和讲解词的基本内容。

根据展览主题、特色和重点展品等信息，对文创产品提出建议。

12 内容设计与形式设计、施工布展的衔接

与形式设计的衔接

在形式设计开始前,策展人将展览文本和延伸设计提供给设计师,并介绍展览主题、结构和特色。在形式设计的过程中与设计师保持沟通。

对特殊展品的展示方式和效果应提前告知设计师。

根据设计师的反馈意见,对展览文本进行调整。

与施工布展的衔接

在施工布展开始前,策展人应对施工布展人员介绍展览主题、结构和特色,并与施工布展人员保持沟通,确保展览主题得以贯彻。

策展人应参与展览布展,根据展览主题结构和参观流线,指导布设展柜位置、展版、展品及照明等。

根据施工人员的反馈意见,对展示方式、展品位置等进行调整。

13 归档

展览实施以后,应将展览文本、延伸设计、展览评估及相关资料、图片等进行整理,纳入展览档案。有条件的单位可编写、出版展览报告。

参考文献

[1] 博物馆条例,国务院,2015 年 3 月 20 日

[2] 博物馆管理办法,文化部,2006 年 1 月 1 日实施

[3] 关于提升博物馆陈列展览质量的指导意见,国家文物局,2015 年 1 月 13 日

附录3

中华人民共和国文物保护行业标准
博物馆陈列展览形式设计与施工规范

前 言

本标准按照 GB/T 1.1—2009 给出的规则起草。

本标准由中华人民共和国国家文物局提出。

本标准由全国文物保护标准化技术委员会(SAC/TC 289)归口。

本标准负责起草单位：河南博物院。

本标准参加起草单位：中国人民抗日战争纪念馆、广东省集美设计工程公司、江苏先达陈列展览工程有限公司。

本标准主要起草人：徐雷、谭淑琴、韩晓玲、刘如凯、杜安、张军、程旭。

引 言

博物馆陈列展览的设计与施工不同于任何一种功能类工程，是集文化诉求、艺术表现、展品陈列、文物保护、科学解读、公众服务等各项特殊功能于一体的综合性工程系统，包含了自然科学、社会科学、语言文字、平面设计、工业设计、人体工程学、造型艺术、声光控制、电子媒体和建筑、环境艺术等诸多学科领域知识技术的综合运用，具有极强的特殊性和专业性。博物馆陈列展览工程需要较高知识结构与较强创造能力的有机配合为基础，并有专业的施工、加工制作实体和高水平艺术创作团队的协作来保证陈展目的的完美实现。博物馆陈列展览工程不能简单理解为一般工程的概念，而应该理解为是一项专业科技文化活动的具体实现过程，需要有切实可行的操作管理规程进行协调统合。

本规范从博物馆陈列展览工程流程、陈列展览施工标准用语定义、主要技术手段的定义和解释、艺术品创作加工、价格认定和参照标准、文物保护应用、观众服务理念、非标准化施工的解决方式和监理验收等方面，为博物馆陈列展览工程提供了一套科学可行的，符合目前博物馆陈列展览工作特征的操作规程。本规范的实施将有利于保障合格的博物馆陈展工程，对博物馆行业趋向科学化、现代化和规范化的健康发展具有积极意义。

博物馆陈列展览形式设计与施工规范

1　范围

本规范规定了博物馆陈列展览的形式设计、施工制作、工程监理及工程验收方面的工作规程和相关技术要求。

本标准适用于博物馆（博物馆条例定义）举办的开放性陈展的设计与施工。遗址保护建筑内部和各级保护性（古建、旧址、遗址）建筑的陈展、非国有博物馆陈展的设计和施工可参考使用。

2　规范性引用文件

下列文件对于本文件的应用是必不可少的。凡是注日期的引用文件，仅注日期的版本适用于本文件。凡是不注日期的引用文件，其最新版本（包括所有的修改）适用于本文件。

GB/T 5237　铝合金建筑型材

GB 6566　建筑材料放射性核素限量

GB 8383　锁具名词术语

GB 8384　锁具测试方法

GB/T 18229　CAD工程制图规则

GB 18580　室内装饰装修材料人造板及其制品中甲醛释放限量

GB 18581　室内装饰装修材料溶剂型木器涂料中有害物质限量

GB 18582 室内装饰装修材料内墙涂料中有害物质限量

GB 18583 室内装饰装修材料胶粘剂中有害物质限量

GB 18584 室内装饰装修材料木家具中有害物质限量

GB 18585 室内装饰装修材料壁纸中有害物质限量

GB 18586 室内装饰装修材料聚氯乙烯卷材地板中有害物质限量

GB 18587 室内装饰装修材料地毯、地毯衬垫及地毯用胶粘剂中有害物质释放限量

GB/T 23863 博物馆照明设计规范

GB/T 30234 博物馆文物展品标牌标准

GB/T 50104 建筑制图标准

GB 50210 建筑装饰装修工程质量验收规范

GB 50222 建筑内部装修设计防火规范

GB 50300 建筑工程施工质量验收统一标准

GB 50303 建筑电气工程施工质量验收规范

GB 50319 建设工程监理规范

GB 50325 民用建筑工程室内环境污染控制规范

GB/T 50326 建设工程项目管理规范

GB/T 50502 建筑施工组织设计规范

GB 50870 建筑施工安全技术统一规范

JGJ 66 博物馆建筑设计规范

JGJ 146 建设工程施工现场环境与卫生标准

JGJ/T 244 房屋建筑室内装饰装修制图标准

WW/T 0016 馆藏文物保存环境质量检测技术规范

WW/T 0069 馆藏文物防震规范

3 术语和定义

下列术语和定义适用于本文件。

3.1 展品和辅助展品 collection and supplementary exhibits

用于展览的文博机构收藏的文物类藏品和自然标本类藏品及用于替代其功能的复制品、仿制品和模拟复原等。

3.2 辅助展项 assistant item on display

陈列展览中用于辅助解读和说明陈展内容的各种沙盘、模型、图版、艺术品、装置、电子、媒体等展示手段和项目的总称。

注：科技、军事等类的陈列展览中，往往以模型、装置、艺术品等辅助展项代替展品。

3.3 展具 exhibition equipment

陈列展览中使用的展柜、展台、展架和其它与展品存放、安置、保护相关用具的总称。

3.4 标高 relative elevation

建筑物某一部位相对于基准面（标高的零点）的竖向高度。

3.5 基体 primary structure

承载施工的建筑物的主体结构或围护结构。

[GB 50210，术语 2.0.2]

3.6 基层 base course

直接承受施工的面层。

[GB 50210，术语 2.0.3]

4 总则

4.1 场地要求

承载陈列展览工程的场馆应为已竣工的经验收合格的建筑，符合 GB 50300 和 JGJ 66 的标准和要求。

4.2 建设单位的设计施工管理

博物馆为陈列展览工程的建设单位，应组织专门的陈列展览形式设计与施工管理团队，包括项目主管、藏品管理、文物保护、内容设计、形式设计、开放服务、工程监理、预算审计、土建、安防、电子、信息等方面专业人员。组织招标应注重博物馆陈列展览工程的特殊性和《中国博物馆协会博物馆陈列展览设计施工资质管理办法》的指导意义。

4.3 设计施工单位的施工组织

承接博物馆陈列展览形式设计与施工的单位应具备相匹配的设计与施工资质，按照 GB/T 50326 和 GB/T 50502 的规定执行，并参考《中国博物馆协会博物馆陈列展览设计施工资质管理办法》。

4.4 陈列展览形式设计与施工的基本要求

陈列展览形式设计与施工应强制遵守国家关于建筑施工、生产安全；公共场所安全；文物、遗址的安全、保护；及环境保护等方面的法规、标准和规范。

5 形式设计

5.1 概述

形式设计包含视觉形象设计和施工设计两方面，是根据已有的内容设计（陈列展览大纲等）、展品和建筑设计图纸，对展览的空间构成、视觉艺术形态，内容的逻辑关系呈现和展品的组织、排列、安置方式，以及承载环境的施工和各种辅助技术手段的实施方法进行总体设计，重点在于对陈列展览大纲的理解、整体表现对策和提出解决方案，充分考虑展品安置、文物保护、陈列展览流线和观众安全舒适等方面的要素，以创造科学、良好的陈列展览效果。形式设计包括概念设计和深化设计两个阶段，均应有设计说明和资金概算／预算，在各阶段完成后特别是深化设计完成后均应有严格的审定程序。图纸的绘制应执行或参考 GB/T 50104 和 JGJ/T 244 的规定。图册装订以 A3 幅面为宜。

5.2 设计说明

概念设计和深化设计均应包含清晰详尽的设计说明，设计说明应包含设计总述、分项说明及设计要点、施工方式、技术手段、工艺材料、主要技术指标、特殊技术指标、特殊创作人介绍、资金概算等内容。

5.3 概念设计

5.3.1 陈列展览形式设计的第一阶段为概念设计。根据陈列展览大纲的要求，对陈列主题和效果总体把握，提出初步意向性设计方案，以艺术表现为主，兼顾可行性，既有感性和探索性特征，又是设计原则的体现。

5.3.2 概念设计宜由建设单位自行提出，亦可通过社会征集、委托或招标方式获得。

5.3.3 概念设计应有设计说明、平面图、效果图和资金概算，其它可以根据需要来确定设计深度。概念设计应明确表达以下设计意图：

a) 陈列展览空间构成，含总平面布局设计和立体设计；

b) 陈列展览流线设计；

c) 基本造型风格设计；

d) 总体环境色彩的拟定；

e) 照明方式拟定和光源选择；

f) 重点展项的意向性设计；

g) 拟定施工和陈列展览主要技术手段，并对技术难度进行评估；

h) 拟定施工主要材料和施工技术要点；

i) 明确消防疏散通道；

j) 编制资金概算。

5.3.4 总平面布局是陈列展览的基础性设计，涵盖陈列内容的空间分配、展项的基本定位以及陈列展览流线、主要材料与技术的设定等因素，并注意无障碍设计及后期维护与维修的便利性。

5.3.5 陈列展览流线既是陈列内容在空间上的延展，也是观众参观的行进路线和活动空间，在概念设计阶段应重点设计。常规的流线设计以自左至右的阅读方向为参照，沿顺时针方向展开；如受建筑空间限制，或文字传统竖排影响，可适当调整陈列展览流线方向。流线设计以避免"回头路"和"交叉路线"为设计原则。陈列展览流线中观众通道的最窄空间距离应不小于 2.4m。陈列展览流线设计应对多层建筑、多个展厅布局的系统流线进行设计，人流（观众及工作人员）、物流（文物、临时展品调整，物资）以及消防疏散的路线应合理通畅。

5.3.6 概念设计阶段应对整个项目做出资金概算，概算的项目组成参照 5.4.4。

5.4 深化设计

5.4.1 概述

深化设计阶段是对概念设计的扩充、修改、完善和具体化，应与前期概念设计保持一致性。概念设计确定后，与内容的逻辑关系对应的各种陈列展览形式要素的具体设计，包含环境造型、色彩、平面设计、标题版系统、展品标牌、展具、辅助展项、照明设计、文物保护等，其设计应符合人体工程学的要求。图纸包括两类，效果图、轴测图、艺术创作草图画稿等属于表现性图纸，平面图、立面图、大样图、节点图等属于施工图纸，制图标准见 GBT 50104、GB/T 18229 和 JGJ/T 244。

5.4.2 设计

5.4.2.1 环境造型

环境造型设计包含陈列展览空间中的所有立体造型，外形和材质应符合陈列展览功能与文化风格的需要。注意人体工程学数据的运用与公共场所的安全要求，不宜怪异复杂。

5.4.2.2 色彩

色彩设计是形成陈列展览视觉氛围的重要手段，应注重色彩的情感倾向和文化象征性，统合各颜色之间的对比协调关系，设计明确的色彩谱系色标，把控照明对材料质感和色彩效果的影响。

5.4.2.3 平面设计

陈列展览形式设计中，对所有以平面形式呈现的图片、文字、装饰性纹饰、印刷品等应进行统一排版设计，界定版式、规格、字体和字号，同时重视基材材质的美学应用，具体要求见 GB/T 30234。平面设计应注意以下内容：

a) 字体、字号、字色应按照陈列展览大纲的文字级别关系，按照同级别相同，不同级别相区别的原则进行设计，高级别的字号应强于低级别字号；

b) 图片使用可以根据设计需要灵活运用。非装饰性实物照片应与原物大小适应，如果进行放大或缩小，应标明原物实际尺寸，便于观众了解实物的真实体量；

c) 历史文献照片设计不应因剪裁而丢失图像信息；

d) 复原图、示意图、表格类的设计应有专业研究人员的指导。

5.4.2.4 标题系统

陈列展览形式设计中标题系统贯穿始终，每个标题下一般有相关说明文字，配合衬托的装饰和外形合称标题版。根据文字大纲的层次级别关系，一般将陈列展览的名称称为总标题，独立设计，以下的"部分、章、节、组……"的标题分别称为一级标题、二级标题、三级标题……依此类推。各级标题根据级别不同，设计形式和繁简程度不同，根据级别由高到低，设计权重由重至轻，区别对待，变化统一。文字格式见 GB/T 30234 给出的规定。

5.4.2.5 展品标牌

展品标牌是单件展品的名称和说明文字，按照 GB/T 30234 的规定执行。

5.4.2.6 展具

展具设计一般包含展柜、展台、展架等设计。展具设计应注意艺术性、统一性和安全性。具体要求见第 6 章。防震要求见 WW/T 0069。

5.4.2.7 辅助展项

辅助展项是为了深化解读陈列展览内容，加强陈列展览效果和趣味性而创作和设计的除展品以外的展示项目，如展版、沙盘、模型、复仿制品、绘画、雕塑、场景复原、综合装置、多媒体项目等。辅助展项的种类和艺术、技术手段繁多，应注重艺术性、科学性和安全性的统一。采用多种技术手段的辅助展项的设定应谨慎，特别注意项目的形式与所要表达的内容的适合性，还要考虑操作系统及内容的升级维护。辅助展项应遵照 6.6 条的规定，重点把握以下几方面设计：

a) 展版是陈列展览常见的辅助展项，以平面设计为主要手段，应以直接的设计手法，把握简洁、明了、清晰、准确的设计原则。

b) 沙盘、模型等展项的设计，应比例准确，技术手段稳妥，材料耐久，操作维护便捷。

c) 艺术品、场景复原、综合装置、多媒体项目等展项应聘请具有相应艺术水平及相关博物馆创作经验的创作人员承担。创作稿应经过内容创作人员、总体形式设计负责人，以及建设单位业务人员和主管领导的集体审议。艺术品的创作风格应符合形式设计的总体需求，强调历史真实性，一般以写实风格为主。承担艺术类展项创作的作者，应通过对历史考证、对环境考察、对生活体验充分掌握资料后着手构思创作。

d) 综合装置（景观）常集合多种艺术创作，结合声、光、电、媒体、数字化等技术，应使用成熟技术设备。在综合创新和制作过程中，应详细论证，突出特色，注意设备在公共场合使用的耐受性、后期养护难度和运营成本等问题。

5.4.2.8 采光照明

5.4.2.8.1 概述

陈列展览采光照明分为人工光照明和自然光照明，展品照明宜采用人工光方式，陈列展览环境可以有控制地引入自然光照明，或二者结合使用。在展品安全允许和技术条件成熟的情况下，提倡使用自然光。设计应遵循 GB/T 23863 和 JGJ 66 的规定。

5.4.2.8.2 人工光照明

人工光照明设计应重点注意以下方面：

a) 光的角度、组合和照度应配比运用，防止眩光现象的产生；

b) 同一陈列展览空间下，同类展品和展项的照度与色温应保证视觉统一；

c) 对于光照敏感的纸质、织物、书画、彩绘、皮毛等展品，在规定照度和光谱的前提下，应运用照明灯具自动感应开闭技术，严格控制对展品的年曝光量；

d) 选用灯具应具有防紫外线和防红外线技术。

5.4.2.8.3 自然光使用

在考虑使用自然光的设计中应遵循以下原则：

a) 一般情况自然光不宜直接进入陈列展览空间。如需使用自然光，则不应照射到展品；

b) 对展出有陶质、木漆、纸质、织物、皮毛等类展品，及一切有表面作色和有机质展品的陈列展览空间不应有自然光进入；

c) 应用自然光的陈列展览空间，建筑的采光口应作间接导入设计，并应作紫外线和红外线阻隔处理。

5.4.2.9 文物保护技术应用

陈列展览形式设计应强调文物保护意识，文物保护方面的要求见 JGJ 66、WW/T 0016、WW/T 0069，同时可参照 WW/T 0066、WW/T 0067、WW/T 0068 的有关规定。

5.4.2.10 人体工程学应用

根据人体工程学研究成果和长期博物馆观测经验和 JGJ 66 要求，在陈列展览工程的形式设计中，宜参照下列要求：

a) 通常以距地面 1.5m 高度为陈列展览基准视平线。儿童、青少年为参观主体的陈列展览宜将基准视平线设定为距地面 1.3m 高度；

b) 以基准视平线上下 30°，左右 60° 为最佳立面观察区域；

c) 以视力 1.0 为准，观察距离 1m～1.5m，设定陈列展览文字字号，具体要求见 GB/T 30234；

d) 以基准视平线向下 45° 区域为实物展品的最佳观察范围；

e) 适合成人观众向下观察的平置展品摆放高度宜为 1.1m～1.3m，适合儿童、青少年观众的摆放高度宜为 0.9m～1.1m；

f) 地面材料应以无眩光、无噪声、防滑、耐磨、易清洁材料为宜；

g) 参观通道不应有台阶或门槛，符合无障碍要求；

h) 陈列展览区域应以 300m^2 为标准设置观众休息坐具；

i) 裸展的展品如需防止观众触摸，隔挡距离应大于 1m；

j) 大面积立面玻璃应有安全技术处理，并有防碰撞提示手段；

k) 全部陈列展览空间应有均匀适度的环境光照明，避免亮区和暗区过大反差或突变造成观众视觉不适。陈列展览空间环境照明与展示照明应有适当比例，具体要求见 GB/T 23863；

l) 为保持陈列展览环境的安静，讲解宜使用耳机式语音导览设备；

m) 局部音响设备应采用定向式扬声技术；

n) 设计中注重运用造型、色彩、明暗和音效等要素影响观众的情感。

5.4.3 图纸

5.4.3.1 综述

按照 GB/T 50104 执行。参照 5.4.2.10 和实际需求。

5.4.3.2 平面图

平面图应按一定比例准确表现陈列展览空间造型的二维空间关系，应标明准确的尺度和地面标高变化。大面积陈列展览平面如果单张图纸不能清楚表达，则应另附局部放大比例的平面图详细图示。

平面图设计应根据不同的功能和需要，分别绘制展示空间的平面图如下：

a) 基本（总）平面图（含立面索引图）；

b) 陈列展览流线平面图；

c) 展品定位平面图；

d) 照明、电路平面图；

e) 综合顶面造型定位图平面图（含喷淋、暖通风口、音响、多媒体设备、灯光照明等）；

f) 各种施工用平面图；

g) 与陈列展览相关的其它建筑和设备平面图。

5.4.3.3 立面图

立面图主要反映陈列展览墙面、柜面、图版、艺术品、设备安装等施工面的设计。简单的陈列展览施工立面如没有复杂的内部结构，可根据造型的施工顺序，自下而上标明材料、色彩、质地和施工方法以代替施工图使用。立面图的绘制应注意以下方面：

a) 布展立面图和环境施工立面图一般分图绘制；

b) 视平线高度一般定为距站立地面 1.5m；

c) 如果有部分造型立面不平行于设定的基本投影面，例如成曲面、斜面、折面等，应在总立面图上画出正投影，再另图将该部分以实际尺度单独作出展开立面；

d) 布展立面图反映展品和辅助展项的立面排布关系和效果，根据空间水平层次和方向不同可分为若干单图；

e) 需要标明某一层次与后方的重叠关系的，应将后方层次的立面简图以虚线表示；

f) 环境施工立面图应详细说明布展基层的施工结构、材料和设备、管线安装的立面关系。必要时根据不同工种分别绘制。

5.4.3.4 轴测图

轴测图兼有技术性和表现性，可以是黑白或彩色。轴测投影属于单面平行投影，它能同时反映空间和造型的正面、侧面和水平面三个视面的形状，因而立体感较强，用来帮助理解陈列展览形式设计的平面和三维空间关系。一般以平面图左旋 30°为基准平面，在此基础上以平面同比例尺绘制出平面以上的空间造型。轴测图不考虑透视因素，可以较好表现陈列展览环境中造型和色彩的双重因素，反映实际数据，衡量观众在陈列展览环境中的空间关系。轴测图具有以下特性：

a) 平行性：物体上互相平行的线段，在轴测图上仍互相平行；

b) 定比性：物体上两平行线段或同一直线上的两线段长度之比，在轴测图上保持不变；

c) 实形性：物体上平行于水平面的直线和平面，在轴测图上反映实长和实形。

5.4.3.5 效果图

效果图是陈列展览空间设计结果的表现性图示，以模拟未来陈列展览的透视和光、色效果所呈现在观众面前的视觉感受。效果图中的造型、色彩、尺度应与平面图、立面图相吻合，并将灯光设计的实际照射效果用于其中。效果图的绘制应注意以下方面：

a) 基本视点高度应以距地面 1.5m 为宜，辅助其它视角的效果表现图；

b) 透视关系宜采用 35mm 焦距为准，不宜过于加大广角效果，避免夸张与失真；

c) 图中模拟观众人物的身高、体量应准确，其中男性观众的身高拟定为 1.6m～1.8m，女性观众的身高规定为 1.5m～1.7m，少年儿童观众的身高规定为 1.2m～1.4m；

d) 不应以绘图技术手段过度营造实际无法达到的艺术效果。

5.4.3.6 剖面图

对于较为复杂的造型应辅以剖面图，用以说明内部的结构、材料、施工工艺、工作原理等。

5.4.3.7 大样图

在平面图、立面图、剖面图都不能明确反映单体或局部设计实际造型、色彩或结构关系时，需绘制大样图，针对单体的造型、展具或装置，适当放大比例表现其三维立体形态，标注尺度、材质和结构。大样图的绘制分为轴侧法和三视图法，具体要求为：

a) 轴侧法大样图针对陈列展览外观效果，表现造型、色彩、材质及表面装饰的实际效果；

b) 三视图法大样图是通过把单体造型分为平、立、剖三个视面进行绘制，说明材料、结构、安装和其它加工工艺。

5.4.3.8 节点图

节点图是两个以上施工面的汇交点，单独以大比例表现其具体构造的技术性图示方法，用以详细说明局部结构、施工技术或原理。一个施工节点图应有完整的三视图，准确的比例关系和尺度并正确使用图符。将结合点按垂直或水平方向做剖面，以标明连接或交汇的方法。节点图的比例一般是1：5左右。

5.4.3.9 特殊图纸

特殊图纸包括以下内容：

a) 整体陈列展览空间的组织、电路和讯号系统图；

b) 场景、装置、多媒体等辅助展项的组织、电路和讯号系统图；

c) 沙盘、模型、场景设计图。应有场景整体创作效果图，同时应有基础施工的平、立、剖面图，乃至大样图和节点图，并注明比例、材质，并有色彩效果；

d) 雕塑、绘画等艺术品创作图。一般以手绘或电子草图、画稿和手工泥稿缩样等形式呈现，应注明尺度、材质和安装方法，并有色彩效果。

5.4.4 资金预算

在设计与施工分开的情况下可根据不同阶段分别组合编制资金预算。陈列展览形式设计与施工的预算应包括以下各项目：

a) 环境施工：陈列展览环境的基础装修、装饰施工的材料与施工。可根据各地建筑、装饰施工安装方面的定额计量；

b) 展具：展具的采购、定制、加工、安装。可根据市场价格协商议定；

c) 复、仿制品：复制品、仿制品的采购、定制、加工。可根据市场价格协商议定；

d) 艺术品：绘画、雕塑等艺术品的创作、制作，特种工艺美术品的创作与制作。可参考《城市雕塑工程工程量清单计价定额》的计价方法，并结合作者的专业级别和市场价格等方面因素综合评议；

e) 设备：陈列展览环境、辅助展项、文物保护等方面所使用的机械、电子、控制、照明、音响、影像等设备的采购、定制、安装调试。可根据各地建筑、装饰施工安装方面的定额计量；

f) 展览策划、设计费：可包含陈列展览的内容设计和形式设计，以及资料搜集、文字编辑、校对、翻译等。可参考《工程勘察设计收费标准》。单纯施工的情况可替换为深化设计费，其构成根据实际发生的项目而定；

g) 特殊专业、技能劳务：文物保护和特殊辅助展项的加工、制作等技术服务；动植物标本类的采集、摄制、制作和加工等技术服务；音视频文件、多媒体软件、互动机构装置的设计、制作等技术服务，可根据市场价格协商议定；

h) 专家劳务费：涉及对陈列展览项目的评审、论证、咨询、培训和协助工作等方面，根据国家相关规定执行。

5.5 形式设计的审定

形式设计的审定应由博物馆组织具有本专业副高级以上职称的相关专业人员参与，人员构成见4.2。应重点对文物保护、展品安全、观众安全、内容表现深度和准确度、艺术品创作水准、技术手段稳妥、后期使用维护及资金使用优化等方面严格审查。深化设计的确定方案应由参与深化设计审定的各专业负责人对所负责审定的项目分别签字并备案，作为施工监理和竣工验收依据。

6 施工制作

6.1 基本要求

博物馆陈列展览工程包括材料使用、环境施工、展具定制加工、辅助展项制作、成品设备选购使用、多媒体技术应用、舞美技术应用、文物保护技术应用、美工装饰等多个方面。

注：不同种类的陈列展览所用材料和施工方式可能完全不同，非标准工艺手段应用较多。

承担博物馆陈列展览施工的单位应具备相应的资质，并应建立质量管理体系，编制严格的施工组织计划并应经过审查批准，承担施工人员技术岗位的资格证书应由建设单位备案。

施工单位应按有关的施工工艺标准或经审定的施工技术方案施工，并应对施工全过程实行质量控制，对陈列展览周期内施工质量始终负责。

工程施工现场应严格管理，区域分明，严禁烟火，保持整洁。材料区和施工区应分开，易燃易爆性材料存放区和金属切割、电焊等工作区周边应设立保护隔离设施。材料区和施工区均应配备足量消防设备。

施工制作材料、陈列展览设备等应符合可持续性、可逆性原则。按照 GB 0210、GB 50319、GB/T 50326、GB 50870、JGJ

146、WW/T 0066、WW/T 0069 的相关规定执行。

由于博物馆陈列展览工程的特殊性，应特别强调材料的环保和安全。

6.2 材料

6.2.1 陈列展览施工所用材料应符合设计要求，并符合 GB 50210 的规定。

6.2.2 施工材料的防火性能应符合 GB 50222 的规定。

6.2.3 施工材料中有害物质及挥发物限量应符合 GB 6566、GB 50325、GB 18580、GB 18581、GB 18582、GB 18583、GB 18584、GB 18585、GB 18586、GB 18587 的规定。特殊部位如接触文物放置环境的材料应按照 WW/T 0016 要求进行检测。

6.2.4 天然石材、原木等非标准化生产的材料需要进行复验，对合格的工业生产材料亦应抽样复验，复验项目根据使用需求而定。

6.2.5 施工单位施工前应提供材料样板并应经建设单位的施工管理有关各方确认，主要涉及质地、颜色、光泽、图案花纹等评判指标。

6.2.6 施工现场配制的材料如砂浆、胶粘剂等，应按设计要求或产品说明书配制。

6.2.7 使用的天然有机类材料应按设计要求进行防火、防腐和防虫处理。

6.2.8 如需使用特殊效果的材料，应根据国家公共场所相关规范对特定材料进行论证、筛选和处理加工。

6.2.9 施工材料在储存、搬运和施工过程中，应采取有效措施防止损坏、变质、污染和被污染。

6.2.10 材料的存放，特别是易燃、易爆、腐蚀性材料应有专人管理。

6.3 展墙施工

6.3.1 概述

展墙是陈列展览环境的基本构建，也是陈列展览中平面类展品、展项的承载面。展墙根据用途和实现方式可分为固定展墙、临时搭建展墙和可移动展墙三大类。材料和施工的要求见6.1、6.2的规定。

6.3.2 固定展墙

固定展墙的施工属于陈列展览环境的基础装修工程，应做到坚固、耐久、美观。

6.3.3 临时搭建展墙

临时搭建展墙经常用于中短期陈列展览，一般展期结束后即拆除，因而采用较为经济的材料和施工方式。临时搭建展墙不需附着建筑基层而保证自身结构稳定，结构和外装面的施工和用料根据未来展示附着物重量和安装方式相对坚固。临时搭建展墙由于自身直立稳定性并需承担一定重荷的要求，应注意以下方面：

a) 展期在6个月以上的，基本框架以金属型材焊接为宜；

b) 厚度和高度的比例应不小于1∶5；

c) 单墙长度大于3m，且厚度和高度比小于1∶5时，应增加转折或在展墙背面增加支撑结构。

6.3.4 可移动展墙

可移动展墙包括以轨道悬挂活动隔板技术定制的可移动展墙，以及落地式可组合式移动展墙，可依据使用需求专项设计定制。应符合GB 50210、GB/T 5237等规范，应由生产厂家提供支撑材料、导轨及滑轮承重检测报告和材料防火检测报告。

6.4 展具加工

6.4.1 基本要求

陈列展览中使用的展具包括展柜、展台、展架和其它与展品存放、安置、保护的相关器具，一般加工原则为坚固和美观，并尽量轻便。展具有间接或直接接触文物展品的可能性，应保证使用安全，材料和施工除执行 6.1、6.2 条中的相关规定外，文物保护方面应执行 WW/T 0016 的规定。

6.4.2 展柜

6.4.2.1 基本要求

展柜是陈列展览中承载和保护展品的专业设备，适应观众参观需求，有效保护柜内展品安全。展柜应安全、坚固、便于使用，非固定展柜应便于移动。

材料与施工均应精密、规范、安全、无害。五金锁具等应牢固可靠，符合 GB 8383、GB 8384 要求，单扇柜门应有两把以上锁具，锁具位置尽量隐蔽，一锁一钥，编号管理。

根据文物保护要求，必要时应具备恒温恒湿、防有害气体、防振动（包括地震和其它振动）破坏等文物保护功能。

展柜内部一般分为展品放置空间、灯具电器安装空间和其它设备空间三部分，相互应独立分隔。展柜的加工一般分为定制成品展柜和现场加工展柜。

6.4.2.2 定制成品展柜

成品展柜是专门的研发生产企业根据博物馆的需求进行标准化制造的陈列展览用柜。陈列展览形式设计可根据展示效果和展品的等级、体量要求对展柜进行功能和外观设计。应做到以下几个方面：

a) 外观规整；

b) 密闭良好；

c) 承重安全；

d) 柜门开闭便捷、顺畅、安全；

e) 灯具电器空间应可独立开闭；

f) 大型展柜的现场组合安装应做到专业施工，组件齐全，无变形和破损，不应有现场加工改制。安装施工后及时调试检验。

6.4.2.3 现场加工展柜

现场加工展柜是采用装修手段制作的，首先要进行严格的设计，根据功能需要，经过有关专业技术人员对结构、材料、加工工艺、开启方式、灯具及安装方式等方面审查后方能施工。应控制以下方面：

a) 柜体主要结构宜采用金属材料；

b) 柜体结构要根据展品性质进行承重分析，计算准确的承重标准；

c) 柜体外部结构要坚固安全，最低标准为徒手无法从外部打开柜体的任何部分；

d) 柜门开启方式以前开为首选；

e) 展柜所用材料应符合6.2条要求；

f) 展品放置空间应与灯具等电器安装空间完全隔离，灯具电器空间应可独立开闭；

g) 应注意防尘、防腐。

h) 柜外应有维护通道。

6.4.2.4 展柜玻璃

展柜玻璃应平整、光洁，透明度良好，有条件可使用低反射玻璃，进行防火、爆处理等。展柜玻璃加工使用应注意以下方面：

a) 宜使用非钢化处理的夹胶玻璃；

b) 单块玻璃长宽比不宜小于2∶1，最大高度不宜超过3m；

c) 玻璃加工后不得有瑕疵和划伤；

d) 平置或成角使用情况下应根据角度和面积，专门论证安全厚度和长宽比例；

e) 玻璃拼接使用时，垂直拼缝处应有缓冲衔接材料；平置或成角拼缝处应有缓冲衔接材料并加支撑处理；

f) 五面式玻璃罩粘接，应使用专门紫外线固化玻璃胶。临时性使用五面玻璃罩封装展品时，玻璃之间的粘接建议使用透明硅酮玻璃胶，安全牢固，便于展后开启。顶面玻璃尺度应比罩体外边大出15mm～20mm。

6.4.3 展台

展台是放置展品的台座。制作材料、工艺应坚固、稳定、美观、无害、无眩光、展品不易滑脱，根据所放置的展品的重量作相应的结构设计和加工。展台尺度应注重模数设计，易于组合和收纳。

6.4.4 展架

展架是直接卡、托和固定展品的特殊用具，其材料种类和加工方式多样，常见有金属类、木质类、玻璃类和亚克力类等，制作加工要求同6.4.3。由于展架是与展品直接接触，所用材料应对展品无腐蚀、伤损和污染，不应与展品发生粘连、绞缠等现象。金属类展架多用于大型石雕、碑刻类展品的辅助站立和固定，应在金属构件与展品之间放置衬垫材料，避免硬接触对展品造成损伤。亚克力类材料易老化、碎裂和变色，特别是热弯和粘接加工情况会威胁使用安全性，长期展览中不宜使用。

6.4.5 展品固定

除展台、展架外，文物展品的固定还会使用绑缚、抓卡、衬垫、悬挂等辅助用品和材料，对选用的材料和固定方式，应保证具有足够的承载强度；不得对所固定展品造成任何伤害；应隐藏和弱化固定方式。

6.4.6 挂具

挂具主要是指需要悬挂展示的展品所使用的金属挂钩、挂绳、挂索、金属打孔挂带等专门用具。使用中应经查实、计算或实验，确定所选挂具对于被挂展品的重量具有两倍以上的承载力。所选用挂绳以表面涩滞、无伸缩性为宜，绳结应为死结。钢丝挂索需选择优质正规厂商产品，使用前应逐个检查锁扣的可靠性。金属打孔挂带出于强度和平整度需要，材料厚度应不小于1.5mm。

6.5 照明灯具

6.5.1 陈列展览照明施工应执行 GB/T 23863 的规定，必须选择具有正规品牌与合格证的光源和灯具、电器，进口产品应有完备的商品入关手续。应注意优质耐用、节能低耗、维护方便等因素，并应符合以下条件：

a) 光源发光效率优良，照度 0%～100% 可调节；
b) 光源显色性 >90%；
c) 灯具光束角可调；
d) 灯具照射角度调整定位精准；
e) 灯具所实现的照射区域边缘亮度衰减均匀自然；
f) 灯具具有防紫外线和红外线辐射技术；
g) 灯具具有防眩光、可控制照射范围的技术；
h) 电器散热良好；
i) 电器触点紧密可靠、安装牢固。

6.5.2 灯具、电路安装按照 GB 50303 的相关规定执行。

6.6 辅助展品

6.6.1 复制品

博物馆文物藏品及标本的复制应遵照国家关于文物复制规定执行。

6.6.2 仿制品和模拟复原

仿制品制作应严格论证、认真设计、精工制作，有原物参照的应准确反映原件的外貌特征和科学原理；没有原物的应找准依据，经过相关论证，慎重呈现，不可臆造。仿制和模拟复原品的实现材料不限，但应耐久、无害。除原物材料具有易损、污染、毒害、不利环保等情况外，应以原物材质为首选。

6.7 辅助展项

6.7.1 要求

辅助展项的制作应遵循形式完美、技术成熟稳定和经济实用。材料应稳定坚固，环保无害。应注意防尘保护和日常使用、管理、维护便捷的原则，注意环境的干、湿、温度等因素的侵害。制作之前应有严格审查，避免文字错误。

6.7.2 展版

展版应表面平整、图文清晰、色彩准确。基层材料宜选择具有坚硬、轻质、不宜变形、环保等综合性特征的材料。表面图文有丝网印刷、高清写真、激光打印、照片洗印等实现方式。粘贴方法应用于中长期陈列展览的，应无空鼓、无褶皱，并在展板周边作压边处理，避免边缘开胶。应用软、硬面写真技术，应事先对版面基材和实现效果作适合性实验，并根据光环境和使用场合，对图文清晰度、写真墨水的耐固性、色彩还原度进行评估，以保证获得理想效果。所有版面制作应事先对平面设计样稿严格审查校对，确保无误后再进行制作。安装应安全牢固，正面应看不到安装痕迹。

6.7.3 展品标牌

展品标牌制作应避免使用有放射性、有挥发、易锈蚀、易变色、易老化变形的材料，以轻、薄、硬、挺为选用标准。表面文字可采用丝网印刷、硬板写真、激光打印和色板雕刻等技术实现。外形矩形为主，尺度应与展品体量相协调，最小不小于120mm×60mm。具体要求见GB/T 30234。

6.7.4 沙盘、模型

沙盘、模型主要用于辅助解读地理、景观、时间、事件和空间等概念，制作应严格比例、时间和事件的逻辑关系，保持历史元素的真实准确。指示、演示系统技术手段应成熟、稳妥、耐久，具有自我防护能力。

6.7.5 辅展装置

辅展装置是运用技术和艺术双重手段实现解读、演示某些特定概念，以及给观众提供参与和互动的辅助展示手段。其设计和制作可使用造型、机械、电子、多媒体等多方面技术，以及非标准化工艺，应特别注意以下原则：

a) 技术成熟、设备耐久、维护便捷；

b) 单个装置项目的功能应趋向单一，实现技术应尽量简单；

c) 装置的日常运行应尽量使用免耗材、少能耗设计；

d) 机械运动技术和元件应使用具有相关标准的技术和元件；

e) 使用具有国家标准的电器部件；

f) 电器和机械运行应有自我保护设计；

g) 装置的整体设计在电器、机械运动、操作使用方面应符合相关安全标准；

h) 多项装置应设立总控机房，实现信息化标准控制，避免人为操作带来的高故障率；

i) 施工方在交工后应建立维护服务和培训机制；

j) 业主单位应有专门经培训合格后上岗的操作人员。

6.7.6 艺术品

陈列展览中的艺术品包括绘画、雕塑等种类，一般为叙事性的，特别是历史类题材的主题创作，应符合历史真实性，具有准确内容和造型形象，以写实手法为主。创作者应根据陈列展览大纲的要求进行创作。画面中特定人物形象、动态、表情应准确表现；环境物象应符合特定的时代特征。画稿需经论证审定后方可实施绘制。绘画画种不限，以耐久和易于维护、保洁为首选。雕塑与雕刻有圆雕、浮雕、平雕、线刻等形式，实现材料根据艺术效果而定，兼顾资金条件和耐固性，最低要求应为玻璃钢（玻璃纤维增强塑料）材质。要重视艺术品创作，使之具有收藏价值。

6.7.7 美工手段

美工手段多种多样，主要是以美术修饰手段对陈列展览细部，特别是展品和辅助展品的陈列、安置进行艺术修饰和完善。包括部分布展技术，主要有裱贴、涂刷、粘接、固定、作色等。美工人员应经过专门培训。

6.7.8 综合景观

景观制作是多种艺术、技术手段综合运用的陈列展览方式。其制作和实现过程应符合6.5及6.6.4至6.6.9的规定。一般应依据景观的前景与真实景物等大的原则，中远景及背景则需根据景深的需要，按透视关系确定比例。应重点注意以下方面：

a) 景观制作中使用的土石、草木等自然材料及制品，事先应进行严格的杀虫、灭菌熏蒸处理，之后再进行药浸和防火处理，最后进行美工修饰并用于现场；

　　b) 观众距景观背景画面的距离最少应不小于画面高度；

　　c) 景观背景画面根据画幅跨度和画面形态的不同，采用单点或多点透视法；

　　d) 景观背景画面的视平线一般定于距观众站立平面约1.5m高度。处于展柜内的微缩景观不受此限制，但亦应定出相对景观自身合理的视平线；

　　e) 地面塑形的透视关系与背景画面统一，两者之间常规采用前遮后的方法接景过渡；

　　f) 景观中人物形象有雕塑和仿真两类做法。要求形象完美逼真、生动自然；仿真做法的服装道具准确精细，材料具有耐候性、不易老化、色彩耐久、防火阻燃，易于保洁维护；

　　g) 以文物和典型标本为主体的复原场景设计制作应注意突显主体形象；

　　h) 传统的舞台灯光等设备多能耗大、工作温度高，在陈列展览景观中不宜使用；

　　i) 舞美技术制景，应注意材料的阻燃性能和耐久性能；

　　j) 产生烟雾、雨、雪等效果的耗材应选择无毒、无味、无刺激、无残留物的优质产品，宜尽量减少使用量，并注意避免与景观中其它材料接触后可能产生的不良反应和对陈列展览环境的影响。此外还应注意配合回收、排散等技术措施；

　　k) 景观只要存在动作演示装置，应设立总控系统，较为简单和少量的动作演示组合可以使用LCD程控器控制各项目运行。复杂的多种动作演示组合应使用电脑控制台，全景画、半景画馆或多项景观共存的情况应设计专门的总控机房。景观中的装置与控制符合6.6.6规定。

6.8 文物保护技术应用

文物保护技术应用按照 JGJ 66、WW/T 0016 的规定。注意所选设备的质量和噪声，设备选定应来自有专门生产研发资质和具备行业认可文件的企业的定型技术产品。设备的选择和使用要注意操控维护方便、安装隐蔽或样式美观，不影响观众参观。一般用于陈列展览的文物保护技术有：

a) 温度、湿度监控；

b) 有害物质监控；

c) 菌虫害监控；

d) 防震（振）技术；

e) 安防、消防监控；

f) 灯光控制感应；

g) 气体保护；

h) 真空密封；

i) 标本包埋；

j) 保护性液体浸泡；

k) 防磁化、腐蚀等。

7 施工监理

陈列展览施工不但要对施工材料、施工组织方式、施工工艺标准等一般工程施工进行监理，按照 GB 50319 实施。还应设立陈列展览专业监理，对内容和形式两方面把关。施工单位应按规定将工程设计有关资料和全部材料样品报送监理方检查备案，有问题及时整改直至合格，结论由监理方和建设方、施工方负责人签字，汇入最终验收结果。

8 施工验收

8.1 概述

陈列展览施工验收工作由建设方组织相关专业人员进行，包含施工各个环节的单项和阶段验收。最终验收结论应是单项验收和阶段验收结论的汇总，应特别注意隐蔽工程的及时验收。验收包括施工材料、工艺方式、视觉效果、安全检测和试运行评估5方面内容。由各分项和工种的负责人共同监督管理并形成最终验收结论。应避免施工过程中监管缺位，事后一次性验收造成的片面结论和工程隐患。

8.2 验收组

验收组由建设方组织，由4.2条所列各个专业的负责人参加，会同施工方负责人共同组成验收组。

8.3 报验

施工单位应将各个施工环节的设计图纸、施工标准、材料样品分别向建设方各个环节对应专业的负责部门报验，便于在施工过程中监督管理。施工结束后应整理完整的竣工图，经审核后交建设单位备案。

8.4 认证

在施工中因工程实际需要对原设计作修改变更时，应履行认证手续，经建设、监理和施工三方签字后生效，作为施工验收的依据，汇入最终验收结论。如因此对预算资金产生增减影响，要通过财务审计部门同意。

8.5 阶段验收

单项施工结束时应及时组织阶段验收，重点检查隐蔽性工程重要节点，做好验收记录，有问题及时整改，直至合格，结论由建设、监理和施工三方负责人签字，汇入验收报告。

8.6 最终验收

陈列展览施工结束后的最终验收分为初验和终验。施工结束应及时进行初验，初验后经过一定时间段的试运行，对陈列展览效果和运行情况评估后，确认各个方面均达到设计要求，可以进行终验，初验和终验均应形成验收结论，汇入验收报告。考虑陈列展览工程的特殊性和时效性，初验和终验间隔时间原则上不应超过3个月。

8.7 验收报告

汇总前期各项报验材料及各阶段验收结论，形成陈列展览工程的验收报告，由全体验收组成员签字生效。

参考文献

[1] GB/T 21086 建筑幕墙

[2] GB/T 22528 文物保护单位开放服务规范

[3] GB/T 23862 文物运输包装规范

[4] GB 50034 建筑照明设计标准

[5] GB/T 50103 总图制图标准

[6] GB 50206 木结构工程施工质量验收规范

[7] GB 50242 建筑给水排水及采暖工程施工质量验收规范

[8] GB 50243 通风与空调工程施工质量验收规范

[9] GB/T 50328 建筑工程文件归档整理规范

[10] GB 50681-2011 机械工业厂房建筑设计规范

[11] JC 518-93 天然石材产品放射防护分类控制标准

[12] JGJ 113-97 建筑玻璃应用技术规程

[13] GA/T 73 机械防盗锁

[14] WW/T 0019 馆藏文物展览点交规范
[15] WW/T 0018 馆藏文物出入库规范
[16] WW/T 0066 馆藏文物预防性保护方案编写规范
[17] WW/T 0067 馆藏文物保存环境控制甲醛吸附材料
[18] WW/T 0068 馆藏文物保存环境控制调湿材料
[19] 中华人民共和国文物保护法
[20] 中华人民共和国文物保护法实施条例
[21] 博物馆条例，国务院令第 659 号
[22] 文物保护工程管理办法
[23] 文物保护工程勘察设计资质管理办法
[24] 文物保护工程施工资质管理办法
[25] 工程勘察设计收费标准（2002 年修订本）
[26] 城市雕塑工程工程量清单计价定额，2011 版
[27] 中国博物馆协会博物馆陈列展览设计施工资质管理办法
[28] 博物馆陈列展览内容设计策划与实施，文物出版社，2009
[29] 博物馆陈列项目实施的程序与方法，中国时代经济出版社，2010

附录 4

神话国度 璀璨爱琴海——古希腊文明史诗前置观众调查报告

作者：王晓曦、李洋、唐君丽、郑君怡、舒丽丽、李茜子等

湖南博物院于 2023 年 12 月开展"神话国度 璀璨爱琴海——古希腊文明史诗"特别展览（以下简称"希腊展"）。展览开展前，观众对希腊文化的认知情况、兴趣程度，观展过程中的关注点和偏好情况，潜在观众的类型和特点等怀有疑问，引起了策展团队浓厚的兴趣。基于这一系列疑问策展团队在本次展览筹备期间，运用问卷调查和半结构式访谈相结合的方式开展展览前置性调查，为展览的策划和运营提供参考信息。现将调查情况和主要发现反馈如下：

第一部分 调查研究设计与执行情况

一、调查研究设计

（一）调查目的与方法

为充分获取不同观众类型的观展行为习惯以及观众对"希腊展"各展览元素的兴趣度、关注点等信息，本次前置性调查通过问卷调查和半结构式访谈两个方法展开。具体如表 1 所示。从观众体验感和获得感两方面着手，设计不同题目开展有针对性的调查。问卷调查为定量分析，用数量特征、数量关系和数量变化进行分析阐述；半结构式访谈调查为定性分析，运用归纳与分析、抽象与概括等方式对材料进行加工，旨在深入了解不同类型的观众的观展行为特征与偏好，以及观众对本次"希腊展"的期待程度与需求。

附 录

表1 "希腊展"开展前调查研究设计情况

调查方法	调查对象	抽样/组织方式	调查内容
问卷调查	普通观众	间隔随机抽样	以观展体验感和获得感为核心，主要内容包括：不同类别的观众对希腊文化的兴趣点、认知度以及希望了解希腊文化的关键点；观众在意的展览要素、展陈方式、展品说明牌以及对配套活动的需求等。
	文博爱好者	简单随机抽样	
半结构式访谈	本地大学生	通过学校、社区走访邀请的方式组织访谈	对展览内容、宣传途径的兴趣点及提升展览体验的关注点。
	本地市民/亲子家庭		吸引其来我院观展的因素、宣传途径、期待的展览内容及参与方式和教育活动内容。
	现场观众	通过对来我院参观和参加活动的观众进行现场邀请来组织访谈	展览要素、展示方式、现场服务及对展览配套活动的需求。对希腊文化的兴趣点、认知度，希望了解希腊文化的关键点，重点关注的展览要素。

（二）调查对象与内容

问卷调查的对象：来我院参观的普通观众和参加教育活动、湘博讲坛以及租借导览设备的文博爱好者。

半结构式访谈的对象：来我院参观的观众以及对展览活动感兴趣的潜在观众。根据观众特点，初步确定四类调查对象，分别为：本地大学生、本地市民/亲子家庭、来我院观展的观众，以及来我院参加博物馆活动的文博爱好者。

调查内容：以观众观展的体验感和获得感为核心，主要包括：不同类型的观众对希腊文化的兴趣点和认知程度、希望了解希腊文化的关键点、希望获取展览信息的途径；观众在意的展览要素、

269

展陈方式、展品说明牌以及对配套活动的需求等。在此框架上，依据调查方法和观众类别的不同，调查内容各有侧重。

（三）调查抽样／组织方式

问卷调查的抽样方式：采用间隔随机抽样和简单随机抽样两种方式开展调查，对来我院参观的普通观众采用间隔随机抽样方式，在特展一厅、二厅、基本陈列展厅出口处对前来我院参观的观众开展调查，每个调查日从10点30分开始，每间隔5人发放一份问卷，若观众拒绝回答，则该份问卷作废，直至收满计划样本量；对来我院参加教育活动、湘博讲坛以及租借导览设备的文博爱好者则采用简单随机抽样方式。样本配额不限受访观众年龄、性别，但执行过程中若发现某个年龄阶段样本缺失，则根据实际情况在现场由执行员进行配额调配。

半结构式访谈的组织方式：根据四类调查对象的特点，采用两种调查方式，分别为：（1）社区、学校走访。选定本地大学和社区，通过随机邀请的方式组织小组座谈或关键人物访谈。主要调查对象为本地大学生以及本地市民／亲子家庭。（2）观展现场访谈。现场邀请来我院参观和参加活动的观众进行小组座谈。每类调查对象进行2—3次小组访谈或关键人物访谈，根据受访观众类型，采用相应的访问提纲。小组访谈每组人数不少于4人，访谈时间为1小时左右。

二、调查执行情况

（一）问卷调查执行情况

2023年5月17日—28日，在湖南博物院内组织开展"希腊展"前置性观众问卷调查，收集有效样本共计400个，其中，文博爱好者采用简单随机抽样方式收集数据，收集有效样本211个；

附　录

普通观众采用间隔随机抽样方式收集数据，共接触观众 294 名，收集有效样本 189 个，拒访率为 35.71%。调查时间涵盖高峰期 4 天，非高峰期 4 天，每日收集成功样本 50 个。从观众结构来看，以女性观众为主，占比 69.50%，男性观众占比 30.50%；外省观众占比达到 75.50%，其次是本市观众，占比 18.75%，本省外市观众，占比 5.75%。文博爱好者中本市观众占比高于普通观众中本市观众 23.52 个百分点。具体如图 1、图 2 所示。

问卷调查对象性别统计　　　问卷调查对象常住地统计

男，30.50%
女，69.50%

本市，18.75%
本省外市，5.75%
外省，75.50%

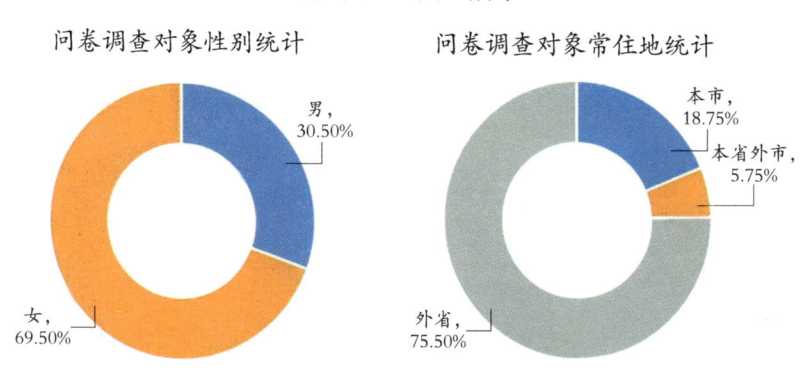

图 1　问卷调查观众人口结构 1 占比

不同调查对象常住地统计

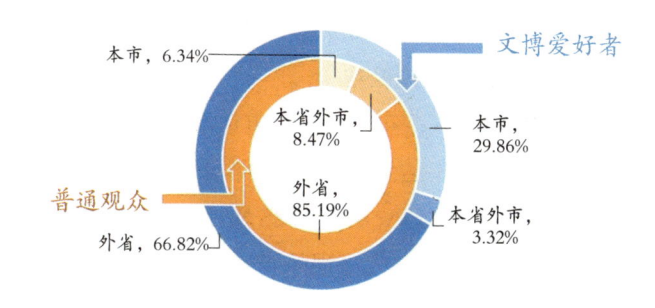

文博爱好者
本市，6.34%
本省外市，8.47%
外省，85.19%

普通观众
本市，29.86%
本省外市，3.32%
外省，66.82%

图 2　问卷调查观众人口结构 2 占比

（二）半结构式访谈执行情况

2023年7月4日—11日，组织开展"希腊展"半结构式访谈，收录不同类型的访谈样本共计12组，访谈对象58名，录音转文字共计32238字，其中，本地市民/亲子家庭5组，本地大学生2组，现场观众5组（包括2组亲子家庭，1组参加教育活动的观众和2组普通观众）。从观众结构来看，以女性观众为主，占比67.24%，男性观众占比32.76%；外省观众占比48.28%，本市观众占比46.55%，本省外市观众占比5.17%。具体如图3所示。

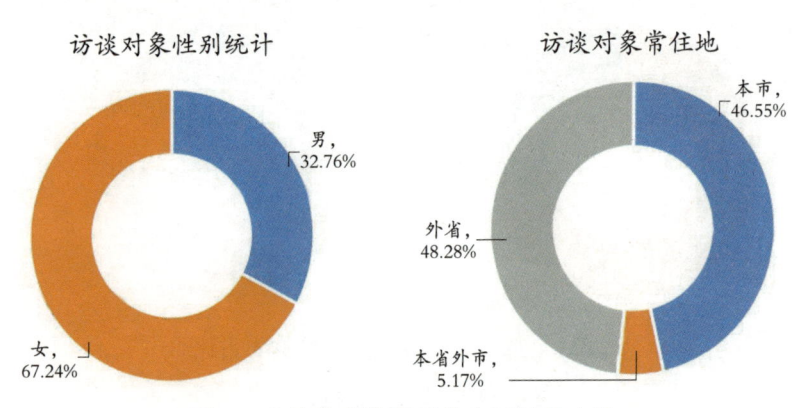

图3 半结构式访谈对象人口结构占比

（三）复核方式及数据处理

问卷调查的复核方式：实地陪访和电话复核方式相结合，确保问卷真实性，问卷复核率达到50%。问卷收集后检查填写情况，复核结果再进行录入，并通过Excel和SPSS软件执行数据统计及分析。

半结构式访谈的复核方式：现场访谈记录、访谈照片。访谈记录由现场访谈记录和录音转录而成。

通过对问卷调查结果进行分析以及对访谈记录内容进行归纳总结形成调查报告。

第二部分 调查结果分析

一、展览期待度与展前宣传准备

（一）观众对"希腊展"的期待情况

问卷调查中，92.50%的受访观众表示期待本次展览，其中有49.00%的观众表示非常期待，43.50%的观众表示比较期待。另外还有6.50%的观众表示一般，1.00%的观众表示不太期待。从观众类型来看，文博爱好者对展览期待程度为93.37%，比普通观众高1.84个百分点。整体而言，不同类型的观众对"希腊展"都抱有较高的期待值。具体如图4所示。

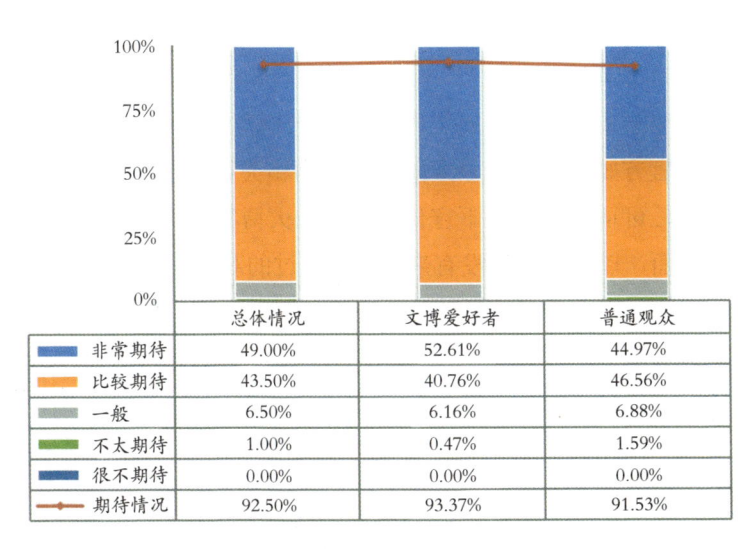

	总体情况	文博爱好者	普通观众
非常期待	49.00%	52.61%	44.97%
比较期待	43.50%	40.76%	46.56%
一般	6.50%	6.16%	6.88%
不太期待	1.00%	0.47%	1.59%
很不期待	0.00%	0.00%	0.00%
期待情况	92.50%	93.37%	91.53%

图4 观众对"希腊展"的期待情况占比

半结构式访谈中，绝大多数访谈对象对"希腊展"比较感兴趣，结合访谈对象特点，主要发现如下：

1. 应邀参加现场访谈的观众对"希腊展"的期待程度较高。在现场邀请观众参加访谈时，工作人员向观众介绍展览主题和内容，观众对展览主题和内容表示浓厚兴趣。现场访谈观众紧跟主持人的节奏，为展览顺利开展提供了很多意见与建议。

2. 本地市民中，来我院参观过的访谈对象和亲子家庭对"希腊展"期待程度更高。相比没来参观过的本地观众，他们更容易通过我院官方自媒体获取展览信息，只要展览主题是自己喜欢的内容，观众再次走进博物馆会更加容易。亲子家庭则因为博物馆的教育功能，如带来趣味性、收获知识等原因选择参观。

3. 本地市民中，没有来我院参观过的观众对展览的期待程度较低。部分访谈对象对展览内容及题材不感兴趣；没关注过湖南博物院官方媒体的观众不太能够获取到相关讯息。在今后的展览宣传中，可适当增加线下宣传途径，扩大博物馆进社区、进学校的覆盖面，以吸引更多没有来我院参观过的观众来观展。

（二）观众希望获得的展前资讯

问卷调查结果显示，观众希望获得的展前资讯排前三位的是"展览背景资料""精华展品推荐""展览图片"，分别占比75.75%、70.50%、65.25%；希望获得的资讯还有"特色文创商品""展览票价""展陈方式介绍""展览配套活动信息""其他"，分别占比37.25%、33.50%、33.25%、25.75%、0.25%。具体如图5所示。

附录

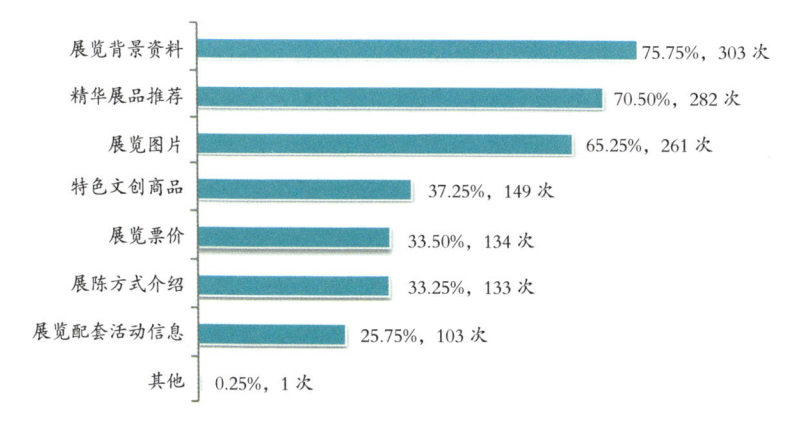

图中数据（图5 观众希望获得的展前资讯占比）：

- 展览背景资料　75.75%，303 次
- 精华展品推荐　70.50%，282 次
- 展览图片　65.25%，261 次
- 特色文创商品　37.25%，149 次
- 展览票价　33.50%，134 次
- 展陈方式介绍　33.25%，133 次
- 展览配套活动信息　25.75%，103 次
- 其他　0.25%，1 次

图 5　观众希望获得的展前资讯占比

从观众类型来看，普通观众和文博爱好者希望获得的展前资讯占比差距不大。与普通观众相比，文博爱好者对于"精华展品推荐"的资讯感兴趣程度更高。具体如表 2 所示。

表 2　观众希望获得的展前资讯频次统计表

选项	总体情况 频次	总体情况 占比	普通观众 频次	普通观众 占比	文博爱好者 频次	文博爱好者 占比
展览背景资料	303	75.75%	142	75.13%	161	76.30%
精华展品推荐	282	70.50%	127	67.20%	155	73.46%
展览图片	261	65.25%	124	65.61%	137	64.93%
特色文创商品	149	37.25%	74	39.15%	75	35.55%
展览票价	134	33.50%	61	32.28%	73	34.60%
展陈方式介绍	133	33.25%	63	33.33%	70	33.18%
展览配套活动信息	103	25.75%	45	23.81%	58	27.49%
其他	1	0.25%	0	0.00%	1	0.47%

半结构式访谈对象对于获取展前资讯内容偏好特点如下：

1. 访谈对象表示展前希望获得的信息有展览主要内容、展览精华展品和背景资料，只有了解到以上与展览相关的主要信息才能对展览基本情况有初步了解，才能判断对这个展览是否感兴趣，是否想去参观，才需要进一步了解其他方面的讯息。

2. 访谈对象确定会来我院参观后，会关注门票预约、展览时间、展览票价等相关信息。亲子家庭还会关注展览配套活动和特色文创商品，家长希望了解现场是否有适合孩子的活动。此外，特色文创商品可以作为孩子来我院参观的纪念物或者激励孩子认真观展的奖励。

3. 除对展览展品内容等方面的信息关注之外，绝大多数大学生会在观展前规划好观展计划，了解门票预约、开展时间、展览票价、出行交通、参观路线、观展时长及附近游玩信息。相较于其他群体，大学生更在乎展览票价，因为大多数大学生经济不独立，消费时更加追求性价比，会对比不同展览的价格差异。多方比较后，他们会选择最感兴趣的、更具性价比的展览。

（三）观众获取展前资讯的渠道

观众日常习惯的展览信息获取渠道中，78.50%的观众是通过"博物馆官方自媒体平台"，66.00%的观众是通过"其他社交平台"，42.25%的观众是通过"文博类自媒体平台"。

观众希望的展览信息获取渠道，"博物馆官方自媒体平台"仍然占比最高，为81.25%，其次是"其他社交平台"，占比56.00%，第三是"文博类自媒体平台"，占比30.25%。

从以上两组数据来看，观众更倾向于用平时惯用的方式来获取展前相关讯息。具体如图6所示。

附　录

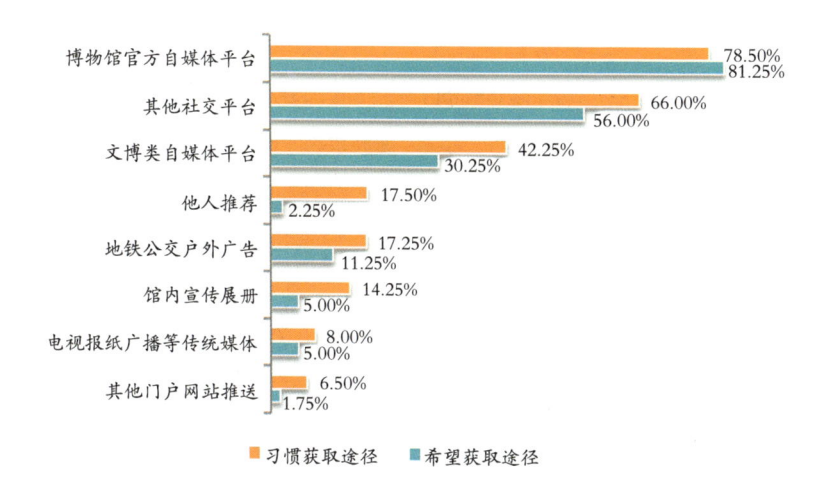

图6　观众获取展前资讯的渠道占比

渠道	习惯获取途径	希望获取途径
博物馆官方自媒体平台	78.50%	81.25%
其他社交平台	66.00%	56.00%
文博类自媒体平台	42.25%	30.25%
他人推荐	17.50%	2.25%
地铁公交户外广告	17.25%	11.25%
馆内宣传展册	14.25%	5.00%
电视报纸广播等传统媒体	8.00%	5.00%
其他门户网站推送	6.50%	1.75%

从观众类型来看，观众习惯获取和希望获取展前资讯的渠道略有不同。文博爱好者使用"博物馆官方自媒体平台"的占比高于其他途径，表明文博爱好者对官方媒体渠道的忠诚度更高。普通观众习惯获取和希望获取展前资讯的渠道主要是"博物馆官方自媒体平台"和"其他社交平台"。具体如表3、表4所示。

表3　观众习惯获取展前资讯的渠道频次统计表

选项	总体情况 频次	总体情况 占比	普通观众 频次	普通观众 占比	文博爱好者 频次	文博爱好者 占比
博物馆官方自媒体平台	314	78.50%	144	76.19%	170	80.57%
其他社交平台	264	66.00%	144	76.19%	120	56.87%
文博类自媒体平台	169	42.25%	82	43.39%	87	41.23%
他人推荐	70	17.50%	41	21.69%	29	13.74%

277

续表

选项	总体情况 频次	总体情况 占比	普通观众 频次	普通观众 占比	文博爱好者 频次	文博爱好者 占比
地铁公交等户外广告	69	17.25%	36	19.05%	33	15.64%
馆内宣传小展册	57	14.25%	26	13.76%	31	14.69%
电视报纸广播等传统媒体	32	8.00%	14	7.41%	18	8.53%
其他门户网站推送	26	6.50%	14	7.41%	12	5.69%
其他	0	0.00%	0	0.00%	0	0.00%

表4 观众希望获取展前资讯的渠道频次统计表

选项	总体情况 频次	总体情况 占比	普通观众 频次	普通观众 占比	文博爱好者 频次	文博爱好者 占比
博物馆官方自媒体平台	325	81.25%	151	79.89%	174	82.46%
其他社交平台	224	56.00%	109	57.67%	115	54.50%
文博类自媒体平台	121	30.25%	54	28.57%	67	31.75%
地铁公交等户外广告	45	11.25%	23	12.17%	22	10.43%
电视报纸广播等传统媒体	20	5.00%	9	4.76%	11	5.21%
馆内宣传小展册	20	5.00%	11	5.82%	9	4.27%
他人推荐	9	2.25%	4	2.12%	5	2.37%
其他门户网站推送	7	1.75%	4	2.12%	3	1.42%
其他	0	0.00%	0	0.00%	0	0.00%

访谈对象获取相关资讯途径的特点如下:

1. 参观过或者关注过湖南博物院的观众获取相关资讯比较容易,否则较难获取展览相关信息。

2. 观众获取展览资讯的首要途径是博物馆官方自媒体平台,其次为其他社交平台,以抖音、小红书和哔哩哔哩为主。不同年龄阶段访谈对象使用的社交平台略有不同:使用抖音获取相关信息的访谈对象年龄段分布比较广泛;使用小红书获取相关信息的主要是年龄40岁以下的女性;使用哔哩哔哩获取相关信息的主要是高中生和大学生。

3. 部分访谈对象根据其自身观展习惯和兴趣爱好,提出了在展览预约界面增加视频介绍,重点介绍稀缺展品,在影院加大宣传力度,在人流量大的地方投放电子屏广告,与其他文博场馆及学校增加联动等建议。

【案例1,现场观众,陈女士,37岁】

"在购票的时候只能看到展览的名字,任何展览相关内容都没有,建议在购票页面能播放相关展览的宣传视频。宣传视频的主要内容是介绍展览主题和精华展品,宣传重点落在展品稀缺性上,强调展品的特质,强调是本次展览或者本馆独一份,吸引观众来参观。"

【案例2,本地市民,王先生,47岁】

"除了常规的宣传方式以外,建议在电影院加大宣传力度。一是在电影院内布置易拉宝展板,进行展览宣传,拓宽海报投放渠道;二是在电影开场前投放展览宣传视频。"

二、观众对古希腊文化的知识储备与展览内容偏好

(一)观众对古希腊文化的了解情况

问卷调查结果显示,2.00%的观众回答对古希腊文化"非常了解",9.75%的观众回答"比较了解",53.75%的观众回答"一般",回答"不太了解"和"很不了解"的分别占比31.25%和3.25%。具体如图7所示。

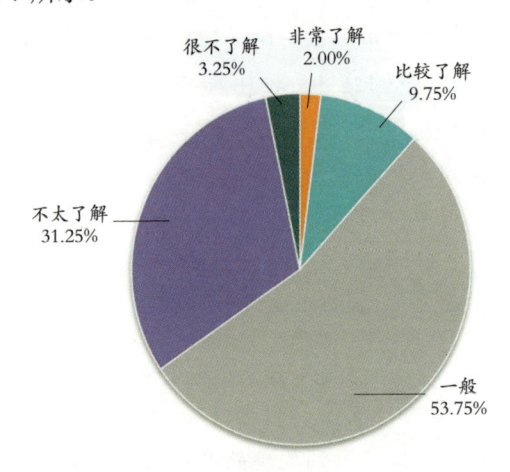

图7 观众对古希腊文化的了解情况占比

从观众类型来看,普通观众和文博爱好者对古希腊文化的了解情况差不多,都有超过50%的观众表示对古希腊文化只是一般了解。具体如表5所示。

表5 观众对古希腊文化的了解情况频次统计表

选项	总体情况 频次	总体情况 占比	普通观众 频次	普通观众 占比	文博爱好者 频次	文博爱好者 占比
非常了解	8	2.00%	2	1.06%	6	2.85%
比较了解	39	9.75%	15	7.94%	24	11.37%

续表

选项	总体情况		普通观众		文博爱好者	
	频次	占比	频次	占比	频次	占比
一般	215	53.75%	100	52.91%	115	54.50%
不太了解	125	31.25%	64	33.86%	61	28.91%
很不了解	13	3.25%	8	4.23%	5	2.36%
合计	400	100.00%	189	100.00%	211	100.00%

（二）观众希望获得的古希腊知识

本次调查列举了与古希腊相关的知识点供观众选择，超过六成的观众希望了解"古希腊不同时期的文明"和"古希腊的神话"两个方面的内容，分别占比65.00%、64.50%；其次是"古代中国和古希腊的历史文化比较""古希腊文学""古希腊人生活与娱乐方式"，分别占比50.00%、49.00%、48.00%。再次是"古希腊名人事迹""古希腊历代帝王故事""古希腊战争与战士"分别占比39.75%、38.50%、34.25%；还有19.50%的观众希望了解"现代希腊"；0.25%的观众选择"其他"。具体如表6所示。

表6 观众希望获得古希腊知识频次统计表

选项	总体情况		普通观众		文博爱好者	
	频次	占比	频次	占比	频次	占比
古希腊不同时期的文明	260	65.00%	120	63.49%	140	66.35%
古希腊的神话	258	64.50%	125	66.14%	133	63.03%
古代中国和古希腊的历史文化比较	200	50.00%	85	44.97%	115	54.50%
古希腊文学	196	49.00%	98	51.85%	98	46.45%

续表

选项	总体情况		普通观众		文博爱好者	
	频次	占比	频次	占比	频次	占比
古希腊人生活与娱乐方式	192	48.00%	91	48.15%	101	47.87%
古希腊名人事迹	159	39.75%	83	43.92%	76	36.02%
古希腊历代帝王故事	154	38.50%	79	41.80%	75	35.55%
古希腊战争与战士	137	34.25%	64	33.86%	73	34.60%
现代希腊	78	19.50%	34	17.99%	44	20.85%
其他	1	0.25%	0	0.00%	1	0.47%

访谈对象对于"希腊展"讲述的古希腊知识点偏好呈现如下特点：

1. 访谈对象想了解的知识点不局限于古希腊不同时期的文明，还想了解古代中国和古代希腊同时期的历史文化比较。观众希望在呈现古希腊文明的同时，与古代中国同时期的历史文化进行比较，体现文化在不同领域、不同方面的差异性，展示哲学、历史、艺术、文学等众多方面的碰撞和交流，给观众一个更加直观的感受。

2. 古希腊神话也是访谈学生群体口中出现的高频知识点，在大学生专场访谈中，被访的6名大学生，不约而同地表示最感兴趣的知识点是古希腊神话。希望通过讲述古希腊神话故事，了解古希腊历史，加深对古希腊文化的理解，激发内心潜藏的想象力和创造力。

3. 在列举的各类知识点中，年轻男性观众则更多提到古希腊的战争与战士，希望展览能讲述古希腊历史中的重大战役，以便了解当时军事实力与英雄领袖。

【案例 3，现场观众，杨同学，男，14 岁】

"希望能重点讲述转折性的战争，古希腊历史上战争线，关于朝代更迭战争，讲述各个时代英雄人物。"

【案例 4，本地亲子观众，谢同学，男，12 岁】

"希望通过连贯的时间线讲述古希腊的发展，各个朝代更迭，不同时期的军事实力，然后挑选几个鼎盛时期的文明进行重点展示。"

4. 访谈中观众还提到了古希腊雕塑与建筑，访谈对象提出在展厅现场布置复刻的古希腊雕塑与建筑，打造实景展示，营造沉浸式观展氛围，提高观展体验感。

（三）观众希望重点展示的展品类型

有超过八成的观众希望重点展示的展品是"能展现古希腊文明繁荣盛况的文物"，有超过六成的观众希望重点展示的展品是"与古希腊大型历史事件相关的文物"和"古希腊人生活、娱乐器具，较少见、令人好奇的物件"，还有超四成的观众希望重点展示"与古希腊文学相关的文物"。具体如图 8 所示。

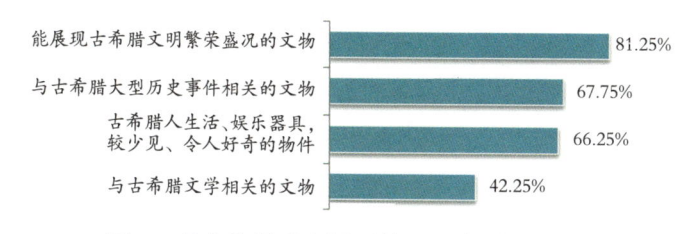

展品类型	占比
能展现古希腊文明繁荣盛况的文物	81.25%
与古希腊大型历史事件相关的文物	67.75%
古希腊人生活、娱乐器具，较少见、令人好奇的物件	66.25%
与古希腊文学相关的文物	42.25%

图 8　观众希望重点展示的展品类型占比

从观众类型来看，普通观众和文博爱好者对于希望重点展示的展品频次相差不大，文博爱好者对能展现古希腊文明繁荣盛况的文物感兴趣程度更高。具体如表 7 所示。

表 7　观众希望重点展示展品频次统计表

选项	总体情况 频次	总体情况 占比	普通观众 频次	普通观众 占比	文博爱好者 频次	文博爱好者 占比
能展现古希腊文明繁荣盛况的文物	325	81.25%	150	79.37%	175	82.94%
与古希腊大型历史事件相关的文物	271	67.75%	133	70.37%	138	65.40%
古希腊人生活、娱乐器具，较少见、令人好奇的物件	265	66.25%	126	66.67%	139	65.88%
与古希腊文学相关的文物	169	42.25%	80	42.33%	89	42.18%

访谈对象希望"希腊展"重点展示文物呈现如下特点：

1. 在重点展示的文物中，观众对能展现古希腊文明繁荣盛况的文物最感兴趣，观众认为展示古希腊繁荣盛况的文物能更好地还原古希腊鼎盛时期的精神风貌和经济发展状况。

2. 女性观众和年轻观众则更注重展览的趣味性，想了解古希腊人生活、娱乐器具，对较少见、令人好奇的物件比较感兴趣。

三、观众对主要展览要素的关注情况

（一）观众喜欢的展品呈现方式

75.50% 的观众选择"展柜全方位立体展示"，56.25% 的观

众选择"展品结合数字化技术展示",50.00%的观众选择"搭建实景展示",42.00%的观众选择"多媒体互动展示",还有36.25%的观众选择"搭配图文结合的背景板"。整体而言,观众更为关注的是通过展柜全方位立体、细致地展示文物,从而直观地感受文物的古朴。具体如图9所示。

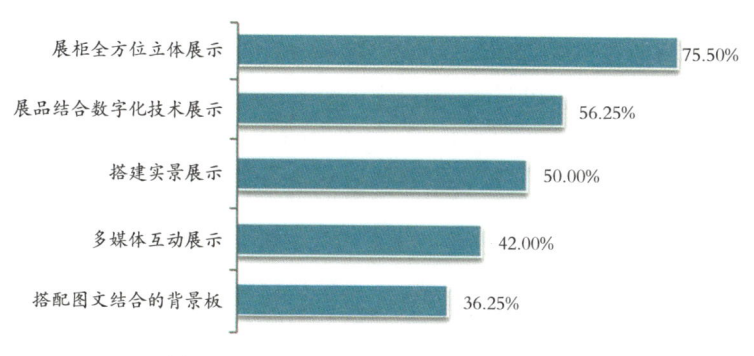

图9 观众喜欢的展品呈现方式占比

- 展柜全方位立体展示 75.50%
- 展品结合数字化技术展示 56.25%
- 搭建实景展示 50.00%
- 多媒体互动展示 42.00%
- 搭配图文结合的背景板 36.25%

从观众类型来看,普通观众和文博爱好者喜欢展柜全方位立体展示,频次占比超过70%,其次是展品结合数字化技术展示,频次占比超过50%。具体如表8所示。

表8 观众喜欢的展品呈现方式频次统计表

选项	总体情况 频次	总体情况 占比	普通观众 频次	普通观众 占比	文博爱好者 频次	文博爱好者 占比
展柜全方位立体展示	302	75.50%	146	77.25%	156	73.93%
展品结合数字化技术展示	225	56.25%	106	56.08%	119	56.40%
搭建实景展示	200	50.00%	85	44.97%	115	54.50%

续表

选项	总体情况		普通观众		文博爱好者	
	频次	占比	频次	占比	频次	占比
多媒体互动类展示	168	42.00%	68	35.98%	100	47.39%
搭配图文结合的背景板	145	36.25%	73	38.62%	72	34.12%

访谈对象喜欢展品呈现的方式如下：

1. 根据不同展品特性，采用不同的呈现方式。访谈对象比较认可的是搭建实景，形成情景交融的展示方式。通过搭建实景还原古希腊建筑与历史风貌，再结合数字技术将物、景、声、光等特效有机结合，还原历史场景，烘托情景氛围，给观众营造身临其境的观感，打造沉浸式观展体验。另有年轻观众提出，可适当设置一个NPC（非玩家控制角色）对展览进行介绍，并且留几个问题，引导观众边看边寻找答案。

2. 利用多媒体互动设备进行辅助展示。展品实物结合多媒体互动设备组合展示，实现普通陈列手段难以做到的既有纵向深入解剖，又有横向关联拓展的动态展览效果，创造丰富的观展体验，提高观众探索的兴趣。

（二）观众对展品说明牌的需求

1. 说明牌内容

有超半数的观众喜欢内容精练的说明牌，有超三成观众喜欢内容翔实的说明牌，喜欢简明扼要和内容专业严谨的说明牌的观众各占9.25%和4.50%。具体如图10所示。

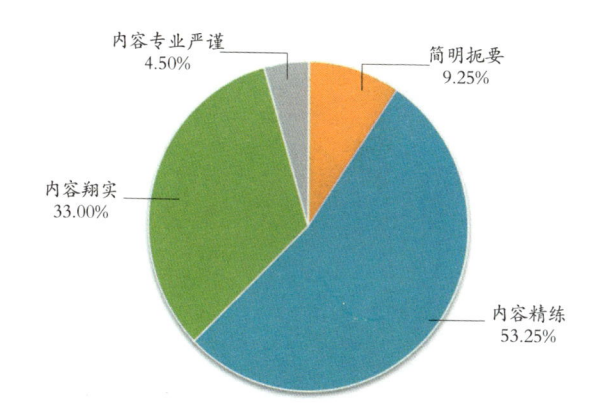

图 10 展品说明牌内容需求占比

从观众类型来看,普通观众和文博爱好者希望展品说明牌内容精练的频次占比最高,超过 50%,其次是内容翔实,占比超过 30%。具体如表 9 所示。

表 9 展品说明牌内容需求频次统计表

选项	总体情况 频次	总体情况 占比	普通观众 频次	普通观众 占比	文博爱好者 频次	文博爱好者 占比
简明扼要	37	9.25%	22	11.64%	15	7.11%
内容精练	213	53.25%	100	52.91%	113	53.55%
内容翔实	132	33.00%	61	32.28%	71	33.65%
内容专业严谨	18	4.50%	6	3.17%	12	5.69%

2. 说明牌形式

有近七成的观众喜欢根据展品形态或者章节内容设计不同样式的说明牌,喜欢多媒体说明牌和传统正式的矩形样说明牌的观众各占 19.00% 和 14.00%。具体如图 11 所示。

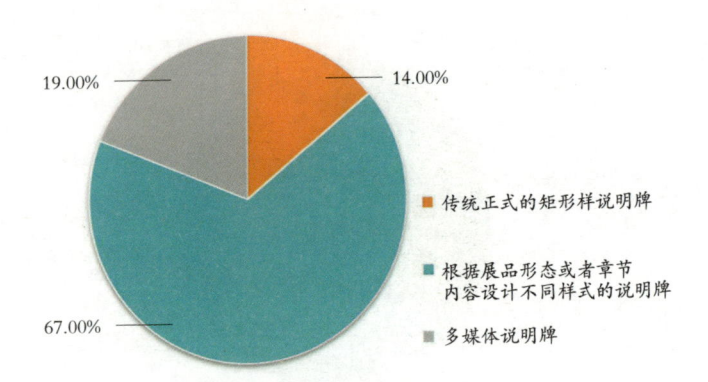

理想之城
博物馆历史类陈列展览策划的理论与实践

图11　展品说明牌形式需求占比

从观众类型来看，普通观众和文博爱好者更希望根据展品形态或章节内容设计不同样式的说明牌，频次占比超过60%。具体如表10所示。

表10　展品说明牌形式需求频次统计表

选项	总体情况 频次	总体情况 占比	普通观众 频次	普通观众 占比	文博爱好者 频次	文博爱好者 占比
传统正式的矩形样说明牌	56	14.00%	29	15.34%	27	12.79%
根据展品形态或者章节内容设计不同样式的说明牌	268	67.00%	124	65.61%	144	68.25%
多媒体说明牌	76	19.00%	36	19.05%	40	18.96%

3. 说明牌展示

重视说明牌"背景颜色、图文、纹饰"和"字体大小，排列方式，段落间距"的观众占比相差无几，分别为48.00%和47.25%，重视说明牌"字体颜色"的观众占比仅为4.75%。具体如图12所示。

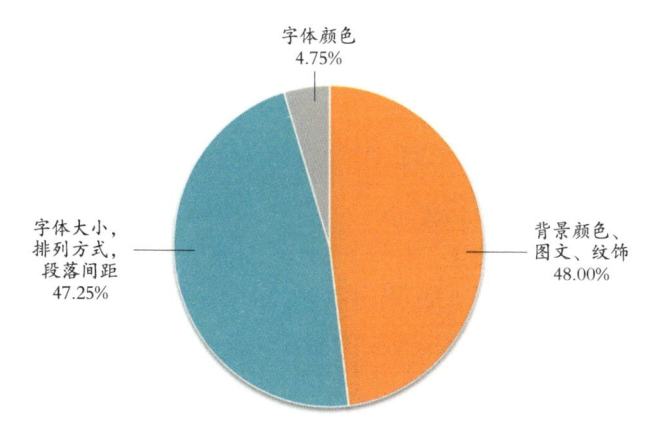

图 12　展品说明牌展示需求占比

从观众类型来看，普通观众对展品说明牌的背景颜色、图文、纹饰需求更高，频次占比超过 52.38%。而文博爱好者对展品说明牌的字体大小、排列方式、段落间距需求更高，频次占比 51.18%。具体如表 11 所示。

表 11　展品说明牌展示需求频次统计表

选项	总体情况 频次	总体情况 占比	普通观众 频次	普通观众 占比	文博爱好者 频次	文博爱好者 占比
字体大小、排列方式、段落间距	189	47.25%	81	42.86%	108	51.18%
字体颜色	19	4.75%	9	4.76%	10	4.74%
背景颜色、图文、纹饰	192	48.00%	99	52.38%	93	44.08%

4. 说明牌规格

59.00% 的观众关注"说明牌规格大小"，另外 41.00% 的观众关注"说明牌摆放高度"。具体如表 12 所示。

表12　展品说明牌规格需求频次统计表

选项	总体情况 频次	总体情况 占比	普通观众 频次	普通观众 占比	文博爱好者 频次	文博爱好者 占比
说明牌规格大小	236	59.00%	106	56.08%	130	61.61%
说明牌摆放高度	164	41.00%	83	43.92%	81	38.39%
合计	400	100.00%	189	100.00%	211	100.00%

访谈对象对于展品说明牌的需求有如下特点：

1. 访谈对象对展品说明牌最强烈的需求体现在说明牌字体大小和美观程度上，普遍希望字体清晰、明显，大小适中，背景底色能看清楚，并兼顾现场照明以及考虑特殊观众（如近视观众、老年观众）的需求。

【案例5，现场观众，杨同学，男，14岁】
"因为自己近视，所以字体要大一点才能看清楚。"

【案例6，现场观众，胡先生，52岁】
"展厅灯光昏暗，对老花眼不太友好，说明牌字体要大一点才能看清楚。"

2. 展品说明牌内容以简洁直观为主，但要保证内容的专业性和措辞的精准、严谨性。来看展的大多数观众对古希腊历史了解程度较低，说明牌内容太多容易使其阅读时缺乏耐心，内容专业性太强、晦涩难懂则极易使其缺乏观展兴趣。部分观众希望在说明展示方面辅之以科技手段，配置电子说明牌、电子互动屏等，增加趣味性和互动性。

【案例 7，现场观众，李女士，50 岁】

"希望在重点、精华展品上配置电子说明牌，以视频、动画、语音等方式拓展内容，观众还能通过电子屏幕互动，选取自己想获取的知识点进行深度了解。"

3. 因展览是以展品为主，说明牌仅为辅助观众了解展品的手段，所以说明牌在样式结构上尽量符合主题简单大方即可，不需要太多设计或者花里胡哨，以免喧宾夺主，分散观众观展的注意力。说明牌的位置摆放，首先是根据文物的大小、高低进行合理规划，其次如果是全方位展示的文物，建议增加一个摆放式说明牌，方便观众阅读。

（三）导览方式的选择

对导览方式的选择，34.75% 的观众倾向于选择"志愿者讲解"，31.00% 的观众选择"自行参观"，20.25% 的观众选择"智慧导览设备"，选择"二维码自助导览"和"收费讲解"的观众分别占比 9.25% 和 4.75%。具体如图 13 所示。

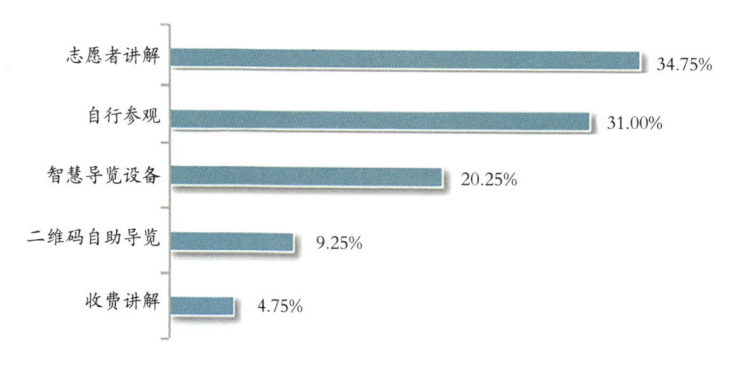

图 13 观众对导览方式的选择占比

从观众类型来看，41.23%的文博爱好者选择"志愿者讲解"，明显高于其他导览方式。39.69%的普通观众则选择"自行参观"，明显高于其他导览方式。具体如表13所示。在今后的工作中可进一步了解普通观众选择自行参观的原因。

表13 观众对导览方式的选择频次统计表

选项	总体情况 频次	总体情况 占比	文博爱好者 频次	文博爱好者 占比	普通观众 频次	普通观众 占比
志愿者讲解	139	34.75%	87	41.23%	52	27.51%
自行参观	124	31.00%	49	23.23%	75	39.69%
智慧导览设备	81	20.25%	48	22.75%	33	17.46%
二维码自助导览	37	9.25%	16	7.58%	21	11.11%
收费讲解	19	4.75%	11	5.21%	8	4.23%
合计	400	100.00%	211	100.00%	189	100.00%

本次访谈中没有针对导览需求设计相应的内容，但是仍有观众对收费的导览服务提出迫切的需求。从访谈内容来看，提出收费导览服务需求的观众主要分为两类，一是亲子观众，二是文博爱好者。

【案例8，现场观众，陈女士，37岁】

"希望开设人工讲解小团，5—10人一团，可以让观众自行选择。10—30元/人的价格都可以接受。人工讲解能让小朋友听懂，学到知识。来博物馆参观打卡是一方面，另一方面也是想让小朋友记住参观内容，收获一个知识点。"

【案例 9，本地市民，王先生，47 岁】

"希望'希腊展'提供有品质的付费讲解服务，讲解内容翔实，能边听边看。如果语音导览能自动识别文物，内容比较丰富也是可以接受的，但是更喜欢人工讲解。语音讲解服务能接受的价格是 50—100 元/人，必须是内容丰富，讲解详尽。人工讲解的话希望是小团队的讲解服务，一团控制在 5 人以下，可以接受的费用是 100—200 元/人，讲解人员需要提供相应价值的讲解服务，让参观者收获知识。"

（四）购买文创商品的倾向

1. 喜欢的文创商品类型

45.50% 的观众喜欢创意纪念品，20.50% 的观众喜欢民间工艺品，19.00% 的观众喜欢复仿品类，12.75% 的观众喜欢出版物类，1.75% 的观众喜欢创意零食甜点，还有 0.50% 的观众选择其他，表示不喜欢文创商品。具体如图 14 所示。

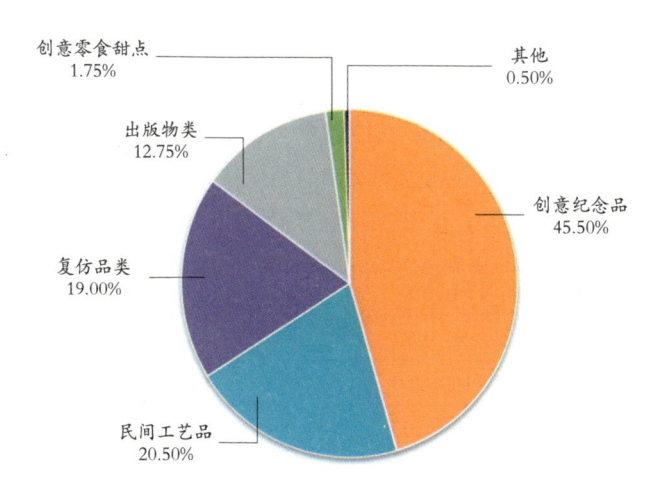

图 14　喜欢的文创商品类型占比

从观众类型来看，普通观众和文博爱好者更喜欢创意纪念品，频次占比超过40%。具体如表14所示。

表14 喜欢的文创商品类型频次统计表

选项	总体情况 频次	总体情况 占比	普通观众 频次	普通观众 占比	文博爱好者 频次	文博爱好者 占比
创意纪念品	182	45.50%	84	44.44%	98	46.45%
民间工艺品	82	20.50%	50	26.46%	32	15.17%
复仿品类	76	19.00%	36	19.05%	40	18.96%
出版物类	51	12.75%	17	8.99%	34	16.11%
创意零食甜点	7	1.75%	1	0.53%	6	2.84%
其他	2	0.50%	1	0.53%	1	0.47%

2. 愿意购买的文创商品价格

本次调查中有7名受访观众表示不愿意花钱购买文创商品，其他愿意购买文创商品的观众接受的均价为152.57元；统计时将价格1000元以上认定为极端值，去掉3个极端值后，受访观众接受的均价为109.94元。超80%的观众表示愿意购买100元（含100元）以下的文创商品。具体如表15所示。

表15 观众愿意购买的文创商品价格分布频次统计表

序号	价格区间（元）	频次	百分比
1	>0~50	180	45.00%
2	>50~100	142	35.50%
3	>100~200	45	11.25%
4	>200~500	24	6.00%
5	>500	9	2.25%

访谈对象购买文创商品呈现如下特点:

1. 女性观众和亲子家庭是购买文创商品的主力军。本次访谈中的绝大多数女性观众都有购买文创商品的习惯,购买的文创商品多为设计精巧、方便携带、有纪念意义的小物件,作为参观博物馆、馈赠亲友等的旅游纪念品。亲子家庭购买的文创商品类型以孩子的选择和喜好为主,常购买的文创商品多为精华展品设计主题的文具、徽章和小摆件。

2. 本地市民较少在本地博物馆购买文创商品,但是会在旅行时购买文创商品。部分本地市民和对历史感兴趣的观众希望能有与展览相关的书籍推荐或出售。

【案例10,本地市民,肖先生,55岁】

"没有购买文创商品的习惯,如果要买只买与展览相关的书籍。"

【案例11,本地市民,王先生,47岁】

"会去看看,如果有同行人员要买我也会买;我自己倾向于购买与展览相关的书籍。最好推荐几本跟古希腊历史相关的书籍,方便查漏补缺。建议策划人能够根据展览主要内容或者某个代表性的文物出一本相关的漫画书,以趣味的形式讲述历史故事。"

(五)遇到与展品相关问题的解决方式

遇到与展品相关的问题时,观众首选"询问现场工作人员",占比70.00%;"搜索展览现场的各处展示内容",占比49.75%;"通过微信服务号推文解答",占比28.00%;"自行利用网络搜索答案",占比23.25%。具体如图15所示。

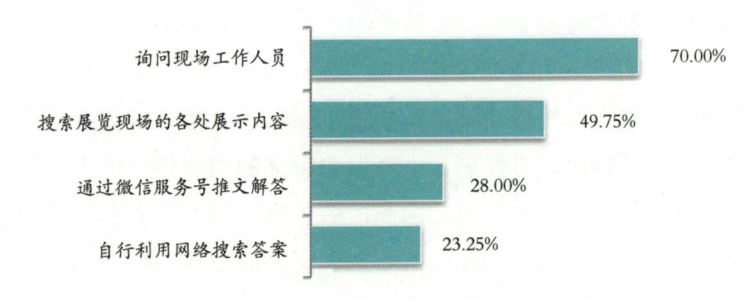

理想之城
博物馆历史类陈列展览策划的理论与实践

图 15　遇到与展品相关问题的解决方式占比

- 询问现场工作人员　70.00%
- 搜索展览现场的各处展示内容　49.75%
- 通过微信服务号推文解答　28.00%
- 自行利用网络搜索答案　23.25%

从观众类型来看，普通观众和文博爱好者遇到与展品相关问题时，更愿意通过询问现场工作人员来解决问题，频次占比超过60%。具体如表16所示。

表 16　遇到与展品相关问题的解决方式频次统计表

选项	总体情况 频次	总体情况 占比	普通观众 频次	普通观众 占比	文博爱好者 频次	文博爱好者 占比
询问现场工作人员	280	70.00%	143	75.66%	137	64.93%
搜索展览现场的各处展示内容	199	49.75%	87	46.03%	112	53.08%
通过微信服务号推文解答	112	28.00%	48	25.40%	64	30.33%
自行利用网络搜索答案	93	23.25%	39	20.63%	54	25.59%
其他	0	0.00%	0	0.00%	0	0.00%

访谈对象表示在展览现场遇到问题时，首先会找现场工作人员解决问题，如果遇到的问题是与展品相关的问题，则会上网搜索答案，同时希望找专业讲解人员解答。

（六）观众重视的展览要素

调查列举了一些观众可能重视的展览要素。调查结果显示，观众重视度排名前三的展览要素是"内容丰富程度""展览内容清晰易懂""路线顺畅度",分别占比 68.50%、65.00%、63.00%。其次是"环境舒适度"和"清楚的展览说明牌",分别占比 47.75% 和 41.25%。占比在 30% 以下的是"导览方式""展品展示手段""现场工作人员的服务""文创商品""配套活动""其他",分别为 25.50%、23.25%、13.75%、12.25%、10.25%、1.00%。具体如图 16 所示。

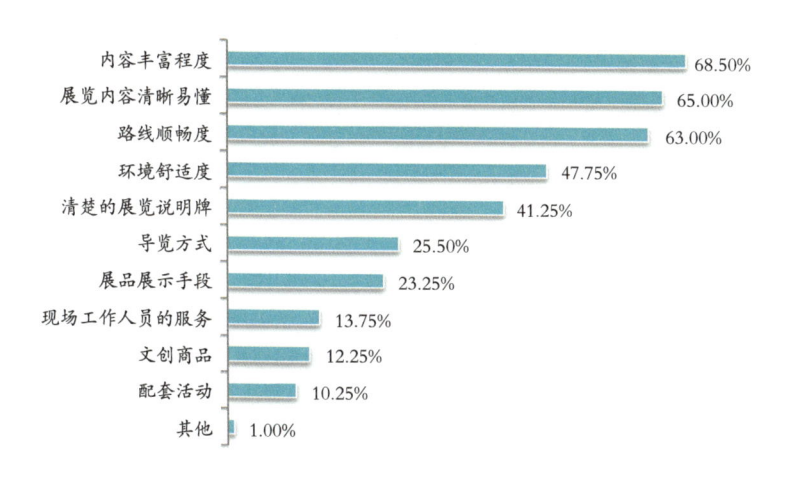

图 16　观众重视的展览要素排名占比

从观众类型来看,普通观众更重视展览要素中内容丰富程度,而文博爱好者则更重视展览内容清晰易懂。具体如表 17 所示。

表 17　观众重视的展览要素频次统计表

选项	总体情况 频次	总体情况 占比	普通观众 频次	普通观众 占比	文博爱好者 频次	文博爱好者 占比
内容丰富程度	274	68.50%	137	72.49%	137	64.93%
展览内容清晰易懂	260	65.00%	120	63.49%	140	66.35%

续表

选项	总体情况 频次	总体情况 占比	普通观众 频次	普通观众 占比	文博爱好者 频次	文博爱好者 占比
路线顺畅度	252	63.00%	119	62.96%	133	63.03%
环境舒适度	191	47.75%	88	46.56%	103	48.82%
清楚的展览说明牌	165	41.25%	80	42.33%	85	40.28%
导览方式	102	25.50%	49	25.93%	53	25.12%
展品展示手段	93	23.25%	48	25.40%	45	21.33%
现场工作人员的服务	55	13.75%	25	13.23%	30	14.22%
文创商品	49	12.25%	26	13.76%	23	10.90%
配套活动	41	10.25%	17	8.99%	24	11.37%
其他	4	1.00%	0	0.00%	4	1.90%

访谈对象对于展览要素的需求呈现如下特点：

1. 环境舒适度影响观众对展馆的第一印象。观众普遍希望展厅内温度适宜，空气清新，灯光明暗结合，控制现场观众人数，提供合理的休息设施等，通过营造舒适的观展环境，提升观展体验感。本次访谈调查正值暑期，参观人流量大，观众对展厅温度、空气质量等方面提出了更高要求。

2. 因为绝大部分访谈对象对古希腊文化并不了解，他们希望在展前序言部分能梳理古希腊历史发展的时间脉络，起源、发展与衰亡等重要时间节点，以便直观了解古希腊历史发展概况。展厅内再根据文物特点以及重大事件的发生，重点展示相关的文化、历史事件。

3. 访谈对象认为路线的顺畅程度关系到观展的愉悦程度，如果动线设计不合理，想看的展品一直没找到，或者人太多一直被堵住，肯定会影响观展心情。希望重点展示的文物能在观展路线图上重点标识出来,保证在观展过程中能看到。

4.在票务预约和门票价格方面,部分观众认为湖南博物院门票预约难度较大。希望进一步优化预约入馆时间,做到有效分流,避免同一时间段内的参观人员过多,影响观展的体验感。此外,有观众提出:"特展门票价格可以稍微定高一点,抬高参观的门槛,给有强烈参观意愿的观众一个更好的观展体验感。"

四、观众对展览配套活动的需求

(一)观众喜欢的教育活动类型

观众最喜欢的教育活动类型是"展厅现场体验活动",占比41.25%,其次是"博物馆实景解谜游戏",占比23.75%,"展厅专家导赏""课程+展厅参观"分别占比14.00%、12.25%,"专家讲座"占比8.50%,还有1名观众选择"其他",占比0.25%。具体如图17所示。

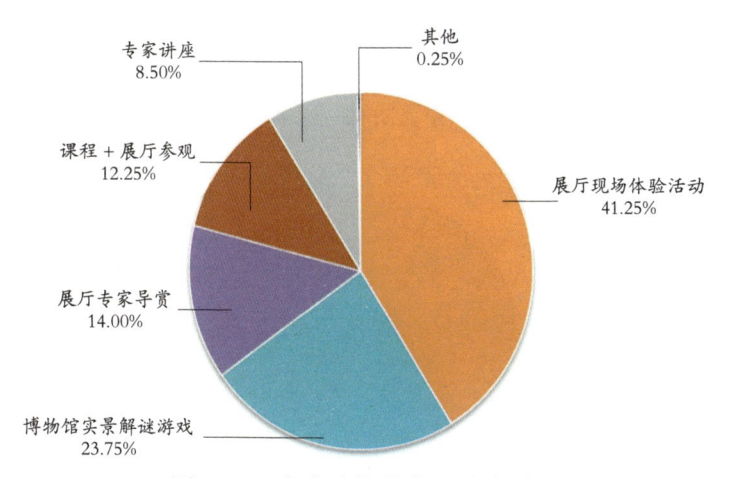

图17 观众喜欢的教育活动类型占比

从观众类型来看，普通观众和文博爱好者都更喜欢展厅现场体验活动这种教育活动类型，其次是博物馆实景解密游戏。具体如表 18 所示。

表 18 观众喜欢的教育活动类型频次统计表

选项	总体情况 频次	总体情况 占比	普通观众 频次	普通观众 占比	文博爱好者 频次	文博爱好者 占比
展厅现场体验活动	165	41.25%	94	49.74%	71	33.65%
展厅专家导赏	56	14.00%	20	10.58%	36	17.06%
博物馆实景解谜游戏	95	23.75%	45	23.81%	50	23.70%
课程+展厅参观	49	12.25%	19	10.05%	30	14.22%
专家讲座	34	8.50%	10	5.29%	24	11.37%
其他	1	0.25%	1	0.53%	0	0.00%

（二）观众喜欢的教育活动主题

42.25%的观众喜欢"历史科普类"活动，28.50%的观众喜欢"手工体验类"活动，22.75%的观众喜欢"艺术鉴赏类"活动，还有 6.50%的观众喜欢"陶器类"活动。具体如图 18 所示。

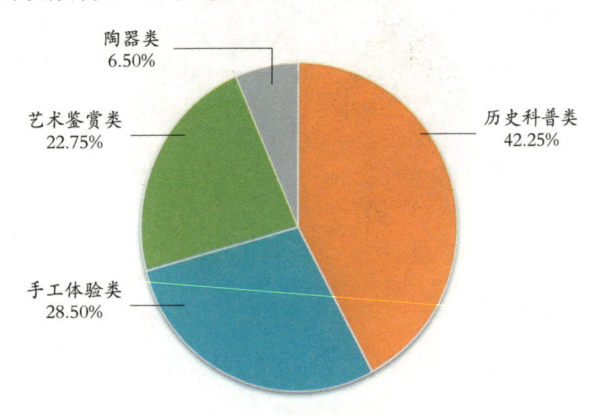

图 18 观众喜欢的教育活动主题占比

从观众类型来看，普通观众和文博爱好者喜欢的教育活动主题差不多，历史科普类占比最高，超过40%。具体如表19所示。

表19 观众喜欢的教育活动主题频次统计表

选项	总体情况 频次	总体情况 占比	普通观众 频次	普通观众 占比	文博爱好者 频次	文博爱好者 占比
历史科普类	169	42.25%	76	40.21%	93	44.08%
手工体验类	114	28.50%	57	30.16%	57	27.01%
艺术鉴赏类	91	22.75%	43	22.75%	48	22.75%
陶器类	26	6.50%	13	6.88%	13	6.16%
合计	400	100.00%	189	100.00%	211	100.00%

关于教育活动需要的手工材料，42.98%的观众更倾向于使用博物馆提供的免费材料，42.11%的观众表示选项中的材料都可以，13.16%的观众选择精心设计的收费材料，1.75%的观众选择自带材料。具体如图19所示。

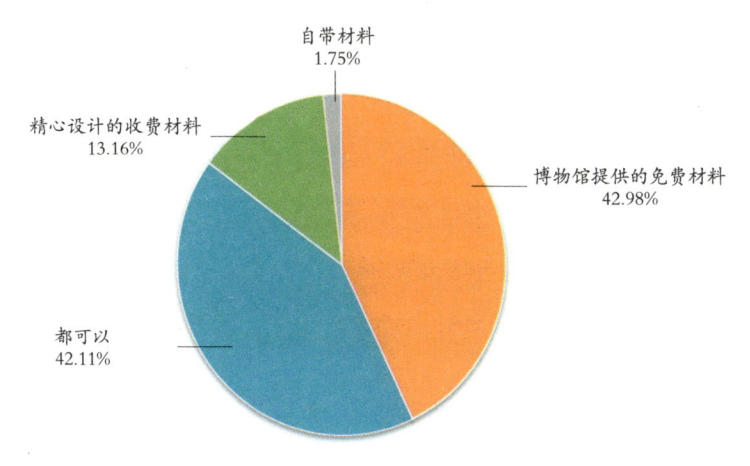

图19 观众关于手工材料的选择占比

从观众类型来看,关于手工材料的选择,普通观众认为免费材料、收费材料、自带材料都可以,文博爱好者更希望博物馆能提供免费的材料。具体如表 20 所示。

表 20　观众对于手工材料的选择频次统计表

选项	总体情况 频次	总体情况 占比	普通观众 频次	普通观众 占比	文博爱好者 频次	文博爱好者 占比
博物馆提供的免费材料	49	42.98%	23	40.35%	26	45.61%
精心设计的收费材料	15	13.16%	4	7.02%	11	19.30%
自带材料	2	1.75%	0	0.00%	2	3.51%
都可以	48	42.11%	30	52.63%	18	31.58%

(三)观众对教育活动互动体验装置选择

有 59.00% 的观众希望能提供"可触摸的文物复制品",44.50% 的观众希望提供"导览设备",43.00% 的观众希望提供"数字化展示装置",26.75% 的观众希望提供展厅布置辅助任务牌。具体如图 20 所示。

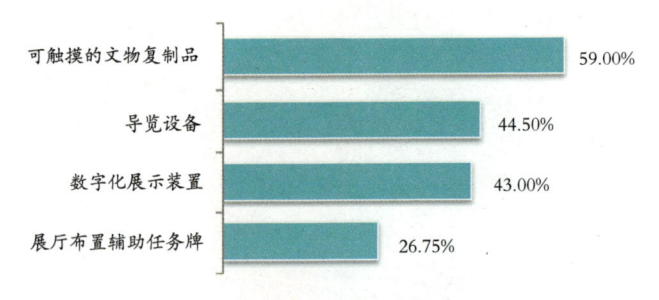

- 可触摸的文物复制品　59.00%
- 导览设备　44.50%
- 数字化展示装置　43.00%
- 展厅布置辅助任务牌　26.75%

图 20　观众对教育活动互动体验装置选择占比

从观众类型来看，普通观众和文博爱好者对教育活动互动体验装置选择频次占比最高的是可触摸的文物复制品，其次是导览设备。具体如表 21 所示。

表 21　观众对教育活动互动体验装置选择频次统计表

选项	总体情况 频次	总体情况 占比	普通观众 频次	普通观众 占比	文博爱好者 频次	文博爱好者 占比
可触摸的文物复制品	236	59.00%	120	63.49%	116	54.98%
展厅布置辅助任务牌	107	26.75%	52	27.51%	55	26.07%
数字化展示装置	172	43.00%	74	39.15%	98	46.45%
导览设备（例如：导览器、AR 眼镜）	178	44.50%	79	41.80%	99	46.92%
其他	2	0.50%	1	0.53%	1	0.47%

访谈对象对于教育活动的偏好呈现如下特点：

1. 对展厅现场体验活动和博物馆实景解谜活动最感兴趣。展厅现场体验活动中，访谈对象提到次数最多的是近距离观摩、触摸文物复制品，在此基础上开展模拟文物修复活动，可以让观众亲手体验文物修复的过程，近距离感受历史文化的传承与魅力。密室逃脱、沉浸式剧本杀等活动成为时下年轻人喜欢的休闲娱乐方式，博物馆可以借鉴其模式，将历史文化科普教育与解谜游戏相结合，推出实景解谜探展活动，根据参展活动的观众年龄以及观众对希腊历史知识的了解程度，推出多种探索模式，例如科普版、推理版和进阶版。从古希腊历史发展、神话故事、文学与艺术等不同角度，设置主题讲解、探馆任务打卡和手工 DIY 等环节，让历史文化教育与娱乐相结合。

2. 访谈对象表示希望能提前预约专家讲座，专家可以现场为观众答疑解惑。对古希腊历史感兴趣的访谈对象则更喜欢展厅专家导赏和专家讲座这类配套活动，尤其是文博爱好者。他们认为专家导赏和专家讲座能从专业角度分析展览，从而体现展览的历史价值、文化价值和艺术价值。

3. 亲子家庭则更倾向于选择历史文化科普教育与 DIY 手工活动、解谜游戏等相结合的能深度参与的活动，这类亲子活动互动性强。此外，亲子活动受孩子年龄影响较大，基本上三年级以上的孩子希望能独自参加活动，不需要父母的陪伴。亲子活动的目标人群更多的是学龄前儿童或者低年级小学生，倾向于手工类活动，参加完活动后还能将作品带回家做纪念。而年龄大一点的孩子则希望参加知识性和互动性强的解谜活动，家长也希望能与孩子共同探索。

第三部分 调查主要发现与建议

一、展览的主要特征与建议

（一）展览信息宣传与获取

1. 观众在获取展览信息时首要关注的是展览内容、展览精华展品和背景资料，上述信息最有利于帮助他们判断与选择，以内容为导向的多元化宣传引发了他们的兴趣和关注，想要进一步了解其他方面的讯息。

2. 观众获取相关资讯的首要途径是湖南博物院官方自媒体平台，以微信公众号为主，其次是其他社交平台，如抖音、小红书和哔哩哔哩。

3. 观众希望在购票页面增加展览宣传视频，主要介绍展览主题和精华展品，强调展品特质和展览特点，以更直观的方式吸引观众。

4. 除了常规的宣传方式，还建议在人流量大的地方投放电子屏广告，与其他展馆、学校进行联合宣传，投放宣传展板，增加多种线下宣传途径，如在电影院进行宣传等。

（二）展览内容的偏好与需求

1. 大部分观众因对古希腊文化缺乏足够的了解，希望展览内容既丰富多彩又能通俗易懂。部分观众提出，希望能在展览序言部分梳理古希腊历史发展的时间脉络与重大事件，帮助其建立起古希腊历史发展的基本轮廓，再结合重点展品展示相关的重大历史事件。

2. 对于调查列举的知识点，观众想了解的内容不局限于古希腊不同时期的文明，还想了解古代中国和古代希腊同时期的历史文化比较，展示中西方文化在不同领域、不同方面的异同以及历史、哲学、艺术、文学等多方面的碰撞和交流。

3. 对于调查没有列举到的知识点，观众还提到了古希腊雕塑与建筑、古希腊的艺术与哲学、古希腊宗教与祭祀文化。

4. 在重点展示的文物中观众对能展现古希腊文明繁荣盛况的文物最感兴趣，观众普遍认为展示古希腊繁荣盛况的文物能更好地还原古希腊鼎盛时期的精神风貌和体现其经济发展水平。

（三）展览要素的需求与关注点

1. 门票价格与预约

（1）观众认为湖南博物院门票预约难度大。希望能进一步优化预约时间，做到有效分流，避免同一时间段内的参观人员过多，影响观展体验。

（2）特展门票价格可以稍微定高一点，抬高参观的门槛，给有强烈参观意愿的观众更好的观展体验。

2. 环境舒适度

环境舒适是观众认为很重要的展览要素之一，是观众对展馆的直观感受和第一印象。保证展厅内温度适宜、空气清新、灯光明暗结合，控制观众人数，提供合理休息设施等服务内容，为观众营造舒适的观展环境，有助于提升观众的整体观展体验感。本次调查期间正值暑假期间，院内参观人流量大，观众对展厅温度、空气质量等方面提出了更高要求，尤其是对展厅内的休息设施需求加大，希望能在展线中做好人性化设计。

3. 观展路线

观展路线的顺畅程度关系到观展的愉悦程度，线路清晰并妥善安排休息设施，能有效减少观展疲倦感。观众希望能在展厅或展览入口处提供观展路线图，并且在观展路线图上对重点文物进行标识，以提高观展便捷度。

4. 展品展示手段

（1）全方位立体展示。鉴于"希腊展"为历史主题展览，观众认为最重要的就是还原历史，全方位立体展示能让观众近距离看到保存完好的展品，感受古希腊人留给后世的璀璨文明以及文物背后蕴含的深意。

（2）搭建实景，构造情景交融的展示方式。通过搭建实景还原古希腊建筑风貌，再利用数字技术将物、景、声、光等特效有机结合，还原历史场景，烘托情景氛围，给观众营造"身临其境"的氛围。部分年轻观众提出，希望引入 NPC 引导式游戏，在展览序言部分设置一个 NPC 对展览进行简单介绍并提出几个与展览相关的问题，引导观众边看边寻找答案。

（3）利用多媒体实现互动，将展品与多媒体设备组合，实现普通陈列手段难以做到的既有纵向深入解剖，又有横向关联拓展的动态展览效果,创造丰富的观展体验,提升观展的趣味性。

5. 展品说明牌

(1)观众对展品说明牌最强烈的需求体现在说明牌字体大小和美观度上,大部分观众提出希望字体清晰,适当调大,在背景底色基础上选择更易识别的字体。

(2)观众希望提供的展品说明牌内容精练,专业严谨。内容包含名称、年份、材质、纹饰、作用等有效信息即可,说明牌内容过多易引发观众观展疲劳,专业性太强、晦涩难懂,则容易使观众缺乏观展趣味性。

(3)建议在重点、精华展品上配置电子说明牌,以视频、动画、语音等方式拓展内容,观众还能通过电子屏幕互动,选取自己想要深度了解的知识点。

6. 配套活动

(1)最受观众欢迎的教育活动类型是展厅现场体验活动,尤其是近距离观摩、触摸文物复制品,或在此基础上开展模拟文物修复活动,对观众来说是一种很新颖的体验,且不受年龄限制。观众愿意现场报名参加互动型活动,观众认为这类活动无门槛,不受时间限制。

(2)观众希望能提前报名参加专家导赏、专家讲座等知识讲座类教育活动。以便能在参加活动前做好相关准备,带着问题去听专家讲解。

7. 文创商品

(1)观众喜欢的文创商品类型多为有展览特色的创意纪念品,主要是设计精巧、方便携带、有纪念意义的小物件,可作为旅行或者参观博物馆的留念,也能作为馈赠亲友的礼物。

(2)女性观众和亲子家庭普遍会购买文创商品,而本地市民较少在本地博物馆购买文创商品，他们普遍希望能根据展览内容推荐跟古希腊历史相关的书籍，方便对希腊历史查漏补缺。并建议策划人能根据展览主要内容或者某个代表性的文物出一本相关的漫画书，以趣味的形式讲述历史故事。

二、不同类别观众的主要特征与需求

（一）女性观众占比约为七成，她们在宣传途径、文物展示和文创商品购买方面的特征与需求较为明显。本次前置性展览调查，参与问卷调查和半结构式访谈的男、女观众占比约为3∶7。来我院参观并且愿意配合调查的女性观众远多于男性观众。调查结果显示，女性观众在展览信息获取、重点文物展示、文创商品购买方面有如下偏好和需求：（1）小红书是女性观众在日常中普遍使用的 App，因此在展览信息的获取上，更多女性观众倾向于使用小红书 App 获取相关展览资讯。（2）女性观众更多地想了解古希腊人生活、娱乐器具，较少见的、令人好奇的物件，她们更加重视展览的趣味性。（3）更多的女性观众有购买文创商品的习惯，喜欢的文创商品类型多为设计精巧、方便携带、有纪念意义的小物件，当作纪念品自留或者馈赠亲友。

（二）不同年龄的观众在展览配套活动和展线设计方面表现出差异化的需求。首先，年轻观众对于探秘、解谜、推理等休闲娱乐活动表现出极大的兴趣，博物馆实景解谜游戏已然成为青少年观众喜爱的配套活动。而亲子家庭则更倾向于选择历史文化科普教育与 DIY 手工活动、解谜游戏等相结合的能深度参与的活动，这类亲子活动互动性强。与此同时，观众普遍建议从古希腊历史发展、神话故事、文学与艺术等不同维度，根据不同年龄段有针对性地推出难易级别不同的主题讲解、探馆任务打卡和手工 DIY

等展览配套活动，设置科普版、推理版和进阶版的导览方式或教育活动，让历史文化教育与娱乐互动相辅相成。其次，在展线设计上，建议根据观众年龄制定不同的参观路线，年长的观众更为偏爱精华路线，希望重点展品在展线中着重展示并配有充足的标识，在展厅内布置充足的休息设施；年轻观众更期待多元化、引导性强的展线设计；部分年龄较小的观众则希望能为其设计既能学知识又好玩的观展路线。

（三）文博爱好者更注重展览带来的深度体验感与获得感。本次前置性调查将来我院参加湘博讲坛、教育活动以及租借导览设备的观众定义为文博爱好者，对其进行了充分的调查。调查结果显示，文博爱好者更愿意从湖南博物院官方自媒体平台获取与展览相关的信息；对专家讲座与导览、展览教育课程等需要深度参与的活动兴趣更浓；有更强烈的现场导览服务需求；希望以多元化的方式重点展示精华展品；希望展品的介绍方式更全面、更立体，并能展示相关学术前沿的内容。整体而言，他们更希望通过展览参观和参加延展性活动给自身或家人更加深入的体验，希望能不断地优化展览。

（四）亲子家庭对展览的期待值更高以及对导览和现场活动的需求更为突出。现阶段来我院参观的亲子家庭在不断增加，尤其是寒暑假期间，家长带孩子参观博物馆或给孩子报名参加博物馆研学活动已成为假期活动的一大选择。作为展览的重要潜在群体，本次访谈调查对亲子家庭进行了重点访问。访谈中发现，亲子家庭对于本次展览的期待值颇高，尤其是本地亲子家庭，相较于其他本地观众，他们更容易被展览和活动吸引。家长普遍认为参观博物馆可以开拓眼界，丰富历史知识，还能参加配套活动、愉悦身心，带孩子参观博物馆成为周末和节假日活动的主要选择，尤其是"大展""引进展"颇受欢迎，能不出国门就让孩子领略异地文化，增强孩子们的兴趣。

另一方面，除了展览内容、展览精华展品和背景资料，亲子家庭还关注展览配套活动、导览方式和特色文创商品。家长们更希望现场有适合孩子的活动、智能化的导览设施、趣味性强的互动环节、儿童专用导览手册等辅助项目，让小朋友能产生兴趣、切身了解参观内容、收获知识。此外，绝大多数家长表示会购买文创商品，类型以孩子的选择为主，多为精华展品主题相关的文具、徽章和小摆件，希望把它们带回家中，进一步激发兴趣。

（五）大学生作为新兴的参观主力军，在展讯获取、展览选择和内容期待等方面有着显著的特点。首先，在展览信息的获取上，除了湖南博物院官方渠道，大学生获取信息的渠道还有小红书、抖音、哔哩哔哩、微博、大众点评、地铁广告等，不难看出当代大学生获取展览信息的渠道较广，大学生之间的口碑传播效应更为明显。其次，他们会在观展前规划好观展计划，了解门票预约、开展时间、展览票价、出行交通、参观路线、观展时长及附近游玩的信息。相较于其他群体，他们更在乎展览票价，更注重展览的性价比，会被新颖有特色的展览名称吸引，会对展览主题、展览内容等进行综合比较。最后，对于展览内容的期待，古希腊神话是学生群体口中出现的高频词。他们希望展览能梳理出古希腊神话故事的线索和脉络，为他们提供一个了解古希腊历史的平台，帮助他们加深其对古希腊文化的理解，激发其他们的想象力和创造力。

附录5

神话国度 璀璨爱琴海——古希腊文明史诗观展体验调查报告

作者：王晓曦、李洋

第一部分 调查概况

一、调查源起

"神话国度 璀璨爱琴海——古希腊文明史诗"（以下简称"希腊展"）历时近十年的筹备，于2023年12月18日在湖南博物院拉开帷幕。本次展览由希腊共和国文化部牵头组织，汇集了希腊境内14家文博机构的270件（套）展品，时间跨度为公元前5800年前后一直到公元2世纪左右，多数展品是第一次来到中国，所蕴含的历史和文化内涵十分厚重，是我院从实证出发策划呈现的集中展示古代希腊厚重文明的综合性展览。

展览策划阶段，策展团队一直在思考展览办给谁看、观众喜欢什么东西、怎样表达更能让观众理解和接受等问题，并借力前置性观众研究，基于展览的展示与阐述，构建与观众的新型关系，积极探索透过展览策划与实施，建设"响应式博物馆"的实践路径。为此，我院组织专业力量配合策展团队开展了展览前置性调查，重点考察观众对希腊历史文化的认知和兴趣程度、对展览及配套活动的关注和需求情况。将来自观众的第一手资料分享给展览各项目组，让其明悉观众的需求，有的放矢，辩证审慎地运用于展览实施中。

展览如期而至，为进一步了解观展观众的结构特征、观展过程中的收获与体验情况、观展行为特征，为展览评估收集一手资料，本次展中观展体验调查（以下简称"展中调查"）应运而生。

二、调查执行

2024年3月29日至4月11日组织开展"神话国度 璀璨爱琴海——古希腊文明史诗"展中调查。调查对象为来湖南博物院参观"希腊展"的省内外观众。调查的主要内容涵盖观众结构、观展行为特征、内容偏好、服务体验与评价等方面。

本次调查采用间隔随机抽样的方式收集数据,共计发放问卷663份,收集有效问卷400份。从问卷的观众结构来看,男性观众175人,女性观众225人;本市观众57人,外市本省观众53人,外省观众288人,国外观众2人。观众人口特征分析如下:

(一)性别

从性别来看,本次调查的受访观众中,女性观众多于男性观众。具体而言,女性观众占比56.25%,男性观众占比43.75%,女性观众高于男性观众12.50个百分点。具体如图1所示。

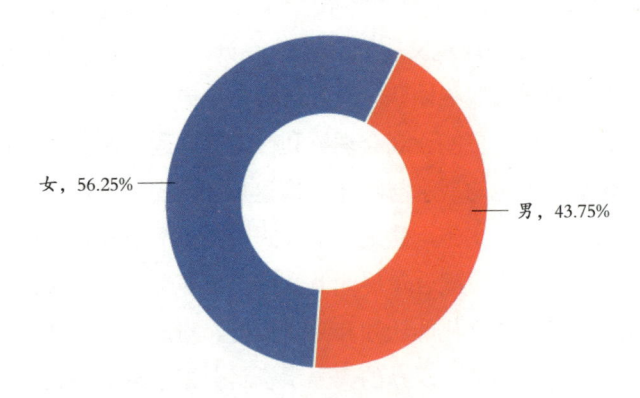

图1 受访观众性别占比

(二)居住地

从居住地来看,绝大多数受访观众来自外省,占比72.00%,本市和外市本省观众占比相差不大,分别为14.25%和13.25%,

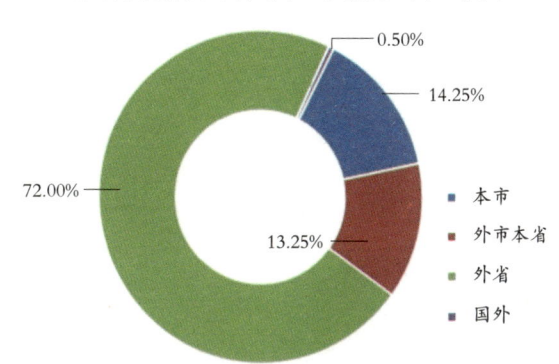

还有 0.50% 的受访观众来自国外。具体如图 2 所示。

图 2 受访观众居住地占比

（三）年龄

从年龄结构来看，参观本次展览的观众以 30 岁以下的青少年观众为主。18—25 岁的观众占比最高，达到 53.50%。其次是 26—30 岁和低于 18 岁的观众，占比 15.50% 和 10.00%。其他各年龄段的观众占比均在 10% 以下。具体如图 3 所示。

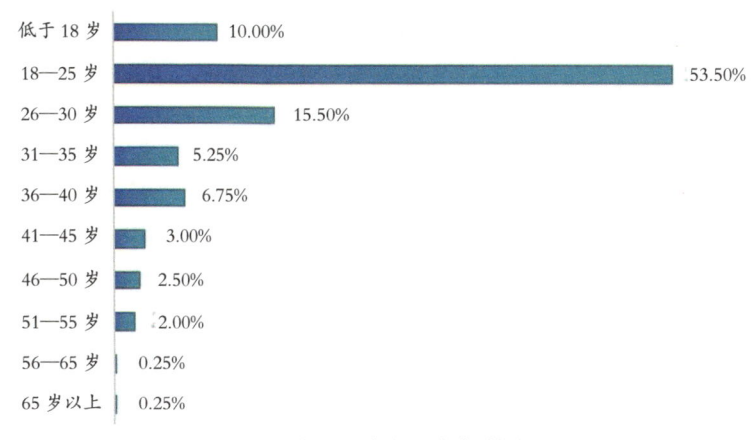

低于 18 岁	10.00%
18—25 岁	53.50%
26—30 岁	15.50%
31—35 岁	5.25%
36—40 岁	6.75%
41—45 岁	3.00%
46—50 岁	2.50%
51—55 岁	2.00%
56—65 岁	0.25%
65 岁以上	0.25%

图 3 受访观众年龄占比

（四）文化程度

从文化程度来看，本次展览的观众多拥有大学及以上学历。大学专科／大学本科占比最高，达到 72.75%，硕士研究生或以上的占比 12.25%，高中／中专／职高／技校和初中九年级以下（含九年级）分别占比 7.00% 和 8.00%。具体如图 4 所示。

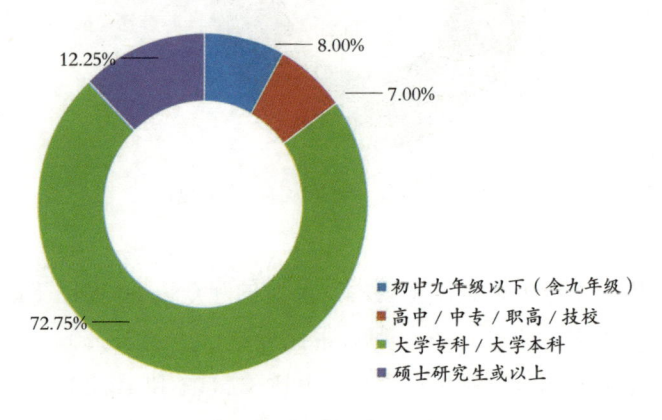

图 4　受访观众文化程度占比

（五）职业

从职业来看，受访观众遍布各行各业，其中学生占比最高，达到 53.25%，其次是企业人员，占比 18.00%，再次是事业单位人员和自由职业者，分别占比 9.50% 和 9.00%。其他各项占比均在 5% 以下。由此可知，本次展览吸引了大批学生观众。具体如图 5 所示。

职业	占比
其他	0.50%
待业	2.00%
自由职业者	9.00%
学生	53.25%
农民	0.25%
私营、个体经营人员	3.75%
军警	0.50%
企业人员	18.00%
事业单位人员	9.50%
党政机关人员	3.25%

图 5 受访观众职业占比

调查采样、复核等流程严格控制。在执行过程中，严格规范间隔随机抽样要求，于调查日 10 点或 14 点开始，每间隔五分钟向观众发放一份问卷，若观众拒绝回答，则该份问卷作废，间隔两分钟再发放下一份问卷；若观众接受调查，完成此份问卷后间隔两分钟再向观众发放下一份问卷，直至收集足够的计划样本量。采用了实地陪访和电话复核相结合的复核方式，确保问卷真实性，问卷复核率达到 50% 以上。问卷收集后检查填写情况，复核结果再进行录入，并通过 Excel 和 SPSS 软件执行数据统计分析。

第二部分 调查结果分析

一、观展行为分析

（一）观展前展览信息的获取与了解

1. 展览信息获取渠道

随着网络时代的不断发展，自媒体蓬勃发展，越来越多的观众通过网络获取展览信息。调查数据显示博物院官方媒体是观众获取展览信息的首要渠道，占比43.00%，其次是新媒体（抖音、小红书等），占比31.00%。经他人推荐获取信息占比23.50%，经预约界面展览介绍占比23.00% 其他渠道获取信息占比均在10%以下。具体如图6所示。

渠道	占比
博物院官方媒体	43.00%
新媒体	31.00%
他人推荐	23.50%
预约界面展览介绍	23.00%
互联网门户网站	8.00%
进馆后通过现场宣传了解	7.50%
传统媒体	2.75%
户外广告	0.00%

图6 观众获取展览信息渠道占比

2. 观展前了解展览内容的渠道和方式

观众在观展前通过书籍、新媒体和纪录片了解古希腊及与本次展览相关的新闻或知识，分别占比51.36%、35.41%和31.13%。互联网门户网站、博物院自媒体、微信占比相差不大，分别为17.12%、13.23%、10.12%。还有10.12%的观众选择其他，这部分观众主要是通过课堂学习获取相关信息。具体如图7所示。

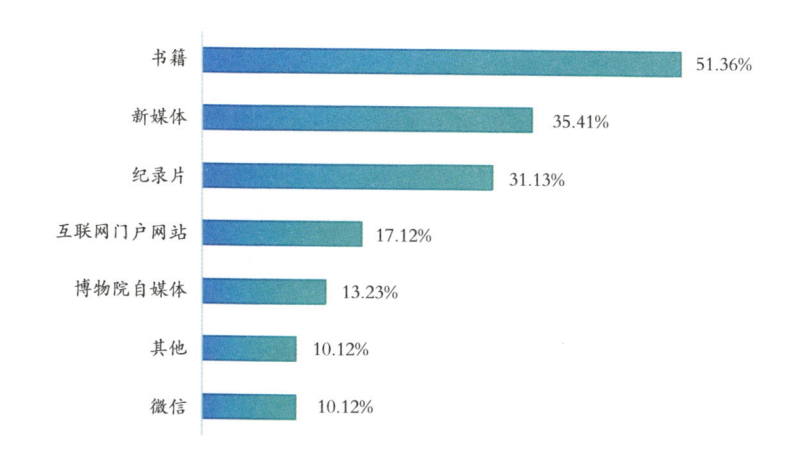

图7 观展前了解展览内容的渠道和方式占比

（二）参观特展次数

调查结果显示，89.25%的受访观众是第一次来院参观特别展览，5.00%的观众是第二次，5.75%的观众参观特展的次数在三次及以上。具体如图8所示。

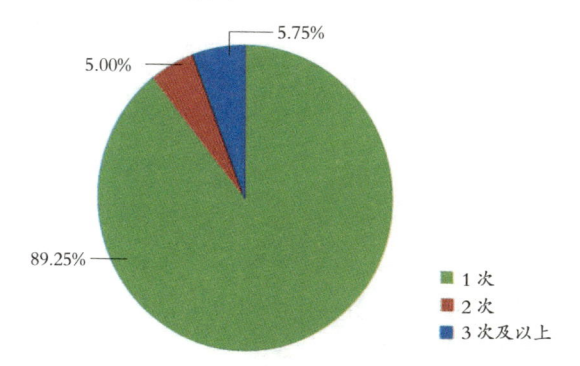

图8 参观特展的次数占比

（三）同行人员

本次调查的受访观众中，仅有13.75%的观众是独自来院参观，有 86.00% 的观众是与朋友、家人、同学、同事一起来馆参观，还有 0.25% 的观众是与旅行团队一起来的。从调查结果来看，更多观众选择结伴来博物馆参观。具体如图 9 所示。

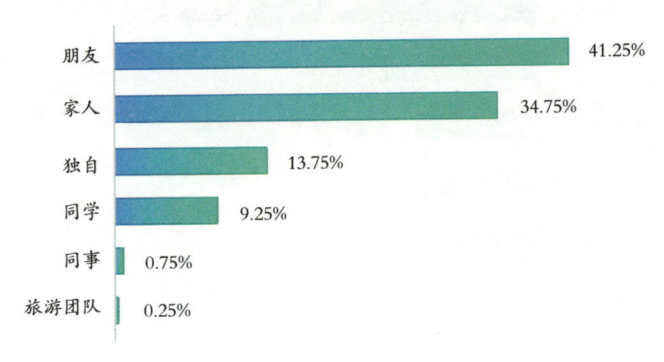

朋友 41.25%
家人 34.75%
独自 13.75%
同学 9.25%
同事 0.75%
旅游团队 0.25%

图 9　同行人员占比

（四）观展时间

调查结果显示，观众观展时间在 31 分钟—60 分钟的占比 57.50%，观展时间在 30 分钟以内的占比 29.75%，观展时间在 61 分钟—120 分钟的占比 11.25%，参观时间在 121 分钟以上的观众占比仅为 1.50%。具体如图 10 所示。

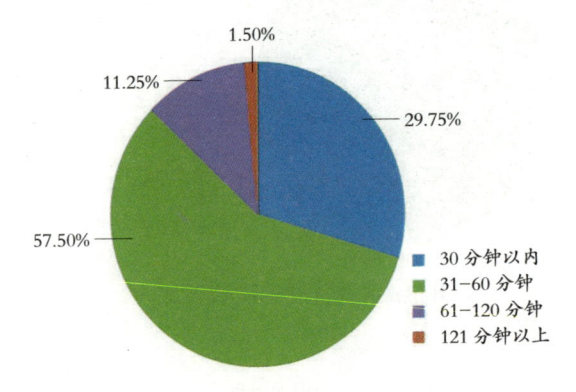

- 30 分钟以内 29.75%
- 31—60 分钟 57.50%
- 61—120 分钟 11.25%
- 121 分钟以上 1.50%

图 10　观展时间占比

（五）记录和推荐展览的渠道

25.50%的观众没有通过自媒体记录和宣传推荐展览的习惯，另外74.50%的观众有记录的习惯，其中，52.00%的观众选择用微信朋友圈记录，占比最高。其次是抖音和小红书，分别占比21.75%和20.75%，微博、bilibili和其他方式分别占比8.50%、4.75%和2.00%。具体如图11所示。

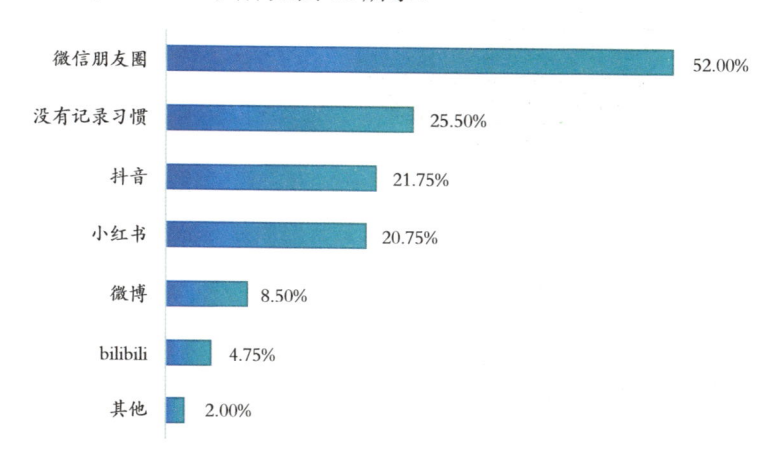

图11 观众记录和推荐展览的渠道占比

二、观展体验与内容获得

（一）从展览结构来看：第六部分和第七部分给观众留下的印象最深刻

调查结果显示，观众在"第六部分 雅典与斯巴达·古典时代"停留时间最长，占整体展览的47.50%，其次是"第七部分 大帝的荣光·希腊化时代"，占比19.25%。其他各部分的占比在4.00%—9.75%。具体如图12所示。

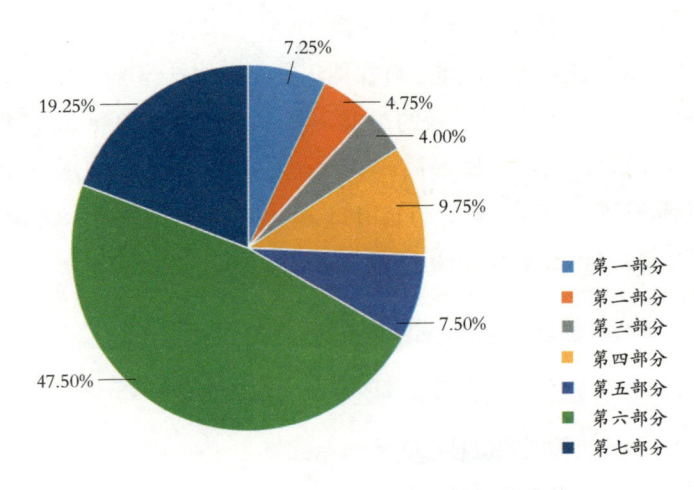

理想之城
博物馆历史类陈列展览策划的理论与实践

图12 停留时间最长的部分占比

本次调查设置了受访观众停留时间最长原因的开放性问题，对"第六部分 雅典与斯巴达·古典时代"观众回答的原因整理后发现，观众提到了"感兴趣""喜好""播放视频""好看""课堂知识""神话故事"和"了解"等高频词汇。具体如表1所示。通过对上述高频词汇整理发现：观众的停留时间主要以兴趣和个人喜好为导向，观众在观展过程中遇到课堂上学习过的内容或者之前有过了解的内容会增加亲切感，将以前学习过的知识串联起来，会不自觉地延长观展时间。本次展览的第六部分重点展出了年轻观众喜欢的战争、勇士和神话故事，牢牢地吸引住了年轻观众的眼球。

表1 第六部分观众停留时间最长原因关键词频次表

关键词	频次	频率
感兴趣	47	24.74%
喜好	14	7.37%

续表

关键词	频次	频率
播放视频	12	6.32%
好看	12	6.32%
课堂知识	12	6.32%
神话故事	11	5.79%
了解	10	5.26%
斯巴达	9	4.74%
雅典文化	9	4.74%
战争	8	4.21%
希腊诸神介绍	7	3.68%
展品	6	3.16%
熟悉	5	2.63%
文化内涵	5	2.63%
有提前了解	5	2.63%
讲解详细	4	2.11%
内容	4	2.11%
雕像	3	1.58%
金器	3	1.58%
趣味性	3	1.58%
刺客信条	2	1.05%
朋友	2	1.05%
钱币	2	1.05%
深入了解	2	1.05%
特色	2	1.05%
繁荣	1	0.53%

续表

关键词	频次	频率
辉煌瞩目	1	0.53%
历史	1	0.53%
民主时期	1	0.53%
帕提侬神庙西侧八号浮雕	1	0.53%
青铜选票	1	0.53%
日常生活	1	0.53%
神秘	1	0.53%
首饰	1	0.53%
文化特色	1	0.53%
新石器时代	1	0.53%

"第七部分 大帝的荣光·希腊化时代"观众回答停留时间最长的主要原因，是"感兴趣""金器""展品精美"等，说明观众对第七部分展览内容更加感兴趣，其次是第七部分展品精美，大量金器美轮美奂，特别是金花冠吸引了大批观众驻足停留，拍照打卡。具体如表2所示。

表2 第七部分观众停留时间最长原因关键词频次表

关键词	频次	频率
感兴趣	14	18.18%
金器	13	16.88%
展品精美	12	15.58%
好看	6	7.79%
了解	5	6.49%

续表

关键词	频次	频率
金花冠	3	3.90%
内容丰富	3	3.90%
喜欢	3	3.90%
雕像	2	2.60%
皇室文化	2	2.60%
加深了解	2	2.60%
讲解详细	2	2.60%
主题	2	2.60%
帝王史	1	1.30%
观赏性	1	1.30%
课堂知识	1	1.30%
趣味性	1	1.30%
新奇	1	1.30%
艺术风格	1	1.30%
影视作品	1	1.30%
震撼	1	1.30%

（二）从主题内容来看：古希腊的神话给观众留下深刻印象

本次展览给观众留下最深刻印象的主题内容是"古希腊的神话"，占比47.75%，远高于其他选项占比。其次是"古希腊战争与战士"和"古希腊文明展示"，占比均为23.50%。再次是"古希腊人生活与娱乐方式""古希腊名人事迹"和"古希腊帝王故事"，分别占比18.25%、16.00%、15.25%。"古希腊文学""古代中国和古希腊的历史文化比较"的占比较低，分别为9.50%和8.50%。

具体如图13所示。

展览内容	占比
古希腊的神话	47.75%
古希腊战争与战士	23.50%
古希腊文明展示	23.50%
古希腊人生活与娱乐方式	18.25%
古希腊名人事迹	16.00%
古希腊帝王故事	15.25%
古希腊文学	9.50%
古代中国和古希腊的历史文化比较	8.50%
其他	0.75%

图13　给观众留下深刻印象的展览内容占比

（三）从展线设计来看：以时间为轴，展示古希腊文明发展的历史图卷给观众留下更深刻的印象

本次展览在展线设计上颇费心思，从观众的反馈来看，"以时间为轴，展示古希腊文明发展的历史图卷"和"希腊特色实景展示与现场布置"两项设置给观众留下的印象更为深刻。以时间为轴，通过解读不同时代的希腊文化与历史，勾勒出古希腊的发展图鉴，并在展览现场用实景为观众打造一个沉浸式的观展环境，营造出了良好的观展氛围。具体如图14所示。

展线设计	占比
以时间为轴，展示古希腊文明发展的历史图卷	57.50%
希腊特色实景展示与现场布置	52.00%
穿插视频和电源等多媒体展示	39.50%
以展品年代和来源地划分展览板块	35.25%
展览序言部分前移至检票口前端	8.00%

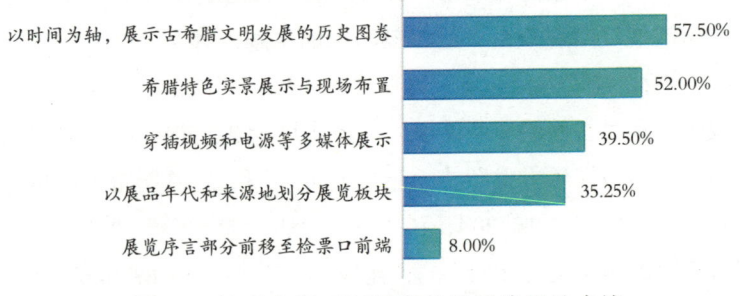

图14　给观众留下深刻印象的展线设计占比

（四）从展品或设计元素来看：观众印象最深的展品是金花冠，印象最深的设计元素是实景布置穿插多媒体影片播放

对于展品或设计元素的调查采用开放式回答，绝大多数的观众回答对"展品"留下深刻印象，少数的观众回答对"设计元素"留下深刻印象。从具体展品来看，给观众留下深刻印象排前三位的是"金花冠""黄金饰品"和"黄金面具"。从设计元素来看，给观众留下深刻印象排前三位的是"实景布置穿插多媒体影片播放""对希腊诸神和神话的诠释""展厅色彩风格搭配合理，展品陈列错落别致"。

（五）从环境设施和配套服务来看：希腊特色实景展示与现场布置给观众留下深刻印象

对环境设施和配套服务给观众留下的印象开展调查，调查结果显示"希腊特色实景展示与现场布置"给观众留下最深刻的印象，占比52.50%。其次是"全面展示古希腊历史文化发展脉络"和"展品精美，形式多样"两项，占比均超过40%。具体如表3所示。

表3 观众印象最深的环境设施和配套服务

留下深刻印象	频次	频率
希腊特色实景展示与现场布置	210	52.50%
全面展示古希腊历史文化发展脉络	195	48.75%
展品精美，形式多样	192	48.00%
展览形式丰富，以实物为主辅以数字影像展示	149	37.25%
现场工作人员温和有礼的服务态度	102	25.50%
人流量适中，展厅舒适度高	97	24.25%
展品说明牌	61	15.25%
特色青少年导览	33	8.25%

续表

留下深刻印象	频次	频率
文创商品	24	6.00%
教育活动	20	5.00%
其他	2	0.50%

（六）从展览的配套活动来看：教育活动和文创商品收获观众好评，丰富与延伸了展览的立体式体验

1. 教育活动

本次调查中，参与过教育活动的观众认为本次展览配套的活动形式新颖有趣（55.26%），活动内容与展览主题匹配度高（55.26%），观众对与展览相关的教育活动给出了较高评价。具体如图15所示。

项目	占比
活动内容与展览主题匹配	55.26%
活动形式新颖有趣	55.26%
活动受众面广	39.47%
活动开放时间有限	7.89%

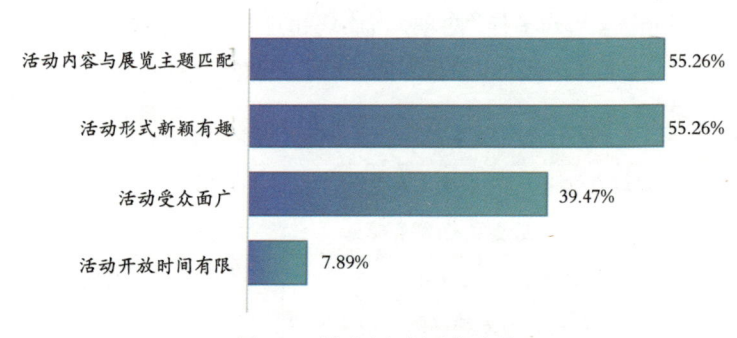

图15 教育活动评价占比

本次调查中绝大多数观众没有参与教育活动，观众反映首要原因是没有看到（64.09%），其次是因为赶时间（20.99%）和不感兴趣（16.30%），所以没有参加活动。具体如图16所示。

没有看到	64.09%
赶时间	20.99%
不感兴趣	16.30%
活动形式不喜欢	2.76%
其他	1.66%

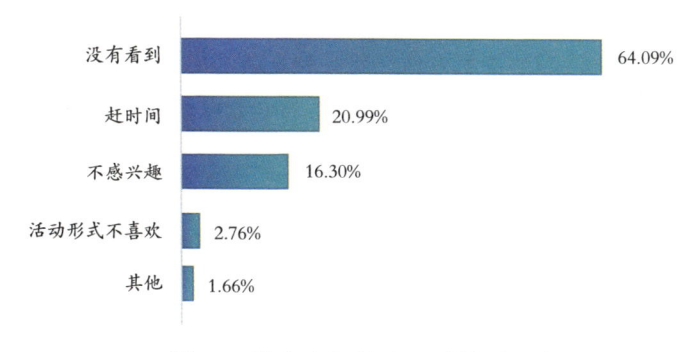

图16 没有参加教育活动的原因占比

在今后的策划中,为充分吸引观众参加,可考虑教育活动的开放时间和设置教育活动地点,如:在展厅入口处对本次展览相关的教育活动进行简短预告,一方面介绍教育活动开展的时间规律、活动类型、适龄人员等与展览相关的信息,另一方面间接帮助观众合理规划参观时间。

2. 文创商品

调查结果显示,购买文创商品的观众中有67.92%购买文具用品类商品,其次是服装配饰类和家居装饰,分别占比18.87%和15.09%。具体如图17所示。

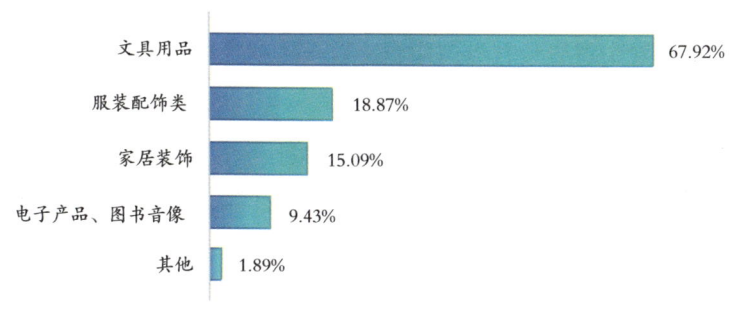

文具用品	67.92%
服装配饰类	18.87%
家居装饰	15.09%
电子产品、图书音像	9.43%
其他	1.89%

图17 购买文创商品的类型占比

53.60% 的观众没有购买文创商品是因为没有购买习惯，24.50% 的观众认为携带不方便，还有观众认为文创商品不实用和价格太高，分别占比 14.70% 和 9.22%。有 6.63% 的观众选择其他。具体如图 18 所示。

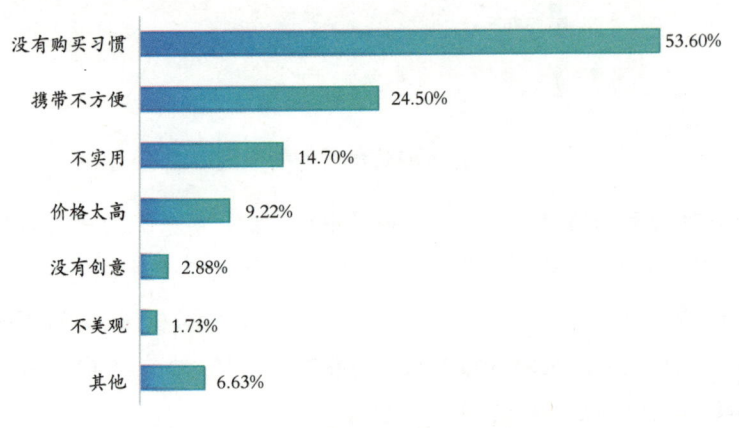

图 18　没有购买文创商品的原因占比

三、对融入展前调查结果的展项内容的体验与反馈

针对本次特别展览，通过展览前置性调查了解到了观众对希腊文化认知、兴趣点、需求和可能存在的问题，策展团队据此进行了调整和改进，主要体现在背景板、展品说明牌和导览方式方面。本次展中调查设置专门问题，着重了解观众对这三项内容的体验与反馈情况。

（一）背景板

调查结果显示，绝大多数观众（94.5%）会阅读背景板内容，仅有 5.50% 的观众基本不看背景板内容。主要是因为没时间看（2.50%），不感兴趣、排版不精美和内容不吸引人的占比分别为 1.25%、1.00% 和 0.75%。具体如图 19 所示。

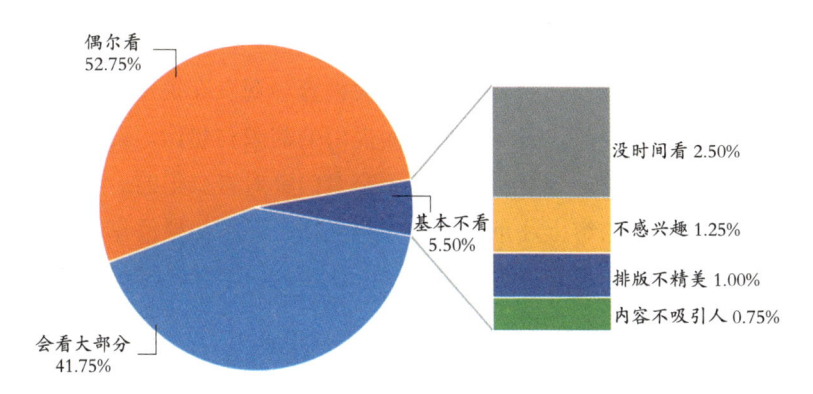

图 19 观众使用背景板情况占比

根据展前调查获得的信息，大多数观众对古希腊文化很感兴趣，但是对希腊文化并不了解。策展团队就利用背景板对展品进行扩展性介绍，从文字说明、辅助图片、背景照片和引导式问题等多方面入手，向观众阐述展品相关内容。观众对背景板首要评价为"简洁明了，重点突出"（53.17%），其次是"图文结合，排版精巧"（45.77%），"内容翔实丰富，拓展性强"和"中西对比，激发思考"，分别占比 37.57% 和 23.02%。具体如表 4 所示。

表 4 观众对背景板评价

背景板评价	频次	频率
简洁明了，重点突出	201	53.17%
图文结合，排版精巧	173	45.77%
内容翔实丰富，拓展性强	142	37.57%
中西对比，激发思考	87	23.02%
设置问题，启迪性强	35	9.26%
没特别的印象	14	3.70%
其他	1	0.26%

（二）展品说明牌

本次的展览设计充分考虑了展前调查中观众在说明牌内容、设计、配色、摆放位置等多个方面提出的需求与建议，设计推出两套展品说明牌，一套传统的，一套专门针对青少年的。青少年展品说明牌在内容上注重他们的理解能力，设置拓展信息，引发思考，在形式上符合青少年的需求，在颜色、字体、排版、高度上充分考虑他们的感受。

1. 说明牌内容

59.00% 的观众认为本次展览提供的展品说明牌内容"翔实，通俗易懂"，47.50% 的观众认为"精练概括"，还有 33.25% 的观众认为"专业严谨"。具体如图 20 所示。

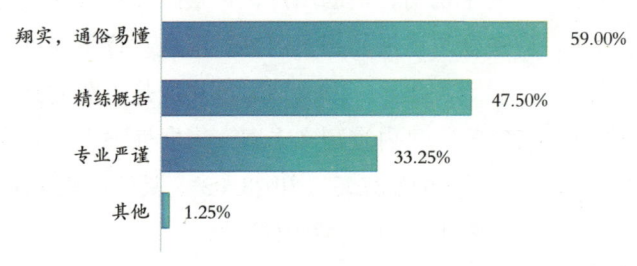

图 20　观众对展品说明牌内容评价占比

2. 说明牌形式

有 56.00% 的观众认为"说明牌配色美观，字体清晰"，51.00% 的观众认为"说明牌大小适中，摆放高度合理，方便阅读"，还有 43.25% 的观众认为"传统正式说明牌和青少年说明牌相结合呈现，照顾到不同年龄段观众需求"。具体如表 5 所示。

表5 观众对展品说明牌形式评价

说明牌形式评价	频次	频率
说明牌配色美观，字体清晰	224	56.00%
说明牌大小适中，摆放高度合理，方便阅读	204	51.00%
传统正式说明牌和青少年说明牌相结合呈现，照顾到不同年龄段观众需求	173	43.25%
其他	4	1.00%

（三）导览方式

本次展览我院提供了最全的导览方式，包括志愿者讲解、智慧语音导览器、AR导览器和青少年导览。本次受访观众中，有65.50%的观众未使用导览方式。受访观众没有使用导览服务有主观原因和客观原因，主观原因是观众认为自己不需要导览服务，自行参观比较自由，不想花钱使用收费导览服务；客观原因是导览设备不够，租赁时在排队，或者是没有关注到有导览服务。34.50%的受访观众使用了导览方式，其中，志愿者讲解占比最高为16.67%，智慧语音导览器次之，占比10.42%，AR导览器和青少年导览分别占比5.10%和2.31%。具体如图21所示。

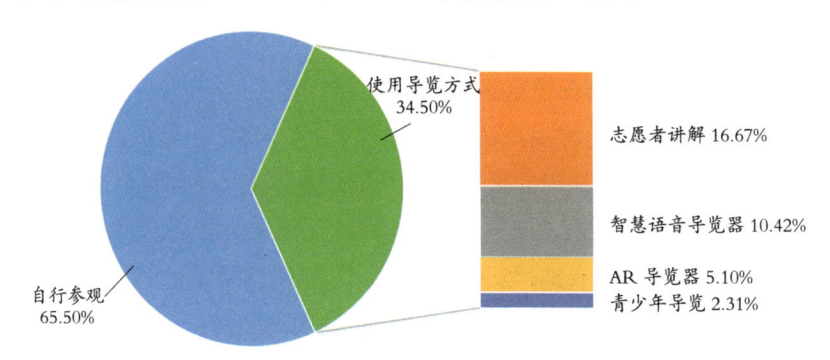

图21 观众使用导览方式情况占比

本次展中调查结果显示，观众对于导览方式的选择与展前调查获得的情况基本相符，观众首选导览方式为"志愿者讲解"，结合现场的调查情况来看，观众非常认可我院提供的志愿者讲解服务。但是由于志愿者讲解服务的时间、场次等客观原因的限制，导致很多观众选择自行参观。

受访观众对导览方式进行评价：

1. 对志愿者讲解评价

有近五成的受访观众使用志愿者讲解服务，观众认为志愿者讲解服务"讲解精彩，生动有趣"的占比73.61%，认为"内容翔实，专业严谨"的占比62.50%，认为"亲切有礼，有问必答"的占比58.33%，认为"语速适中"的占比44.44%。具体如图22所示。

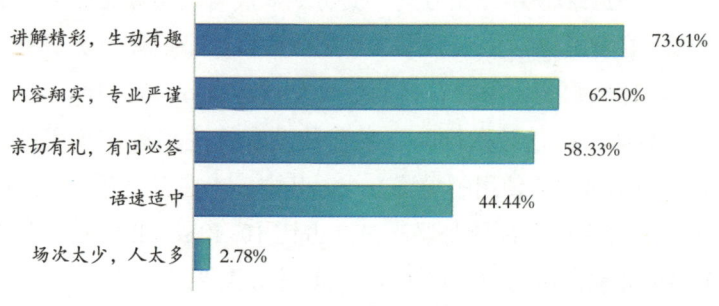

讲解精彩，生动有趣	73.61%
内容翔实，专业严谨	62.50%
亲切有礼，有问必答	58.33%
语速适中	44.44%
场次太少，人太多	2.78%

图22　观众对志愿者讲解服务评价占比

2. 对智慧语音导览器和AR导览器评价

50.75%的受访观众认为智慧语音导览器和AR导览器是让观众轻松了解文物知识的渠道，44.78%的观众认为导览器声音清晰，语速适中，35.82%的观众认为租赁流程简单方便，17.91%的观众认为内容丰富有趣，2.99%的观众认为AR效果有待改进。还有14.93%的观众选择"其他"，主要反映的问题是：自动定位不太准确，存在无法识别展品或者展品识别错误的现象；内容不够全面，故事性不强。具体如图 23 所示。

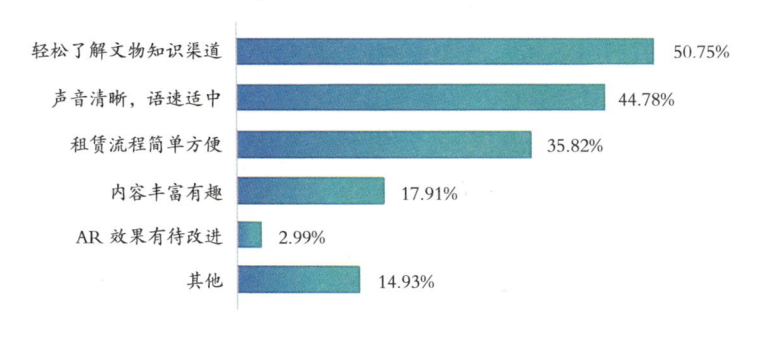

类别	占比
轻松了解文物知识渠道	50.75%
声音清晰，语速适中	44.78%
租赁流程简单方便	35.82%
内容丰富有趣	17.91%
AR 效果有待改进	2.99%
其他	14.93%

图 23　观众对智慧语音导览器和 AR 导览器评价占比

3. 对青少年导览评价

青少年导览是我院首次推出的全新导览方式，包括符合低龄观众的视觉审美需求说明牌，语音导览中有利于青少年理解的导览词和动画效果设计。60.00% 的观众认为青少年导览"通俗易懂，知识点丰富""符合青少年视觉审美"。40.00% 的观众认为"生动有趣，契合青少年观众的认知和兴趣特点"。30.00% 的观众认为"符合青少年参观学习需求"。10.00% 的观众认可"导览方式的创新"。具体如图 24 所示。

类别	占比
通俗易懂，知识点丰富	60.00%
符合青少年视觉审美	60.00%
生动有趣，契合青少年观众的认知和兴趣特点	40.00%
符合青少年参观学习需求	30.00%
导览方式的创新	10.00%

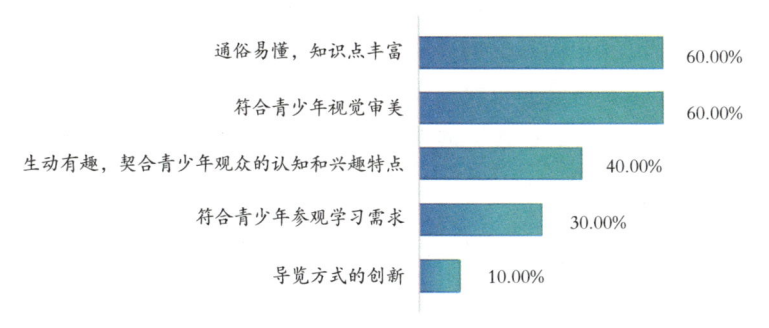

图 24　观众对青少年导览评价占比

四、结论与收获

1. 网络和新媒体是观众进行展前准备和展后记录分享的主要途径。随着网络时代的不断发展,越来越多的观众通过网络的方式获取展览信息,以官方媒体号为主,其次是自媒体和他人推荐。本次调查还关注了观众展后记录行为及渠道,74.50%的受访观众表示通过自媒体记录相关展览体验和宣传推荐展览,其中使用微信朋友圈记录的占比达到52%。观众观展习惯与网络新媒体和个体化口碑传播的路径值得进一步研究。

2. 巧用观众熟识的内容吸引其注意和兴趣。"希腊神话"的普及度及其在展览名称、主题方面的运用,拉近了展览与观众的距离,观众的先验知识和兴趣吸引其增加欣赏驻足的时间并加深对展览内容的感知。调查结果显示,给观众留下深刻印象的展览主题占比最高的是"古希腊的神话",占比47.75%。观众观展停留时间最长的是展览的第六部分和第七部分,展览表达的内容观众更感兴趣,展品也深受观众喜爱。

3. 多维度营造观展氛围,提升观众观展体验感。调查结果显示,57.7%的观众对展览"以时间为轴,展示古希腊文明发展的历史图卷"印象深刻,48.75%的观众对"全面展示古希腊历史文化发展脉络"印象深刻,表明展线的整体布局脉络清晰,选取的时代发展视角全面而直观更容易给观众留下深刻印象。其次,希腊特色实景展示与现场布置、穿插多媒体影片播放、序言部分前移等多项辅助措施给观众观展营造了身临其境的氛围,丰富了其观展体验感。

4. 以内容为本,结合展前调查发现,有的放矢地为观众做好展览阐释,有效提升观众内容获得感并收获观众好评。首先,本次展览的背景板从文字说明、辅助图片、背景照片和引导式问题等多方面入手,对展品进行扩展性介绍,吸引了绝大多数观众(94.5%)在观展过程中交流分享,并给观众留下了"简洁明了,重点突出"(53.17%),"图文结合,排版精巧"(45.77%)的印象。其次,本次展览提供的说明牌在内容、设计、配色、摆放位置等多个方面采纳了展前调查中观众提出的需求与建议,内容呈现翔实易懂,形式美观清晰,整体收获了观众较高的正向反馈。最后,在传统说明牌和语音导览服务基础上,推出了专门针对青少年的说明牌和导览服务,多元服务的提供为不同群体观展获得感的提升创造了有利条件。

参考文献

[1] 北京博物馆学会. 策展：博物馆陈列构建的多元维度[M]. 北京：中国书籍出版社，2012.

[2] 北京画院. 北京画院美术馆展览工作手册[M]. 桂林：广西师范大学出版社，2021.

[3] 陈晨. 如何看懂一座博物馆？[M]. 北京：北京燕山出版社，2023.

[4] 陈同乐. 中国展法：南京博物院展览漫谈[M]. 南京：译林出版社，2018.

[5] 丁允明. 现代展览与陈列[M]. 南京：江苏美术出版社，1992.

[6] 费钦生. 博物馆展示学研究[M]. 沈阳：辽宁人民出版社，2022.

[7] 高红清. 博物馆临时展览工作基础实务[M]. 北京：北京燕山出版社，2015.

[8] 国家文物局博物馆与社会文物司（科技司）. 博物馆工作手册[M]. 北京：科学出版社，2021.

[9] 湖南省博物馆. 博物馆陈列展览指南[M]. 长沙：岳麓书社，2020.

[10] 黄洋、陈红京. 博物馆陈列展览设计十讲[M]. 上海：上海交通大学出版社，2019.

[11] 李德庚. 流动的博物馆 [M]. 北京：文化艺术出版社，2019.

[12] 李倩倩. 从空间到风格——历史类博物馆展陈设计研究 [M]. 北京：中国建筑工业出版社，2017.

[13] 李佳一. 从展场到展览：2000年以来的艺术展览 [M]. 上海：上海社会科学院出版社，2020.

[14] 李跃进. 为博物馆而设计：中国博物馆协会陈列艺术委员会论文集 [M]. 北京：文物出版社，2016.

[15] 李泽厚. 人类学历史本体论 [M]. 青岛：青岛出版社，2016.

[16] 陆建松. 博物馆建造及展览工程管理 [M]. 上海：复旦大学出版社，2019.

[17] 陆建松. 博物馆展览策划：理念与实务 [M]. 上海：复旦大学出版社，2016.

[18] 潘守永. 新博物馆学：理论与实践 [M]. 南京：江苏凤凰文艺出版社，2023.

[19] 齐玫. 博物馆陈列展览内容策划与实施（修订本）[M]. 北京：文物出版社，2015.

[20] 钱凤德. 当代博物馆文化信息传达有效性研究 [M]. 北京：光明日报出版社，2021.

[21] 钱益汇. 中国博物馆发展报告（2019～2020）[M]. 北京：社会科学文献出版社，2021.

[22] 单霁翔. 浅谈博物馆陈列展览 [M]. 北京：故宫出版社，2015.

[23] 沈辰. 众妙之门：六谈当代博物馆 [M]. 北京：文物出版社，2019.

[24] 宋向光. 物与识：当代中国博物馆理论与实践辨析 [M]. 北京：科学出版社，2009.

[25] 水涛，贺云翱，王晓琪. 考古学与博物学研究导引 [M]. 南京：南京大学出版社，2011.

[26] 孙淼. 中国艺术博物馆空间形态研究 [M]. 北京：文化艺术出版社，2011.

[27] 王宏钧. 中国博物馆学基础（修订本）[M]. 上海：上海古籍出版社，2001.

[28] 王思渝，杭侃. 观看之外：博物馆展览中的历史与人[M]. 北京：文物出版社，2022.

[29] 王嵩山. 博物馆与文化 [M]. 台北：台北艺术大学，远流出版事业股份有限公司，2012.

[30] 王嵩山. 过去的未来　博物馆中的人类学空间 [M]. 台北：稻乡出版社，2000.

[31] 王嵩山. 文化传译：博物馆与人类学想象 [M]. 台北：稻乡出版社，1992.

[32] 巫鸿. 关于展览的展览：90年代的实验艺术展示 [M]. 北京：中国民族摄影艺术出版社，2016.

[33] 巫鸿. 作品与展场：巫鸿论中国当代艺术 [M]. 广州：岭南美术出版社，2005.

[34] 徐坚. 名山：作为思想史的早期中国博物馆史 [M]. 北京：科学出版社，2016.

[35] 许捷. 故事的力量：博物馆叙事展览的结构与建构[M]. 杭州：浙江大学出版社，2021.

[36] 严建强. 缪斯之声：博物馆展览理论探索 [M]. 杭州：浙江大学出版社，2020.

［37］杨玲，潘守永．当代西方博物馆发展态势研究［M］．北京：学苑出版社，2005.

［38］姚安．博物馆策展实践［M］．北京：科学出版社，2010.

［39］姚安．博物馆12讲［M］．北京：科学出版社，2011.

［40］尹凯．20世纪西方博物馆研究著作指南［M］．南京：江苏凤凰文艺出版社，2024.

［41］尹凯．博物馆与公众——从公众的视角重新发现博物馆［M］．北京：文物出版社，2023.

［42］余剑锋．博物馆展陈设计［M］．南京：江苏科学技术出版社，2014.

［43］张瀚予．博物馆管理与伦理问题研究［M］．北京：人民出版社，2017.

［44］张婉真．当代博物馆展览的叙事转向［M］．台北：台北艺术大学，远流出版事业股份有限公司，2014.

［45］张威．博物馆展示设计［M］．北京：中国建筑工业出版社，2015.

［46］中国博物馆发展研究课题组．中国博物馆发展研究报告（2021）［M］．北京：朝华出版社，2022.

［47］中国国家文物局，美国梅隆基金会．二十一世纪中国博物馆展望［M］．北京：中国国家文物局，2006.

［48］周士琦．跨时空的历史文化再现：中国博物馆陈列艺术60年［M］．南京：译林出版社，2018.

［49］朱万峰，耿红莉．我国博物馆旅游发展探析［M］．北京：经济日报出版社，2020.

［50］雪伦·狄肯曼．如何行销博物馆：推广博物馆、美术

馆和展览的概念与方法［M］．林洁盈，译．台北：五观艺术管理有限公司，2002．

［51］沃尔夫·普尔曼．展览实践手册［M］．黄梅，译．武汉：湖北美术出版社，2011．

［52］侯瀚如，奥布里斯特．策展的挑战：侯瀚如与奥布里斯特的通信［M］．顾灵，译．北京：金城出版社，2013．

［53］佐佐木俊尚．策展时代［M］．沈泱，沈美华，译．北京：中信出版社，2015．

［54］汉斯·曼内比，哈特穆特·普拉斯，赖纳·霍夫曼．博物馆质量与标准提升指南［M］．黄磊，于海玲，译．南京：译林出版社，2012．

［55］奥布里斯特．策展简史［M］．任西娜，尹晟，译．北京：金城出版社，2012．

［56］宝莉·麦肯娜·克莱思，珍娜·卡缅．创造展览：如何团队合作、体贴设计打造一档创新体验的展览［M］．金振宁，译．台北：阿桥社文化事业有限公司，2019．

［57］贝弗莉·瑟雷尔．博物馆说明牌：一种解说方法（第二版）［M］．刘巍，刘琦，王茜，等译．北京：社会科学文献出版社，2022．

［58］波利·麦肯娜·克雷斯，珍妮特·A.卡曼．博物馆策展：在创新体验的规划、开发与设计中的合作［M］．周婧景，译．杭州：浙江大学出版社，2021．

［59］海蔚蓝．策展哲学［M］．南宁：广西美术出版社，2021．

［60］妮娜·西蒙．参与式博物馆：迈入博物馆2.0时代［M］．喻翔，译．杭州：浙江大学出版社，2018．

[61] 妮娜·莱文特，阿尔瓦罗·帕斯夸尔·利昂. 多感知博物馆：触摸、声音、嗅味、空间与记忆的跨学科视野 [M]. 王思怡，陈蒙琪，译. 杭州：浙江大学出版社，2020.

[62] 休·吉诺韦斯，玛丽·安妮·安德烈. 博物馆起源：早期博物馆史和博物馆理念读本 [M]. 路旦俊，译. 南京：译林出版社，2014.

[63] 大卫·卡里尔. 博物馆怀疑论 [M]. 丁宁，译. 南京：江苏美术出版社，2014.

[64] 爱德华·P. 亚历山大，玛丽·亚历山大. 博物馆变迁：博物馆历史与功能读本 [M]. 陈双双，译. 南京：译林出版社，2014.

[65] 约翰·福克，林恩·迪尔金. 博物馆体验再探讨 [M]. 马宇罡，戴天心，王茜，等译. 北京：社会科学文献出版社，2021.

[66] 珍妮特·马斯汀. 新博物馆理论与实践导论 [M]. 钱春霞，陈颖隽，华建辉，等译. 南京：江苏美术出版社，2008.

[67] 朱迪·戴蒙德，迈克尔·霍恩，大卫·尤塔尔. 实用评估指南：博物馆和其他非正式教育环境的评估工具（第三版）[M]. 邱文佳，译. 上海：复旦大学出版社，2022.

[68] 朱莉·德克尔. 宾至如归：博物馆如何吸引观众 [M]. 王欣，译. 上海：上海科技教育出版社，2017.

[69] 阿德里安·乔治. 策展人手册 [M].ESTRAN 艺术理论翻译小组，译. 北京：北京美术摄影出版社，2017.

[70] 艾琳·胡珀·格林希尔博物馆与教育：目的、方法及成效 [M]. 蒋臻颖，译. 上海：上海科技教育出版社，2017.

[71] 艾琳·胡珀·格林希尔. 博物馆与知识的塑造 [M].

陈双双，译．南京：译林出版社，2020.

[72] 彼得·伯克．历史学与社会理论（第2版）[M]．李康，译．上海：上海人民出版社，2019.

[73] 伯格．观看之道[M]．戴行钺，译．桂林：广西师范大学出版社，2015.

[74] 贝丽尔·格雷厄姆，萨拉·库克．重思策展：新媒体后的艺术[M]．龙星如，译．北京：清华大学出版社，2016.

[75] 杰克·洛曼，凯瑟琳·古德诺．博物馆设计：故事、语调及其他[M]．上海：复旦大学出版社，2018.

[76] 玛格丽特·霍尔．展览论——博物馆展览的21个问题[M]．环球启达翻译咨询有限公司，译．北京：北京燕山出版社，2007.

[77] 迈克尔·罗兰．历史、物质性与遗产：十四个人类学讲座[M]．汤芸，张原，译．北京：北京联合出版公司，2016.

[78] 帕姆·洛克．展示设计[M]．邢莉莉，张瑞，张友玲，译．北京：中国青年出版社，2011.

后记

行文至此，预示着这次有别于以往的探索与思考之旅即将画上一个句号。本著作不揣浅陋，是我从业18个年头一直关心的话题。犹记得，在我刚入职博物馆的那个时代，博物馆并不像今日之火热，甚至当时很多青年大学生，都未曾踏入过这样一座物质文化的殿堂。幸运的是，在我全日制的最后学历教育中，所就读的云南大学就有着一座人类学专题博物馆，这让我对博物馆有了初印象。当时的博物馆并不为学界和大众所熟知，还记得我的博导高发元先生不无遗憾地跟我说："博物馆并不是一个很好开展学术研究的地方。"那时初生牛犊（不知天高地厚）的我却摩拳擦掌，觉得大家都不做、都不看好的事，就越有空间、越应该要去做。

等到了工作岗位后，才发现高师远瞩，也对其所说有了新的感悟。博物馆事务性工作太多，而且学生时代所学多半与博物馆工作实际所需相差甚远，也意味着迫切要求我从学生身份转型为具备实操技能的研究人员。对博物馆的研究，哪怕是博物馆学的研究，学界与业界也存在巨大的差异。学界重理论和学理研究，博物馆的实践经验却相对较少，而业界多"做而不述"，从业人员忙于策展、开展教育活动和延伸公众服务的各项具体工作，在将实践成果转化为学术研究成果上力有不逮，也没有普遍养成学理总结和理论概括的自觉与能力。承蒙我所供职的湖南博物院的几任领导在专业办馆和专业导向上的大力支持，我有机会多次参加以实践训练为主的行业培训，如受北山堂基金会的资助参加由香港中文大学举办的"博物馆专业培训工作坊"、参加为期一年的北京大学"博物馆展陈设计与创新思维研修班"等，而从更深层次的学术角度撰写一部从业界实践经验出发、带有一定研究深度的书稿，便成了我入职数年之后的职业心愿。

于此，要特别感谢博物院的领导，陈建明馆长的博物馆学知识启蒙令我获益匪浅，并且我曾做过几年时任业务副馆长李建毛教授的助手，李教授在展陈策划与设计方面领我"入门"，因此也才有书稿中的诸多亲身经历的案例。还要感谢段晓明院长在课题研究出版上的大力支持，感激郭学仁副书记奖掖后学，以及陈叙良副书记所分享的为学之见、李丽辉纪委书记的鼓励……总之，多位可敬的领导和同事都十分有必要专此铭记，无奈情长纸短，无法一一致以谢忱。

书稿最终付梓，还得益于诸多师友的鼓励和支持，有不断叮嘱写作的赵丹同学，随时保持沟通的责编刘烨老师，协助校对的湖南大学岳麓书院研究生郑堤寒、丁子茸等。更要向王向宁老师及诸多同学和行业翘楚致以谢意。王向宁老师搭建平台、创造机会让我认识更多的全国同行，而作为讲师在人社部教培中心、中国科学院大学等主办的展陈设计专业方面的人才培训班授课的经历令我受益匪浅，其中书稿下篇框架的搭建多源自在这些班级授课时的思考，而诸多一道追求精进的同行学友，如陈汾霞、魏云、李敏等，他们所贡献出的真知灼见，令我备受启发，并且无私供图和分享制作课件，令我十分感动。谨以为记！

书于长沙
二〇二四年十二月